Ulrich Schnabel

Was kostet ein Lächeln?

Für Lisbeth und Sam,
die mich das Lächeln lehrten

Ulrich Schnabel

Was kostet ein Lächeln?

Von der Macht der Emotionen
in unserer Gesellschaft

Blessing Verlag

Verlagsgruppe Random House FSC® N001967
Das für dieses Buch verwendete
FSC®-zertifizierte Papier EOS
liefert Salzer Papier, St. Pölten, Austria.

1. Auflage 2015

Copyright: Ulrich Schnabel 2015
und Karl Blessing Verlag, München, 2015
in der Verlagsgruppe Random House GmbH
Umschlaggestaltung: Geviert, Christian Otto,
unter Verwendung eines Motives von
© The Gallery Collection/Corbis
Bildredaktion: Annette Mayer
Satz: Leingärtner, Nabburg
Druck und Einband: GGP Media GmbH, Pößneck
Printed in Germany
ISBN: 978-3-89667-492-0

www.blessing-verlag.de

INHALT

EINLEITUNG:
DAS TSCHECHISCHE RADIO

Als in der Nacht zum 21. August 1968 eine halbe Million Soldaten in die Tschechoslowakei einmarschierten, um den Prager Frühling zu beenden, hatten die Tschechen keine Chance. Innerhalb weniger Stunden besetzten die Gefolgstruppen Moskaus alle strategisch wichtigen Positionen des Landes, und die tschechische Führung beschloss, keinen militärischen Widerstand zu leisten. Zu aussichtslos schien die Lage für die unterlegene ČSSR, die es gewagt hatte, einen »Sozialismus mit menschlichem Antlitz« zu erproben.

Doch so übermächtig die sowjetischen Besatzungstruppen auch waren – die tschechische Bevölkerung dachte nicht daran, klein beizugeben. Die Tschechen montierten Ortstafeln ab oder verdrehten Straßenschilder, um die ortsunkundigen Besatzer in die falsche Richtung zu schicken. Andere malten Plakate, die zum passiven Widerstand aufriefen oder betrieben Piratensender, um der sowjetischen Propaganda etwas entgegenzusetzen. Und selbst als die Plakate abgerissen wurden und die Sowjets die Piratensender nach und nach unter Kontrolle brachten, erlahmte der Widerstandsgeist nicht. Nun verfielen die Tschechen auf die letzte Waffe des Unterdrückten: die Ironie.

Ein paar Spaßvögel bemalten normale Backsteine mit groben Pinselstrichen, nannten sie »tschechische Radios« und taten so, als ob man damit raffiniert verschlüsselte Geheimbotschaften empfangen könnte. Andere griffen die Idee auf und die kuriosen Backsteine wurden zum Symbol des ungebrochenen Widerstandswillens. Mochte der Gegner auch drückend überlegen sein – die Steine brachten zum Ausdruck, dass man nicht resignierte, sondern seine innere Würde und Unabhängigkeit bewahrte. Und die Sowjets? Die wurden angesichts der Verbreitung bemalter Backsteine regelrecht nervös. Vielleicht fürchteten sie tatsächlich eine unbekannte Geheimtechnologie, vielleicht war ihnen auch nur die Symbolik des Widerstands ein Dorn im Auge – jedenfalls ordneten sie an, alle »tschechischen Radios« unverzüglich zu konfiszieren. Und so schwärmten ihre Soldaten aus und sammelten die wertlosen Steine ein; so groß war die Angst der Mächtigen vor einer Bevölkerung, die zwar besiegt, aber nicht gebrochen war.[1]

Was die tschechischen Widerständler damals auf so einfallsreiche Weise demonstrierten, war nicht nur eine beachtliche emotionale Stärke, sondern auch die Tatsache, dass unser Leben niemals nur durch seine äußeren Umstände definiert ist. Auch in der aussichtslosesten Lage können wir uns einen *inneren* Spielraum bewahren, wir haben immer noch die Wahl, *wie* wir diese Umstände bewerten und wie wir uns innerlich dazu stellen. Es liegt an uns, ob die Realität nur schwarz erscheint oder ob wir auch helle, hoffnungsfrohe Farben wahrnehmen. Selbst vermeintlich unverrückbare Tatsachen sind nie eindeutig, sondern erscheinen – je nach dem emotionalen Filter, durch den wir sie betrachten – mal in diesem, mal in jenem Licht.

Um diese emotionale Färbung unseres Daseins geht es in diesem Buch. Es handelt von jenen unbewussten Kräften, die unser Handeln steuern und unseren Erfahrungen ihre Bedeutung verleihen. Mit anderen Worten: Es handelt von den Mechanismen unseres Gefühlslebens, die letztlich darüber entscheiden, wie wir der Welt gegenübertreten.

Das gilt natürlich nicht nur für Kriegs- oder Katastrophenzeiten, sondern auch im unspektakulären Alltag. Wie reagieren wir auf den Drängler, der uns im Berufsverkehr den Weg abschneidet? Wie gehen wir mit stressigen Arbeitssituationen oder Streit in unserer Beziehung um? Wie stellen wir uns einem Jobverlust oder einer schlimmen Krankheitsdiagnose, die uns überraschend beim Arzt ereilt? Lösen solche Situationen nur Angst, Wut oder Aggression in uns aus, oder wecken sie auch andere Gefühle, Mut etwa oder Mitgefühl, Ehrfurcht, Liebe oder Respekt? Auch wenn die äußeren Fakten nicht wegzuleugnen sind, so liegt es doch an uns, wie wir sie interpretieren und welche emotionale Bedeutung wir ihnen zuschreiben. Angesichts unüberwindlich erscheinender Schwierigkeiten können wir zum Beispiel verzweifeln – oder mithilfe einer Idee wie der des »tschechischen Radios« zumindest unsere Selbstachtung und Würde wahren.

Zusammenbruch und Heilung

Ich begegnete den bunt bemalten Backsteinen erst viele Jahre nach dem Prager Frühling, im Jahr 2012 auf der Documenta in Kassel. Diese weltgrößte Schau der Gegenwartskunst reißt alle fünf Jahre das unscheinbare Kassel aus seinem Dornröschenschlaf und katapultiert es ins Zentrum der globalen Kunstwelt. Hunderte von Exponaten sind dort zu sehen, manche so groß, dass sie ganze Hallen füllen und für Millionensummen gehandelt werden, andere so unscheinbar, dass sie fast übersehen werden – so wie die zwei bemalten Backsteine.

Als Symbole des Überlebenswillens passten sie bestens zum damaligen Leitmotiv der Documenta, *Collapse and Recovery*. Von Zusammenbruch und Heilung erzählten in Kassel auch viele andere Kunstwerke: Sie berichteten vom Krieg und der unausrottbaren Sehnsucht nach Frieden, erzählten von allen möglichen Arten des Scheiterns – und vom Impuls des Immer-wieder-Neubeginnens. Der amerikanische Künstler Michael Rakowitz schlug etwa eine Brücke von den Verheerungen des Zweiten Weltkriegs zum aktuellen Zerstörungswerk in Afghanistan. Dort hatten 2001 die Taliban die riesigen Buddha-Statuen von Bamiyan gesprengt, die einst zum Weltkulturerbe gehörten. Gemeinsam mit afghanischen Steinmetzen schuf Rakowitz aus den Überbleibseln der Statuen wiederum Kunstwerke.

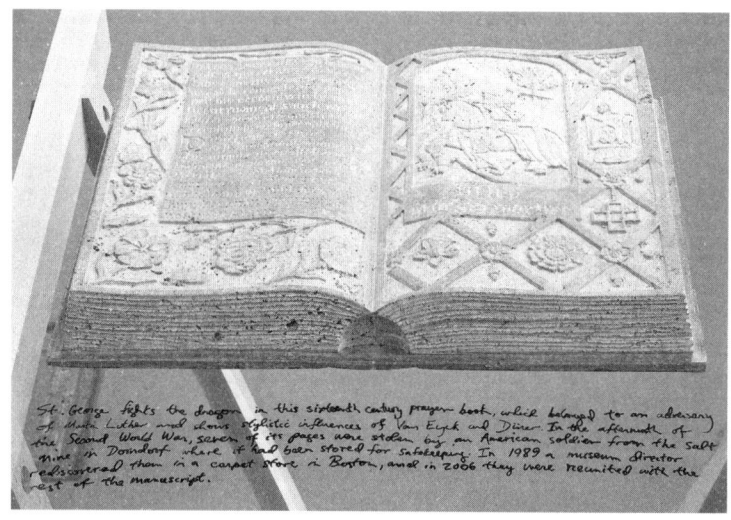

»What dust will rise«. Handschrift in Stein gemeißelt von Rakowitz

Aus dem Bamiyan-Stein wurden Bücher aus Stein gemeißelt, naturgetreue Nachbildungen wertvoller deutscher Handschriften wie etwa des *Hildebrandslieds* aus dem 9. Jahrhundert. Diese Schriften waren 1941 bei einem Bombenangriff auf die Hessische Landesbibliothek in Kassel verbrannt oder durch Feuer und Wasser beschädigt worden, manche waren aufgequollen oder wie Halskrausen gekringelt. Nun ließ Rakowitz mithilfe des Bamyian-Steines ausgerechnet diese verlorenen und verwüsteten Bücher wieder auferstehen – ein wunderbares Beispiel dafür, wie sich zerstörte Kunst in neue Kunst verwandelt, wie aus einem Vernichtungswerk ein schöpferischer Impuls entspringt.

Solche Erzählungen von *collaps and recovery* trafen damals bei mir einen Nerv. Denn in den Wochen zuvor hatte ich selbst erlebt, wie schnell das gewohnte Leben kollabieren kann. Ein Unfall hatte mich plötzlich aus der Bahn geworfen und wochenlang lahmgelegt, und nahezu zeitgleich kam es in meinem Familien- und Bekanntenkreis zu einer ganzen Serie von schweren Krankheits- und Unglücksfällen – ein Kind starb, jemand erkrankte an Krebs, dort brachen plötzlich lang verdrängte Traumata aus der Kindheit auf … All das führte dazu, dass ich in eher gedämpfter Stimmung zur Documenta reiste; doch dann erlebte ich die Kunst als buchstäblich heilsam.

Tagelang schlenderte ich durch Ausstellungshallen und -parks und öffnete meine Sinne für die teils großartigen, teils bizarren Ideen von Künstlern aus aller Welt, die auf sehr unterschiedliche Weise von der Verletzlichkeit der menschlichen Existenz erzählten – und vom Versuch, diese Verletzlichkeit zu transzendieren. Da waren etwa die Kreidezeichnungen der britischen Künstlerin Tacita Dean, die in Kassel eigentlich einen Film über Afghanistan hatte zeigen wollen. Dann aber wurde ein Großteil ihres Filmmaterials zerstört, und ihr blieben nur wenige Bilder mit teils angesengten, teils überbelichteten Naturaufnahmen. Statt zu resignieren, griff Dean zum Kreidestift und zeichnete nach der Vorlage dieser Bilder filigrane Landschaften auf meterlange Schiefertafeln – ebenso tiefenscharfe wie verletzliche Kunstwerke aus Kreide, die mit zum Schönsten gehörten, was auf der Documenta zu sehen war.[2]

Ein ähnlich berührendes Dokument des produktiv gewendeten Scheiterns war ein Brief des Kölner Künstlers Kai Althoff, den dieser einige Wochen vor Eröffnung der Ausstellung an die Documenta-Leiterin Carolyn Christov-Bakargiev geschickt hatte. Auf fünf handgeschriebenen Seiten erklärte Althoff voller Bedauern, dass er seine Teilnahme an der Ausstellung leider *absagen* müsse. Er habe Zweifel, den hohen Anforderungen der Documenta gerecht zu werden, denn er habe für 2012 schon zu viele andere Anfragen zugesagt und wisse nun nicht, wie er all dem gerecht werden solle. Eine solche Situation kennen wir wohl alle: Man fühlt sich von Sachzwängen gefangen, und die Verpflichtungen wachsen einem über den Kopf. Andere Künstler hätten sich vermutlich durchgewurstelt und eben irgendein Exponat nach Kassel geschickt, das zumindest dafür gesorgt hätte, dass der eigene Name im Ausstellungskatalog auftaucht. Althoff dagegen zeigte sich konsequent. Als ihm klar wurde, dass ihm die Muße und Inspiration für einen großen Wurf fehlten, bat er die Documenta-Leiterin, ihn von der Teilnahme zu entbinden; zum Glück wisse noch kaum jemand, dass er eingeladen worden sei, schrieb Althoff.

Doch die Kuratorin zeigte sich ebenso mutig wie der Künstler und inszenierte Althoffs Brief im größtmöglichen Rahmen: Statt ihn schamhaft zu verschweigen, stellte Christov-Bakargiev ihn in einer Vitrine in einem der Hauptausstellungsorte aus, in einem riesigen, ansonsten leeren Raum des sogenannten Fridericianum. Hier hatte 1955 die erste Documenta begonnen. Und hier begannen 2012 die meisten Besucher ihren Rundgang durch die Kunsthalle. Nun war das Erste, was sie zu sehen bekamen: ein leerer Raum und das Eingeständnis einer Überforderung – der perfekte Kommentar zu einer Leistungsgesellschaft, in der sich heute alle unter Druck fühlen und viele die

Angst spüren, den Anforderungen der Zeit nicht zu genügen. So wurde die Inszenierung von Althoffs Brief zur Hommage an die erschöpften Helden unseres Alltags, die eines Tages beschließen, zu all den Ansprüchen einfach »Nein« zu sagen.

Die unsichtbare Diktatur

Je länger ich auf der Documenta unterwegs war und je mehr solcher Exponate mir begegneten, umso deutlicher wurde, wie zutiefst menschlich das Scheitern ist und wie oft wir alle immer wieder vor Zusammenbrüchen stehen, die uns zwingen, unsere bisherige Sicht zu ändern. Und all die künstlerischen Versuche, mit solch einem Kollaps kreativ umzugehen und ihn in etwas Positives zu verwandeln, vermittelten etwas Hoffnungsvolles, Heiteres, ja geradezu Befreiendes.

Doch so sehr ich meine geistigen Batterien dabei auflud, so erschöpft waren nach einigen Tagen die Energiereserven meines Fotoapparates. Ich brauchte dringend neue Batterien. Notgedrungen verließ ich die Sphäre der Kunst und tauchte ein in die »normale« Welt eines großen Mediengeschäfts in der Kasseler Fußgängerzone. Dort empfing mich schlechte Luft und das übliche Kaufhausgedudel; Reklametafeln brüllten mir Sonderangebote entgegen, und Menschen schoben sich mit ausdruckslosen Gesichtern an Regalen und Vitrinen entlang, in denen hunderte von elektronischen Geräten standen. Und durch mein – seit Tagen auf Kunstbetrachtung eingestelltes – Gehirn zuckte der Gedanke: Was für eine irre Inszenierung!

Auch hier waren Exponate aufgebaut, die zur genauen Betrachtung einluden und ein emotionales Echo in mir auslösen sollten. Nur ging es nicht um den künstlerischen Ausdruck elementarer Erfahrungen, sondern um meinen Geldbeutel. »Kauf mich!«, schienen die ausgestellten Geräte lautlos zu rufen; die ganze aufwändige Inszenierung diente vor allem dazu, die Kunden zum Geldausgeben zu verleiten und in ihnen das Gefühl zu wecken, ihr Glück hänge essenziell am Erwerb dieser Waren.

Auch das Verhalten der Menschen und ihr Umgang miteinander war deutlich anders als in den Documenta-Hallen. Dort war es friedlich und entspannt zugegangen, man fühlte sich den anderen Besuchern insgeheim verbunden im Interesse an der Kunst und an der Vision eines anderen Miteinanders. In dem Mediengeschäft dagegen war eine Stimmung angespannter Konkurrenz zu spüren, alle schienen hinter etwas herzujagen und zugleich Angst zu haben, etwas zu verpassen oder übers Ohr gehauen zu werden. Diese Mischung aus Angst und Berechnung, die so typisch für unsere Welt des Kommerzes ist, hatte ich in der Ausstellung völlig vergessen.

Nun kam mir umso deutlicher zu Bewusstsein, in welcher emotionalen Umgebung wir üblicherweise leben. Nicht nur, dass wir ständig neuen Karotten hinterher rennen, die uns die unerschöpfliche Warenwelt vor die Nase hält. Zugleich durchdringt die Logik des Konsums all unser Erleben. Eine ganze Gesellschaft fühlt sich unter Druck, für immer neues Wachstum sorgen zu müssen, weil in der Welt des globalisierten Kapitalismus sonst der Absturz droht. Und nicht nur in der Ökonomie folgen wir dem Wachstums-Mantra, sondern häufig auch im Privaten.[3] Wir sind ständig um die Optimierung unseres Wohlbefindens bemüht und sind geradezu süchtig nach dem Gefühl, dass es irgendwie aufwärts gehe, wohin auch immer.

Dabei hat die Logik des Konsums und des ökonomischen Wachstums durchaus etwas Diktatorisches, auch wenn diese Diktatur nicht sichtbar und martialisch auftritt, wie die sowjetischen Unterdrücker in der Tschechoslowakei, sondern oft subtil und unsichtbar. Sie zeigt sich etwa in der Gehirnwäsche durch die allgegenwärtige Werbung, in der Verführungskraft der modernen Warenwelt, im Stellenwert von Arbeit und Leistung ebenso wie in unseren gesellschaftlichen Vorstellungen von Glück und Liebe. Als mir das in dem Medienkaufhaus bewusst wurde und ich die damit einhergehende emotionale Stimmung geradezu körperlich spürte, reifte der Entschluss zu diesem Buch.

Die Macht unserer Emotionen

In meinem Buch *Muße* hatte ich das weitverbreitete Gefühl des Gehetztseins thematisiert und Wege beschrieben, wie man der zwanghaften Rastlosigkeit entkommen kann.[4] Die Resonanz darauf war enorm: Ich wurde von Managern, Kirchengemeinden und Schulen eingeladen, von Ärzten, Aussteigern und Therapeuten, die alle ein Unwohlsein an der modernen Beschleunigungsgesellschaft zum Ausdruck brachten. Dabei wurde in zahlreichen Gesprächen deutlich, dass selbst die schönsten Mußestrategien wirkungslos bleiben, wenn sie nicht die Schicht der tief verankerten Emotionen erreichen. Vielen Menschen ist zwar auf der Verstandesebene klar, was sie gerne ändern würden; dennoch schaffen es nur die wenigsten, weil ihnen ihre Gefühle und Gewohnheiten im Wege stehen.

Denn unsere Präferenzen und unser Verhalten werden weit mehr von Emotionen gesteuert, als wir uns in der Regel eingestehen. Sie sind es, die unsere Wahrnehmung prägen und über intuitive Bewertungen entscheiden. Gefühle agieren als eine Art innerer Kompass, der dem Verstand sagt, was wichtig ist und worauf er sich konzentrieren soll. Das geschieht oft so automatisch, dass wir die subtile Macht der Emotionen gar nicht bemerken; wir meinen, uns ganz bewusst und rational für diese oder jene Handlung – etwa den Kauf eines neuen Elektrogeräts oder die Beziehung zu einem bestimmten Partner – entschieden zu haben. Dabei liefert unsere Ratio meist nur im Nachhinein jene Argumente, die den zuvor intuitiv getroffenen Entschluss rechtfertigen.

Auch im Umgang mit Hektik und Stress ist die Macht dieser emotionalen Steuerung gut zu beobachten: Oft fühlen wir uns nicht nur deshalb gehetzt, weil uns Arbeitgeber oder andere unter Druck setzen, sondern auch, weil wir selbst hohe Ansprüche an uns stellen. Wir haben den äußeren Druck schon so sehr verinnerlicht, dass er uns auch in der Freizeit emotional nicht zur Ruhe kommen lässt.

Es sind eben nie allein die äußeren Umstände, die uns glücklich oder unglücklich machen, sondern stets die damit verknüpften Emotionen. Den Gefühlen kommt aber nicht nur im privaten, sondern auch im globalen Geschehen eine ungeheure Macht zu. Viele politische Konflikte – etwa der Dauerzwist zwischen Israel und Palästina – sind auch deshalb so schwer lösbar, weil es nicht allein um faktische Streitfragen, sondern um tief verletzte Gefühle geht und alle besonnenen Appelle immer wieder an einer verheerenden emotionalen Dynamik scheitern.[5]

Selbst in den nüchternsten Auseinandersetzungen pulsiert ein emotionales Herz. Hinter der Fassade der Politik verbergen sich zum Beispiel Eitelkeit, Beschämung oder Machtgier, die Ökonomie lebt von Ehrgeiz, Angst oder Erfolgssucht und selbst die scheinbar trockene Wissenschaft wird von Emotionen angetrieben – etwa vom Wunsch nach Anerkennung, dem Neid auf Kollegen oder dem Stolz, als Erster eine neue Entdeckung zu präsentieren.

Dennoch wurde die Bedeutung der Gefühle lange Zeit grotesk unterschätzt. In Politik, Geschäftsleben und Wissenschaft wurden sie kaum thematisiert; sie galten als eine Art persönliche Schwäche oder als Luxus, der im »Ernst des Lebens« nichts verloren hatte. Das idealtypische Menschenbild war der *Homo oeconomicus,* der seine Entscheidungen rational und mit »kühlem Kopf« zu treffen hatte – ohne sich von wankelmütigen Gefühlen beeinflussen zu lassen. Nur Frauen und Kinder durften ihre Emotionen ungebremst zum Ausdruck bringen, Männer dagegen durften ihnen allenfalls in gewissen, sentimentalen Momenten nachgeben, um sich bald darauf wieder zur Nüchternheit zu ermannen.

Diese Sichtweise hat sich in den vergangenen Jahren radikal geändert. Auch Forscher und Ökonomen haben zunehmend erkannt, wie sehr unser Handeln von Emotionen geprägt wird. Erst die Gefühle geben unseren Erfahrungen Gewicht, erst sie sagen uns, worauf wir unser Augenmerk zu richten haben und geben so dem Verstand eine Richtung vor. Emotionen gleichen daher Navigationsinstrumenten, mit deren Hilfe wir durchs Leben steuern und die es uns ermöglichen, unser Tun als sinnvoll zu erfahren.

Natürlich sind diese Navigationsinstrumente nicht unfehlbar. Sie können uns auch in eine falsche Richtung lenken, wenn wir ihre eigentliche Botschaft nicht verstehen. Wer sich etwa von einer Werbung angesprochen fühlt, in der sich fröhliche Menschen gemeinsam über ein neues Getränk freuen, hat wahrscheinlich eine tiefe Sehnsucht nach Freundschaft und Zugehörigkeit. Dummerweise lässt sich gerade das nicht kaufen, und wer sich dennoch zum Kauf verleiten lässt, merkt bald, dass er mit dem neuen Getränk so alleine ist wie zuvor.

Wohin die Reise geht

Worauf es also ankommt, ist der kluge Umgang mit unseren Gefühlen. Wir dürfen sie nicht ignorieren, weil sie uns von den tiefen Triebkräften unseres Lebens erzählen, sollten ihnen aber auch nicht blind vertrauen, weil sie sich nur allzu leicht manipulieren lassen. Wie findet man da den richtigen Mittelweg?

Schon das Stellen dieser Frage ist der erste Schritt zu ihrer Beantwortung: Indem wir uns der verschiedenen Aspekte unseres Gefühlslebens bewusst werden, sind wir ihnen weniger hilflos ausgesetzt. Und das ist in unserer hoch technisierten und medialisierten Gesellschaft vielleicht entscheidender denn je. Denn zum einen vermitteln uns die Gefühle wertvolle Informationen und helfen uns bei vielen Entscheidungen.[6] Zum anderen sind unsere Emotionen in der modernen Mediengesellschaft ein umkämpftes Objekt, an dem vielfältige Einflüsse und Interessen zerren. Wer immer uns ein neues Produkt oder ein Parteiprogramm verkaufen möchte, wer uns für die Mitgliedschaft bei Facebook, für Hilfsaktionen oder den Terrorkampf gewinnen will, spricht primär unsere Gefühle an, appelliert an unseren Wunsch nach Liebe und Zugehörigkeit oder an unsere Angst und Wut. Denn auf der emotionalen Ebene sind wir besonders ansprechbar und verletzlich, ebenso verführ- wie beeinflussbar.

Dieses Buch will Sie daher dabei unterstützen, die Diskrepanz zwischen scheinbarer Stabilität der eigenen Gefühle einerseits und deren Manipulierbarkeit andererseits aufzuklären. Es lädt Sie ein zu einer Reise in unser eigenes Gefühlsleben, den »letzten dunklen Kontinent, den es noch zu entdecken gibt«, wie die Emotionsforscherin Ute Frevert sagt.[7] Dabei geht es nicht nur darum, die Geheimnisse dieses unbekannten Kontinents zu entdecken, sondern auch zu lernen, mit jenen Kräften umzugehen, die tagtäglich unser Leben bestimmen. Schließlich können wir Gefühle nicht einfach an- oder abstellen, wir können nicht entscheiden, ob wir sie haben wollen oder nicht – wir können nur versuchen, uns dazu möglichst klug und sinnvoll zu verhalten.

Dazu ist es natürlich hilfreich, die Biologie und Psychologie der Gefühle zu verstehen; ebenso wichtig ist aber auch die Betrachtung des gesellschaftlichen Umfelds. Denn schon die Kultur, in die wir hineingeboren werden, beeinflusst unsere emotionalen Reaktionen. Die Märchen, die wir als Kinder hören, die Werte unserer Freunde und Bekannten, Filme, Werbung und Medien prägen unser Gefühlsleben mehr, als wir häufig ahnen. Noch unsere scheinbar individuellsten Emotionen sind eng verwoben mit der jeweiligen Gefühlskultur, in der wir leben.

Deshalb wird in mehreren größeren Kapiteln jeweils die aktuelle »Gefühlslandschaft« kartografiert, durch die wir täglich navigieren: Es geht um das Phänomen der »emotionalen Ansteckung« und den enormen Einfluss unserer Mitmenschen auf unser eigenes Gefühlsleben (Kapitel 1); um den Umgang mit der erschöpfenden Informations- und Emotionsflut, die uns in der medialen Gesellschaft täglich zu überrollen drohen (Kapitel 2); um unsere Vorstellungen von Glück und Unglück und deren Zusammenspiel (Kapitel 3), um Lust und Leiden an der Liebe (Kapitel 7) und die Gefühlsarbeit, die wir tagtäglich im Job erledigen, ohne es zu bemerken (Kapitel 8).

Dazwischen wird die Frage behandelt, was Gefühle eigentlich sind und wozu sie dienen (Kapitel 4), wie sie sich bei uns allen schon im Babyalter entwickeln und wodurch sie geprägt werden (Kapitel 5), und warum im Lichte aktueller Forschungen die althergebrachte Trennung zwischen Gefühl und Verstand, *emotio* und *ratio,* gar nicht mehr haltbar ist (Kapitel 6).

Zwischen diesen, zum Teil eher analytischen, großen Kapiteln finden sich kürzere Betrachtungen, Gespräche oder Berichte, in denen es um den konkreten Umgang mit einzelnen Fragen geht – etwa darum, wie man der modernen Angst und Überforderung begegnen kann, wie man eine Liebesbeziehung dauerhaft gestaltet oder wie man sich mehr im Einklang mit sich selbst erlebt. *Besser fühlen* nennt sich diese Kategorie, die sowohl dazu beitragen soll, eine bessere Fähigkeit zum Fühlen zu entwickeln als auch dazu, sich ganz praktisch besser zu fühlen.

Aber keine Sorge: Dieses Buch will niemandem vorschreiben, wie er oder sie zu fühlen hat, sondern dazu ermuntern, eine Sensibilität für das jeweils eigene Gefühlsleben zu entwickeln und sich dem emotionalen Imperativ unserer Zeit auch einmal zu verweigern. Denn im dunklen Kontinent unserer Gefühle liegen nicht nur wunderbare Einsichten verborgen, sondern auch der Schlüssel zur Frage, was Menschsein bedeutet.

BESSER FÜHLEN (1): TESTEN SIE SICH SELBST!

Selbsttests sind beliebt. Wer würde nicht gern verborgene Wahrheiten über sich erfahren? Wer möchte nicht wissen, welcher Liebes-Typ er oder sie ist, wie angenehm (oder nervtötend) man auf seine Mitmenschen wirkt und ob man denn nun *tatsächlich* glücklich ist?

Leider halten die wenigsten Psychotests, die man in Zeitschriften findet, das, was sie versprechen. Dazu sind sie oft viel zu simpel gestrickt. Meist läuft es darauf hinaus, dass man suggestive Fragen beantworten muss (»Sind Sie ein gefühlvoller Mensch?«, »Mögen Sie heiße Liebesspiele?«), die dann zu recht vorhersehbaren Antworten führen (»Sie sind ein gefühlvoller Mensch, der heiße Liebesspiele mag«). Der Erkenntniswert solcher Selbsteinschätzungen tendiert in der Regel gen null.

Denn was heißt schon »gefühlvoll«? Der Immobilienhai, der tagsüber eiskalt Mieter vor die Tür setzt, hält sich vielleicht für extrem mitfühlend, weil er abends bei einem kitschigen Spielfilm weinen muss; die Chirurgin, die tagtäglich im OP-Saal Leben rettet, beschreibt sich möglicherweise selbst als gefühllos, weil sie möglichst gut und nüchtern ihren Job macht und nicht mit jedem ihrer Patienten mitleidet. Und was gilt als »heißes« Liebesspiel? Für den einen beginnt das bei Fesselspielen in Lack und Leder, der andere versteht darunter das Anwärmen des Bettes mit einem Heizkissen.

Ein wirklich aussagekräftiger Test müsste daher einerseits sehr viel spezifischer fragen; andererseits dürfte er sein Ergebnis nicht nur auf die Selbsteinschätzung der Befragten gründen. Denn wer beschreibt sich, wenn er danach gefragt wird, nicht gerne selbst als großherzig, tolerant und liebevoll? Und wer hat wirklich einen unbestechlichen Blick für all die kleinen Schwächen, die wir vor anderen so gerne verbergen?

Die folgende kleine Fragensammlung soll daher die Möglichkeit eröffnen, einmal mehr über sich zu erfahren als die eigenen Vorurteile. Sehen Sie dies bitte als spielerischen Versuch der Selbsterkundung an, der keinen Anspruch auf wissenschaftliche Allgemeingültigkeit erhebt. Wer sich allerdings von den Fragen anregen lässt, gründlich in sich hineinzuhorchen, dem bieten sich möglicherweise überraschende Einsichten ins eigene Gefühlsleben.

Am besten nehmen Sie Papier und Stift und notieren, ohne groß nachzudenken, was Ihnen spontan zu den jeweiligen Fragen einfällt. Vielleicht bewahren Sie die Antworten auf und vergleichen sie mit Ihren Ansichten nach Lektüre dieses Buches. Für die Folgen übernehme ich ausdrücklich *keine* Verantwortung. Testen Sie sich auf eigene Gefahr!

Hand aufs Herz:

1. Wenn Sie der Grundstimmung Ihres Lebens eine Farbe (oder mehrere Farben) zuschreiben müssten – welche würde(n) dazu am besten passen?

2. Mit welchem Gefühl verbinden Sie diese Farbe(n) am ehesten?

3. Gibt es auch »Gefühlsfarben«, die in Ihrem Leben fehlen?

4. Können wir heutzutage in unserer Gesellschaft offen über Gefühle sprechen?

5. Mit welchen Menschen reden Sie selbst offen und ehrlich über Ihre Gefühle?

6. Für wie glaubhaft halten Sie öffentliche Aussagen von Prominenten über Gefühle?

7. Stellen Sie sich vor, Sie seien selbst prominent. Ihre Ehe ist zerrüttet, und Sie sind deprimiert. Nun interviewt Sie die Journalistin einer großen Lifestyle-Illustrierten und fragt Sie nach Ihrer Liebe. Was antworten Sie?

8. Zur Selbsteinschätzung, prüfen Sie sich einmal im Hinblick auf zwei exemplarische Eigenschaften: Sind Sie im Grunde ein liebevoller und großherziger Mensch?

9. Wenn Sie an den heutigen Tag denken: Wie oft haben Sie sich liebevoll und großherzig verhalten? Und wie viel Prozent der Zeit waren Sie eher genervt, ärgerlich oder ängstlich?

10. Stellen Sie sich vor, Sie würden Ihre Freunde und/oder Arbeitskollegen nach *deren* Einschätzung Ihres Verhaltens fragen. Was würden diese wohl antworten?

11. Für wie ehrlich hielten Sie die Antworten?

12. Was würden Sie selbst antworten, wenn Sie von einer Freundin/einem Freund um eine solche Einschätzung gebeten würden?

13. Beantworten Sie bitte nochmals die Fragen 4 und 5. Fällt Ihre Antwort immer noch gleich aus?

14. Abschlussaufgabe: Reden Sie ruhig einmal mit Ihren Freunden über dieses Thema! Fallen deren Antworten tatsächlich so aus wie erwartet?

In der Achterbahn der Gefühle

*In diesem Teil wird die moderne »Gefühlslandschaft« karto-
grafiert, durch die wir täglich navigieren: eine Landschaft, in der
wir zwischen der Sehnsucht nach stabilen Beziehungen und dem
Wunsch nach Freiheit und Selbstverwirklichung hin- und herge-
rissen werden, in der wir dem Glück hinterherrennen und uns
doch oft emotional erschöpft fühlen. Denn unsere Gefühle, so zeigt
sich in diesem Teil, werden längst nicht nur von uns selbst, sondern von vielen äußeren Faktoren gesteuert. Mitunter werden wir
von den Emotionen unserer Mitmenschen sogar gegen unseren
Willen angesteckt.*

1   DIE EMOTIONALE ANSTECKUNG

Im Grunde reist man am besten, indem man fühlt.

Fernando Pessoa

Eines der merkwürdigsten Erlebnisse meines Lebens hatte ich vor Jahren in einem trostlosen Hotelzimmer im verschlafenen Bonn. Ich nahm dort an irgendeiner wissenschaftlichen Konferenz teil, die ich längst vergessen habe. Bis heute ist mir dagegen im Gedächtnis geblieben, was mir abends vor dem Fernseher widerfuhr. Ich hatte mir gerade die – wie üblich unerfreulichen – Nachrichten angesehen und danach noch ein wenig gelangweilt durch die Kanäle gezappt, als ich in eine Sendung über die Olympischen Spiele geriet, die damals, im Jahr 2000, in Australien stattfanden.

Zu pathetischer Musik erschienen auf dem Bildschirm die bewegendsten Szenen aus der Eröffnungszeremonie dieser »grünen« Spiele, die sich seinerzeit Umweltschutz und politische Versöhnung auf die Fahnen geschrieben hatten. Man sah etwa, wie die Aborigine-Läuferin Cathy Freeman das olympische Feuer entzündete, eine Vertreterin jener Ureinwohner, die in Australien lange diskriminiert worden waren. (Und wie in einem Märchen sollte Freeman später tatsächlich als erste Aborigine olympisches Gold gewinnen.) Man erlebte fröhlich winkende Sportler aus aller Herren Länder, die sich trotz politischer Differenzen gemeinsam auf die Spiele freuten. Und man sah Bilder von lachenden Kindern, gerührten Promis und bewegten Zuschauern, die für einen kurzen Moment ein friedliches Miteinander erlebten. Und während ich diese Szenen in meinem nüchternen Hotelzimmer mit routinierter Abgebrühtheit betrachtete und kurz davor war, weiterzuschalten, spürte ich mit einem Mal Seltsames: Ohne dass ich es wollte, wurde mir ganz weich zumute, und ich merkte, wie gegen meinen Willen die Rührung in mir hochstieg und mir Tränen in die Augen trieb.

Instinktiv war mir das Ganze höchst peinlich. Auch wenn mich niemand dabei beobachtete, empfand ich mein Verhalten als irgendwie unangemessen und blamabel. Alleine vor dem Fernseher in Tränen auszubrechen – das entspricht sonst nicht meiner Art. Und das auch noch angesichts einer durchschaubaren Inszenierung von olympischer Idylle, an der man ja doch ernste Zweifel hegen konnte! War die heile Welt der Eröffnungsfeier letztlich nicht nur eine Show? Als kritischer Zeitgenosse rief ich mir in Erinnerung, dass ja Olympia im Grunde ein großes Geschäft ist und die Mitglieder des Olympischen Komitees so korrupt sind wie alle Sportfunktionäre. Und doch rührte und übermannte mich da plötzlich noch ein anderes Gefühl, ein Gefühl, das offenbar etwas mit all den Menschen in diesem Stadion zu tun hatte, die – wenigstens einen Augenblick lang – die Vision einer friedlichen Welt teilten.

Heute ist mir klar, was mir vor dem Bildschirm widerfuhr: Ich wurde das Opfer einer emotionalen Ansteckung, bei der die massenhaften Gefühle im Olympiastadion von Sydney unwillkürlich auf mich übersprangen und mich gegen meinen Willen ergriffen – ähnlich wie Grippeviren, die in einer vollen U-Bahn von einem zum anderen springen. Und bevor Sie nun belustigt über diese scheinbar kuriose Erklärung den Kopf schütteln, gönnen Sie sich ein kurzes Innehalten: Kennen Sie nicht Ähnliches aus anderen Zusammenhängen?

Verspüren Sie vielleicht bei bestimmten Liebesfilmen ein seltsames Gefühl der Rührung? Oder steigen Ihnen stets beim Tod von Bambis Mutter im Zeichentrickfilm die Tränen in die Augen? Eventuell sind es auch kleine Kinder, die Ihnen »den Stecker ziehen«, wie der verstorbene Schriftsteller Wolfgang Herrndorf bekannte?[8] Oder reißt Sie eher der euphorische Jubel im Fußballstadion mit oder die rauschhafte Begeisterung auf einem Heavy-Metal-Festival? In all diesen Fällen erleben wir Gefühle, die nicht nur unsere eigenen sind. Wir werden vielmehr von den Emotionen anderer auf eine Weise beeinflusst, die sich unserer bewussten Kontrolle entzieht und uns daher umso fundamentaler ergreift. Von »emotionaler Ansteckung« spricht die Wissenschaft[9], um ein Phänomen zu beschreiben, das wesentlich für die Faszination gemeinsam erlebter Massenereignisse verantwortlich ist. Bei solchen Gelegenheiten kommt es häufig zu einer automatischen Synchronisation von Gefühlen und Stimmungen, die nach und nach alle Mitglieder einer Gruppe oder Menge infizieren, bis am Ende ein enorm starkes Kollektivgefühl entsteht.

Eine britische Trauerepidemie

Nehmen wir zum Beispiel die Stimmung am 6. September 1997 in London. In der geschäftigen Metropole ist es an diesem Tag ganz still. Die Geschäfte sind geschlossen, Sportveranstaltungen abgesagt, Flugzeuge dürfen die Stadt nur in extrem großer Höhe überfliegen – denn an diesem Samstag wird Prinzessin Diana, die »Königin der Herzen«, unter beispielloser öffentlicher Anteilnahme zu Grabe getragen. Millionen stehen an den Straßen und geben der Begräbniskutsche das letzte Geleit zur Westminster Abbey. Dort haben in der Nacht schon tausende

Schlange gestanden, um sich in das Kondolenzbuch einzutragen. Überall herrscht ein kollektiver Ausnahmezustand der Trauer, Wildfremde umarmen sich oder drücken sich in ergriffenem Schmerz die Hand, manche weinen hemmungslos, und niemand schämt sich seiner Tränen. Die Menschen gebärden sich, als wäre eine nahe Angehörige gestorben und als seien sie alle persönlich mit Lady Di befreundet gewesen.

Großbritannien ist an diesem Tag Opfer einer großflächigen Gefühlsansteckung geworden, sozusagen einer landesweiten Trauerepidemie. Diese hatte sechs Tage zuvor, direkt nach dem Tod der Princess of Wales, mit einzelnen Bekundungen der Betroffenheit begonnen; diese wiederum wurden von den Medien aufgegriffen, kommentiert und verstärkt, bis das ganze Land in Moll getaucht war. Radiosender stellten von Pop auf Requiem um und hartgesottene Journalisten schrieben so ergriffene Artikel, dass im fernen Hamburg der *Spiegel* kopfschüttelnd feststellte, die »Rührung über den Tod der Ikone« habe »die Mehrzahl auch der seriösen Kommentatorengehirne in Rührei verwandelt«.[10]

Selbst die Queen musste sich der allgemeinen Ergriffenheit beugen: Nachdem die Royals zunächst distanziert reagiert hatten – schließlich war die geschiedene Diana nicht mehr offiziell Mitglied des Königshauses –, blieb ihnen schließlich nichts anderes übrig, als der überwältigenden Volkstrauer nachzugeben und entgegen dem Protokoll eine opulente öffentliche Beisetzungszeremonie zu organisieren. Von einem »nationalen Modus der Trauer« schrieben britische Zeitungen, und der Medien- und Kulturwissenschaftler James Thomas stellte fest, ein »dominantes Gefühl habe die öffentliche Szene so sehr monopolisiert«, dass nach und nach auch die anfangs Unentschiedenen »von den anderen und den Medien gelernt haben, was das akzeptable soziale Verhalten war«.[11]

Der Sog des kollektiven Erlebens

Eine derartige Synchronisation von Gefühlen ist ein typisches Kennzeichen menschlicher Gesellschaften. Denn von kaum etwas anderem ist unser Fühlen und Erleben so sehr abhängig wie von den Emotionen unserer Mitmenschen. Welche Kräfte – auch im Negativen – ein solcher Kollektivmodus entfalten kann, weiß keine Nation besser als die deutsche. Der Wahn des »Dritten Reiches« wäre schließlich ohne die massenpsychologische Verführung der Nationalsozialisten kaum vorstellbar gewesen. Die monumentalen Inszenierungen ihrer »Reichsparteitage«, die aufpeitschenden Reden, die Appelle an das »gesunde Volksempfinden« – alles zielte darauf ab, ein Gemeinschaftsgefühl zu erzeugen, das dann gegen vermeintliche »Volksfeinde« im Inneren und Äußeren in Stellung gebracht wurde.

Seit diesen dunklen Tagen schlägt dem Erleben kollektiver Emotionen hierzulande stets eine besondere Skepsis entgegen. Als etwa 2006 die Fußballweltmeisterschaft in Deutschland stattfand und sich plötzlich schwarz-rot-goldene Fahnen und patriotische Gefühle breitmachten, war das zunächst vielen suspekt. Es scheint, als müssten wir uns erst wieder daran gewöhnen, dass kollektive Gefühle auch positiv besetzt sein können.[12]

Auf ähnliche Weise hat sich die wissenschaftliche Perspektive gewandelt: Lange Zeit war die Meinung vorherrschend, Menschenmassen seien zwangsläufig dumm und potenziell gefährlich. Als Teil einer Masse steige der Mensch »mehrere Stufen von der Leiter der Kultur hinab« zurück, selbst gebildete Individuen würden zu »Triebwesen« und Barbaren, postulierte 1895 Gustave Le Bon, der Begründer der Massenpsychologie.[13] Heute heben Forscher auch das Gegenteil hervor:

Menschenmassen können durchaus klug handeln und positive Veränderungen herbeiführen, die ein Einzelner nie zuwege brächte.[14] Die schwarze Bürgerrechtsbewegung in den USA, die Montagsdemonstrationen in der ausgehenden DDR (»Wir sind das Volk«), der arabische Frühling. – lauter Beispiele für die gesellschaftsverändernde Kraft großer Menschenmengen. Doch ob konstruktiv oder destruktiv: So oder so entfalten Kollektiverlebnisse stets einen Sog, dem sich der Einzelne nur schwer entziehen kann. Selbst wer sich für Fußball nur am Rande interessiert, beginnt während einer Weltmeisterschaft im eigenen Land plötzlich mitzujubeln, wenn die richtigen Tore fallen; selbst wer kein Fan von Lady Di war, wurde im September 1997 in London von einer gewissen Schwermut erfasst.

Dass eine solche emotionale Ansteckung sogar funktioniert, wenn wir nur *virtuell* mit anderen verbunden sind, zeigen Studien im Netzwerk von Facebook. So hat sich zum Beispiel herausgestellt, dass an Regentagen verstärkt negative Statusmeldungen gepostet werden – und zwar nicht nur von den Menschen in der verregneten Stadt selbst, sondern auch von ihren Freunden in anderen Städten mit besserem Wetter.[15] Der Trübsinn ist also ansteckend.

Eine andere Untersuchung sorgte im Sommer 2014 für Aufregung in der Netzgemeinde: Forscher hatten dazu eine Woche lang die Timeline von knapp 700 000 Facebook-Accounts gezielt manipuliert: Sie veränderten die jeweiligen Filtereinstellungen* so, dass die eine Gruppe mehr positiv besetzte Nachrichten aus dem Freundeskreis zu sehen bekam, die andere

---

* Eine *Timeline* setzt sich zusammen aus den Einträgen von Freunden und neuen *posts* auf den Seiten, denen ein Nutzer folgt. Dabei ist der Einsatz von Suchfiltern üblich: Da niemand ALLE Nachrichten seiner Freunde auf einmal sehen will, lassen Algorithmen jene Neuigkeiten zuerst erscheinen, die dem Nutzer aufgrund seiner bisherigen Präferenzen am wichtigsten erscheinen.

überdurchschnittlich viele negative. Und siehe da: Wer häufiger Positives las, schrieb auch selbst eher positive Einträge; wer mehr negative Nachrichten als sonst zu sehen bekam, äußerte sich in den eigenen Statusmeldungen eher negativ. »Die Emotionen, die unsere Freunde in digitalen sozialen Netzwerken ausdrücken, beeinflussen unsere eigene Stimmung«, schrieben die Forscher. Damit habe man »den ersten experimentellen Beweis für eine großflächige emotionale Ansteckung in sozialen Netzwerken« erbracht.[16]

Dummerweise hatten die Wissenschaftler dieses Experiment durchgeführt, ohne die Nutzer vorher darüber aufzuklären.* Erst im Nachhinein erfuhren die Facebook-Teilnehmer, dass sie zu Versuchskaninchen gemacht worden waren, was nun wiederum zu großflächiger Empörung führte. Facebooks Image war angekratzt, der Leiter der Forschergruppe musste sich öffentlich entschuldigen. Man habe niemanden verärgern, sondern lediglich den »emotionalen Einfluss« des Netzwerkes besser verstehen wollen, schrieb Adam Kramer von Facebooks Datenteam.[17] Zudem habe es sich nur um minimale Eingriffe gehandelt, die gemessenen Veränderungen hätten allenfalls im Promillebereich gelegen: Wer bevorzugt positive Nachrichten zu lesen bekam, schrieb in der folgenden Woche *einen* positiven Begriff pro tausend Wörter mehr.

Das klingt in der Tat verschwindend gering. Allerdings hatten die Wissenschaftler die Filtereinstellungen auch nur geringfügig manipuliert. Wer weiß, wie das Resultat bei massiveren Eingriffen ausgesehen hätte? Überdies können sich bei über einer Milliarde Facebook-Mitgliedern selbst winzige Effekte

---

* Die Zeitschrift *PNAS,* in der die Studie veröffentlicht wurde, schrieb erklärend, dass dieses Vorgehen zwar nicht den Regeln guter Forschung entspreche, dass Facebook aber als private Firma nicht verpflichtet sei, sich an die üblichen, staatlichen Standards zu halten.

zu großer Wirkung addieren. Das zeigen zwei Beispiele aus der Vergangenheit: Als etwa Facebook am Tag vor den amerikanischen Kongresswahlen 2010 ein Banner mit einem Wahlaufruf einblendete (inklusive Bildchen von Freunden, die ihre Teilnahme bereits bekundet hatten), brachte das 340 000 zusätzliche Wähler auf die Beine. Und als 2012 die Neuerung eingeführt wurde, sich auf Facebook-Seiten in den USA als Organspender erkennen zu geben und eine entsprechende Nachricht an Freunde zu versenden, erwies sich auch das prompt als ansteckend: Schon am ersten Tag registrierten sich 13 054 neue Organspender online.[18]

Fensterstarrer und Steuerzahler

So viel wir uns heutzutage auch auf unsere Unabhängigkeit und Eigenständigkeit einbilden, so sehr lassen wir uns doch vom Verhalten der anderen beeinflussen. Unbewusst orientieren wir uns stets an dem, was andere tun und denken. Das hat nicht nur mit einem weitverbreiteten Hang zum Konformismus zu tun, sondern auch mit schlichter Logik: Wir wissen, dass wir selbst nicht alles wissen. Daher haben wir gelernt, auf die Erfahrung anderer zu vertrauen und zu akzeptieren, dass unsere Mitmenschen über Kenntnisse verfügen, die wir nicht haben. Auf diesem Prinzip basiert schließlich unsere ganze Kultur.

Statt uns also mit der Lösung eines Problems selbst abzumühen, orientieren wir uns lieber am Rat von Freunden oder Experten, geben eine Suchanfrage bei Google ein oder stöbern in entsprechenden Diskussionsforen herum. Irgendjemand, so denken wir, wird sich mit dieser Sache schon beschäftigt und eine Lösung parat haben – und in den meisten Fällen liegen wir damit richtig. Auch in wissenschaftlichen Studien zeigt sich, dass es in der Regel erfolgversprechender ist, auf die Erfahrungen anderer zu bauen, als alles im Alleingang lösen zu wollen.[19] Daher folgen wir oft bereitwillig dem Vorbild unserer Mitmenschen und tun das, was diese tun – ganz ohne Zwang und Druck. Das hat mittlerweile auch die Politik begriffen. Statt die Bürger mit Ge- und Verboten zu gängeln, bringt man sie neuerdings mit sanften Anreizen und dem Verweis auf passende Vorbilder dazu, sich im gewünschten Sinne zu verhalten.[20] *Nudge*-Strategie (von engl. *nudge* = Anstoß, Schubser) nennt sich das, und wie sie funktioniert, hat die britische Regierung vorgemacht: An säumige Steuerzahler verschickte sie etwa Briefe, die in freundlichem Ton darüber aufklärten, dass die meisten *anderen* Bürger rechtzeitig bezahlen. Das reichte, um die Bereitschaft zur pünktlichen Steuerzahlung im Vereinigten Königreich deutlich zu steigern.[21]

Unser Drang zur Nachahmung ist sogar so groß, dass wir uns an den anderen auch dann orientieren, wenn es gar nicht nötig oder geradezu sinnlos ist. Stellen Sie sich vor, Sie gehen eine belebte Straße entlang. Plötzlich sehen Sie einen Trupp von Menschen, der auf dem Bürgersteig stehen geblieben ist und unverwandt auf ein Fenster im sechsten Stock eines Hochhauses starrt. Was tun Sie? Höchstwahrscheinlich werfen Sie ebenfalls einen Blick auf dieses Fenster. Und obwohl dort überhaupt nichts Besonderes zu sehen ist, kann es gut sein, dass Sie dennoch stehen bleiben und so die Menge der ratlosen Gaffer weiter vergrößern.

Als der Psychologe Stanley Milgram dieses »Straßen-Experiment« 1969 mit seinen Mitarbeitern in New York in Szene setzte, zeigte sich jedenfalls: Kaum jemand entzieht sich dem Sog der Menge. Und je größer die anfängliche Gruppe der Herumstehenden ist, umso mehr Passanten bleiben stehen und folgen ihrem Blick.[22]

Das Tier, das »Wir« sagt

Dass wir uns so stark an anderen orientieren und uns von ihnen beeinflussen lassen, liegt in der Natur unseres Menschseins. Denn wir sind in erster Linie soziale Wesen, die darauf ausgerichtet sind, miteinander zu leben, zu kooperieren, Gedanken und Gefühle zu teilen. Diese Fähigkeit zum Miteinander ist das, was uns gegenüber allen anderen Primaten auszeichnet. Verhaltensforscher beschreiben uns auch als »ultrasoziale« Spezies,[23] die dadurch charakterisiert sei, dass wir uns ineinander einfühlen und nicht nur unsere eigene Perspektive, sondern auch die des Gegenübers einnehmen können. Wir sind das Tier, das »Wir« sagt.[24]

Und das vielleicht wichtigste Charakteristikum des Homo sapiens ist seine Fähigkeit, sich auf den inneren Zustand anderer Menschen einschwingen zu können. Wir sind Meister darin, die subtilsten Hinweise auf die Gedanken und Gefühle unserer Artgenossen zu analysieren und uns ganz ohne Worte ein Bild von unserem Gegenüber zu machen. Wir registrieren automatisch Kleidung und Körpersprache, beobachten Gestik und Gesichtsausdruck, hören auf die Sprachmelodie und versuchen herauszufinden, ob die anderen uns ehrlich begegnen oder ob die Freundlichkeit vielleicht nur gespielt ist. Und oft zählen die emotionalen Eindrücke, die wir dabei gewinnen, weit mehr als die Worte, die wir austauschen. *You never get a second chance to make a first impression,* heißt es treffend im Englischen: Der erste Eindruck lässt sich niemals wiederholen.

Nehmen wir an, Sie kommen auf eine Party oder zu einem Arbeitstreffen in einer neuen Firma und betreten einen Raum mit lauter fremden Menschen. Binnen Sekundenbruchteilen, noch bevor Sie mit jemandem ein Wort gewechselt haben, wird sich in der Regel ein bestimmtes Gefühl in Ihnen einstellen:

Vielleicht spüren Sie eine warmherzige Woge des Willkommenseins und haben spontan den Eindruck, sich hier entspannen zu können; vielleicht schlägt aber auch etwas in Ihrem Inneren Alarm und vermittelt Ihnen das Gefühl, hier auf der Hut sein zu müssen.

Lächeln. Gähnen. Essen.

Doch wir *analysieren* nicht nur unser Gegenüber, sondern *imitieren* es zugleich oft, ohne es zu merken. Lächelt uns jemand strahlend an, beginnen wir automatisch ebenfalls zu lächeln, sehen wir jemanden herzhaft gähnen, überfällt uns ein unwiderstehlicher Drang zu gähnen. Wie der schwedische Psychologe Ulf Dimberg gezeigt hat, wird unsere Gesichtsmuskulatur dabei ganz von selbst aktiv: Der Anblick eines freundlichen Gesichtsaktiviert unseren Jochbeinmuskel, der die Mundwinkel nach hinten und oben zieht; ein wütendes Gesicht hingegen lässt den sogenannten Stirnrunzler, den *Musculus corrugator supercilii,* anspringen.[25]

Meist sind diese mikromotorischen Anspannungen so klein, dass man als ungeübter Beobachter den Effekt gar nicht wahrnimmt; dennoch lässt sich die Muskelaktivität im Labor nachweisen. Und selbst wenn man die Versuchspersonen bittet, auf die jeweiligen Ausdrücke nicht zu reagieren, werden doch ganz ohne Zutun ihre entsprechenden Gesichtsmuskeln aktiv.[*]

---

[*] Das heißt nicht, dass man wie ein Automat auf andere Gesichter nur reflexhaft reagiert. Man kann seine Mimik auch bewusst kontrollieren und zum Beispiel versuchen, einem ärgerlichen Gegenüber lächelnd zu begegnen. Dimbergs Versuche belegen aber, dass unterhalb dieser willentlichen Kontrolle ein unbewusstes Affektprogramm abläuft, dass sich unserem Willen entzieht – und das einem aufmerksamen Beobachter unsere wahren Gefühle offenbaren kann.

Auf ähnliche Weise gleichen wir uns unwillkürlich der Redeweise unseres Gegenübers an. Wir schwingen uns auf das Sprechtempo des anderen ein, passen uns seinem Duktus und seiner Ausdrucksweise an – denn all das trägt zum besseren gegenseitigen Verstehen bei.[26] Spricht der andere mit starkem Akzent, dann hilft es dem Verständnis, wenn wir seinen Akzent imitieren.[27]

Auch synchronisieren wir auf verblüffende Weise unsere körperlichen Verhaltensweisen: So greifen zum Beispiel Männer, die gemeinsam in einer Bar sitzen, gerne stets zur selben Zeit zu ihren Drinks.[28] Selbst wenn man nur in einem Film einen Schauspieler sein Glas heben sieht, kann das eine solche Nachahmung auslösen[29] – ein Prinzip, auf dem zum großen Teil die Wirkung von Werbespots beruht. Vom »Chamäleoneffekt« sprechen Psychologen in diesem Zusammenhang,[30] um die Tatsache zu beschreiben, dass Menschen das Verhalten ihrer Umgebung oft auf erstaunliche Weise imitieren.

Besonders kuriose Experimente dazu hat der holländische Verhaltensforscher Roel Hermans angestellt: Er lud paarweise Studentinnen in sein Labor zum Essen ein und beobachtete dann, wie sie sich in ihrem Essverhalten aufeinander einstellten. Dazu deckte er an der Radboud Universität in Nijmegen einen Tisch für zwei, komplett mit Besteck, Gläsern und Servietten und verköstigte dort insgesamt 140 junge Frauen – während sie beim Essen von einer versteckten Kamera gefilmt wurden. Anhand der Aufnahmen hielt Hermans minutiös, fest wie viel die jeweiligen Damen aßen, wie oft sie die Gabel zum Mund führten und wann genau sie dies taten.[31]

Nach der Auswertung von insgesamt 3888 Bissen zeigte sich, dass sich die Gästepaare in ihrem Essverhalten stark synchronisierten: Je mehr die eine junge Frau aß, umso mehr nahm auch die andere zu sich. Zugleich glichen sie unbewusst ihre

Bewegungen aneinander an: »Statt in ihrem jeweils eigenen Tempo zu essen, nahmen sie eher dann einen Bissen, wenn es auch ihre Tischnachbarin tat«, berichtet Hermans. Besonders ausgeprägt war die Synchronisation am Beginn des gemeinsamen Essens. In den ersten zehn Minuten imitierten die Studentinnen die Essbewegungen ihres Gegenübers im Schnitt dreimal häufiger als in den letzten zehn Minuten. Da sich die jeweiligen Tischgenossinnen vor dem Experiment nicht kannten, legt dieses Ergebnis nahe, dass die Synchronisierung ein Versuch ist, sich miteinander vertraut zu machen.

Diese »Verhaltensmimikry« läuft dabei übrigens so schnell ab, dass wir sie in der Regel weder bemerken noch kontrollieren. Die gemessenen Reaktionszeiten betragen nur ein paar hundertstel Sekunden.[32] Damit könnte selbst ein blitzschneller Boxer wie Muhammad Ali nicht mithalten; um auf ein Lichtsignal mit einer Bewegung zu reagieren, benötigte er selbst in seinen besten Zeiten rund zwei Zehntelsekunden – also fast zehnmal so viel Zeit wie wir für die unbewusste Verhaltensmimikry.

Daher ist es auch kaum möglich, die empathische Imitation der anderen willentlich vorzutäuschen: Im Gegenteil, wer sich absichtlich darum bemüht, Bewegungen, Sprechweise oder Gesichtsausdrücke seines Gegenübers nachzuahmen, wirkt nicht etwa besonders mitfühlend, sondern eher albern, weil einfach das Timing nicht stimmt. Falls Sie also daran denken sollten, beim nächsten Rendezvous die romantische Stimmung durch ein entsprechendes Imitationsverhalten zu befördern – lassen Sie's lieber!

Der Gleichklang der Kooperation

Warum läuft in uns ein so ausgefeiltes Programm der Nachahmung ab, das uns in die Lage versetzt, Gesichtsausdrücke, Redeweise, Körperhaltung und -bewegungen anderer so unmerklich zu imitieren? Eine Antwort lautet: Weil es uns hilft, gemeinsame Aktivitäten besser zu koordinieren und damit erfolgreicher zusammenzuarbeiten. Synchrones Handeln steigert das Gruppengefühl und damit die Kooperationsbereitschaft. Deshalb finden sich in allen Kulturen vielfältige Methoden, die explizit der Synchronisierung von Verhalten dienen: Gemeinsames Singen, Tanzen oder Marschieren sind altbewährte Techniken zur Herstellung eines sozialen Gleichklangs.

Deren Wirkung lässt sich sogar messen. Amerikanische Psychologen ließen Studenten entweder im Gleichschritt über den Campus marschieren oder nach Lust und Laune herumschlendern. Danach mussten alle verschiedene Tests absolvieren. Dabei verhielten sich diejenigen, die zuvor gemeinsam marschiert waren, deutlich kooperativer als die Kontrollgruppe der individuellen Schlenderer. Einen ähnlichen Effekt hat synchrones Singen: Wenn Probanden gemeinsam ihre Nationalhymne schmettern, schneiden sie hinterher in Kooperationstests erfolgreicher ab als andere Teams, die nicht miteinander gesungen haben.[33]

Sogar mögliche Bedrohungen erscheinen durch synchrones Handeln geringer. Für eine Studie mussten Versuchspersonen gemeinsam ein paar hundert Meter zurücklegen und danach Bilder von vermeintlichen Kriminellen beurteilen. Wer zuvor mit anderen im Gleichschritt marschiert war, schätzte den vermeintlichen Gegner als deutlich schwächer und kleiner ein, als es die allein gehenden Probanden taten.[34]

Von solchen Effekten profitieren natürlich nicht nur militärische Verbünde, sondern alle Arten von Gemeinschaften.

Auch der Erfolg von Arbeitsteams hängt oft mehr vom koordinierten Miteinander ab als von den individuellen Fähigkeiten und Talenten der einzelnen Mitglieder. »Der beste Weg, um ein erfolgreiches Team zu bilden, besteht nicht darin, Individuen nach ihren einzelnen Leistungen auszuwählen, sondern darin (...), ihnen erfolgreiche Kommunikationsstrategien beizubringen«, sagt der Netzwerkforscher Alex Pentland, der sich in vielen Studien mit dem Verhalten von Gruppen und Gemeinschaften beschäftigt hat.[35] Wirklich erfolgreiche Teams, so Pentland, zeichneten sich durch ihren *buzz* aus, durch eine spezielle gemeinsame Stimmung (von engl. *buzz*: Summen, Energie), die dieses Team charakterisiert.

Das erklärt auch, zumindest zu einem Teil, die Attraktivität aller Arten von Gemeinschaftserlebnissen – vom Gottesdienst über die Großdemo bis hin zum samstäglichen Besuch des Fußballstadions. Denn egal wie die Sache ausgeht, wichtig ist dabei vor allem das gemeinsame Erleben. *You'll never walk alone* singen seelenvoll die Fans des Hamburger FC St. Pauli, selbst wenn ihre Mannschaft miserabel spielt und verliert. Denn Fußballfans wissen: Wichtiger als Punkte und Tore ist am Ende das Gefühl der Verbundenheit und ihr gemeinsamer *buzz*.

Wir emotionalen Chamäleons

All das hat tiefgreifende Folgen für unser Erleben und unsere Wahrnehmung der Wirklichkeit. Denn durch das unbewusste Aufeinander-Einschwingen tauchen wir immer auch ein wenig in die Gedanken- und Gefühlswelt der anderen ein und verändern uns dadurch selbst unmerklich. Als »emotionale Chamäleons« nehmen wir gleichsam die Farbe unserer Umwelt an, jedenfalls ein Stück weit, und je länger wir einem Einfluss ausgesetzt sind, umso stärker färbt er auf uns ab.

Starke Gefühle scheinen besonders leicht von einer Person zur anderen zu springen, wie schon 1981 in einem Experiment demonstriert wurde: Versuchspersonen saßen zusammen in einem Raum, ohne irgendetwas Besonderes zu tun. Obwohl sie nicht miteinander reden durften, übertrug sich schon nach wenigen Minuten die Stimmung der expressivsten Person auf alle anderen.[36] Dieses Phänomen erklärt nicht nur, warum die Laune eines Chefs auf einen ganzen Betrieb abfärben kann, sondern unter anderem auch, warum ein Theaterstück, das man *live* sieht, einen als Zuschauer mehr ergreift, als wenn man das Stück nur liest oder eine Aufzeichnung davon sieht.[37]

Auf ähnliche Weise ansteckend wirkt auch der Hang zur Depression. Das belegt eine Untersuchung an amerikanischen Collegestudenten in einem Studentenwohnheim: Wer mit einem depressiven Kommilitonen das Zimmer teilt, trägt ein erhöhtes Risiko, mit der Zeit selbst depressive Symptome zu entwickeln. Wer hingegen das Glück hat, einen gelassenen Zimmernachbarn zu haben, der wird im Laufe der Zeit auch gelassener.[38]

Natürlich gibt es dabei große individuelle Unterschiede: Der eine hat eine dickere Haut und ist für die Emotionen seiner Mitmenschen weniger offen, während die andere höchst sensibel auf jede Art von Gefühlsansteckung reagiert. Doch in gewissem Maße besitzen wir alle die Fähigkeit zur emotionalen Resonanz und reagieren deshalb unbewusst auf die emotionalen Einflüsse unserer Umwelt.

Deshalb sollte man sich jene Menschen, mit denen man viel Zeit verbringt, nach Möglichkeit genau aussuchen. Man muss damit rechnen, dass mit der Zeit ihr Verhalten und ihre Gefühle allmählich auf einen übergehen. Das lässt sich gut bei lange verheirateten Ehepartnern beobachten, die sich in ihrer Ausdrucksweise häufig immer mehr aneinander angleichen. Auf dieselbe Weise färbt auch die langjährige Zugehörigkeit zu einem Betrieb, einer Partei, einer religiösen Gemeinde oder jedweder anderen Gemeinschaft nach und nach auf unser Gefühlsleben ab.[*] Der britische Psychologe Peter Totterdell hat das in allen möglichen Zusammenhängen beobachtet: Etwa bei Schichtarbeitern, die nicht nur ihre Schlaf-Wachzyklen aneinander angleichen, sondern auch ihre Stimmungen.[39] Ähnliches gilt offenbar auch für Sicherheitspersonal, Fließbandarbeiter, Lehrer – und Kricketspieler. Denn ein Kricketmatch kann mehrere Tage dauern; deshalb verbringen die Spieler mehr Zeit zusammen auf dem Platz als nahezu alle anderen Mannschaftssportler. Als Totterdell die Gefühle und Stimmungen zweier Teams während eines englischen Meisterschaftsspiels maß, stellte er fest, dass in jeder Mannschaft ein erstaunlicher emotionaler Gleichklang herrschte. Die Stimmung jedes einzelnen Spielers schien sich jeweils synchron mit der seiner Teamkameraden zu ändern – und zwar unabhängig vom Spielverlauf oder vom Ergebnis.[40] Zugleich erwiesen sich auch die Stimmungslagen der beiden Teams als gekoppelt: Sobald die Laune in der einen Mannschaft stieg, sank sie in der anderen. Totterdell rät daher

---

[*] Natürlich spielt auch unser Freundeskreis eine entscheidende Rolle. Je glücklicher sich beispielsweise unsere Freunde fühlen, umso höher ist auch unsere eigene Aussicht auf Glück; je übergewichtiger hingegen die Menschen in unserem Umfeld sind, umso größer ist die Wahrscheinlichkeit, dass wir auch selbst übergewichtig werden. Auch viele andere Faktoren verbreiten sich auf diese Weise, wie die Netzwerkforscher Nicholas Christakis und James Fowler nachgewiesen haben: Nicht nur Lachen und Gähnen sind ansteckend, sondern auch Schwangerschaften, Kopf- und Rückenschmerzen, Müdigkeit, Juckreiz und sogar die Neigung zu Selbstmord. Hierzu siehe: Nicholas A. Christakis, James H. Fowler: *»Connected!« Die Macht sozialer Netzwerke und warum Glück ansteckend ist.* Frankfurt 2010.

Trainern, verstärkt darauf zu achten, wie insbesondere Führungsspieler ihre Emotionen zum Ausdruck bringen. Damit könne die Stimmung eines ganzen Teams stehen oder fallen.

Die offene Schleife

Solche Ergebnisse stellen eine Überzeugung infrage, die in unserer individualistisch orientierten Gesellschaft tief verankert ist: nämlich die Ansicht, dass es für unser Glück, unseren Erfolg oder unser Wohlbefinden vor allem auf unsere *persönlichen* Eigenschaften ankomme, auf unseren Charakter, unsere Leistungsfähigkeit oder das individuelle Bemühen um Gesundheit und emotionale Balance. Im Sprichwort »Jeder ist seines Glückes Schmied« wird diese Überzeugung zur Volksweisheit erhoben. Doch im Lichte der neueren Forschung muss sie dringend revidiert werden: Unser Glück schmieden wir nicht nur allein, daran hämmern und klopfen auch allerlei Schmiede in unserer Umgebung mit.

Manche Forscher beschreiben uns auch als »offene Schleifen« oder »offene Regelkreise«, als Systeme also, die sehr sensibel auf äußere Einflüsse reagieren und von diesen mit gesteuert werden.[41] Das Gegenteil, eine geschlossene Schleife, wäre zum Beispiel der Blutkreislauf – er wird vom Blutkreislauf anderer Menschen nicht beeinflusst. Hingegen ist das menschliche Nervensystem, das unser Gefühlsleben steuert, eine offene Schleife: Es ist auf Input von außen geradezu angewiesen. Wir stehen emotional ständig im Austausch mit unserer Umwelt, reagieren auf unsere Mitmenschen und werden durch diese Dynamik überhaupt erst zu fühlenden Wesen.

Umso verwunderlicher, dass wir uns dennoch als so eigenständig und abgetrennt voneinander wahrnehmen, als wäre jede/r von uns ein Einsiedlerkrebs, der selbstzufrieden in seiner eigenen kleinen Schale vor sich hinvegetiert. Es ist uns kaum bewusst, wie groß unsere sozialen »Fühler« sind und wie weit wir sie ausstrecken können. Wir seien in der Lage »Gesichtsausdruck, Stimmlage und Körperhaltung von anderen mit erstaunlicher Schnelligkeit zu imitieren« und uns »in das Gefühlsleben anderer in überraschendem Maße einzufühlen«, betont die Psychologin Elaine Hatfield. Und doch, so wundert sie sich, neigen wir dazu, »erstaunlicherweise die Wichtigkeit dieser Synchronisierung in sozialen Begegnungen zu übersehen. Es scheint den Leuten nicht klar zu sein, wie schnell und vollständig sie in der Lage sind, das Ausdrucksverhalten und die Emotionen von anderen zu erfassen.«[42]

Hatfield weiß, wovon sie redet. Sie hat Anfang der 1990er-Jahre als eine der ersten Forscherinnen den Begriff der »emotionalen Ansteckung« populär gemacht.[43] Bereits damals hat sie eine Erklärung geliefert, wie diese Übertragung von Gefühlen vor sich geht, die bis heute nichts von ihrer Überzeugungskraft verloren hat: Wann immer wir unbewusst den Gesichtsausdruck eines anderen Menschen nachahmen, wirkt das stets auf uns selbst zurück, und wir empfinden in abgeschwächter Form eben jene Gefühle, die der entsprechende Ausdruck repräsentierte.[*]

---

[*] Heute wird die emotionale Ansteckung häufig mit der Aktivität der sogenannten Spiegelneuronen im Gehirn erklärt. Diese »feuern« nicht nur bei einer eigenen Handlung, sondern auch dann, wenn man diese Handlung bei anderen sieht. Nach anfänglich großem Hype um die Spiegelzellen ist deren Bedeutung mittlerweile allerdings umstritten. Statt von einzelnen Zellen ist heute eher von großflächigen Spiegelsystemen im Gehirn die Rede, an der Nachahmung von Gefühlen scheinen alle möglichen Hirnareale beteiligt.

Ausdruck und »Gemüthsbewegung«

Denn die Beziehung zwischen Gefühl und Mienenspiel ist alles andere als eine Einbahnstraße. Vielmehr wirkt die Expression einer Emotion immer auch auf den Organismus zurück und verstärkt die zum Ausdruck gebrachte Empfindung. Das mag sich für uns Laien vielleicht seltsam anhören, wurde allerdings von vielen Wissenschaftlern beobachtet, allen voran Charles Darwin. Bereits 1872 notierte er im letzten Kapitel seines großen Werkes über den *»Ausdruck der Gemüthsbewegungen bei dem Menschen und den Thieren«*:

»Der freie Ausdruck einer Gemüthserregung durch äußere Zeichen macht sie intensiver. (...) Wer seiner Wuth durch heftige Geberden nachgibt, wird sie nur vergrößern; wer die äußern Zeichen der Furcht nicht der Controle des Willens unterwirft, wird Furcht in einem bedeutenderen Grade empfinden; und wer in Unthätigkeit verharrt, wenn er von Kummer überwältigt wird, läßt sich die beste Aussicht entgehen, die Elasticität des Geistes wieder zu erhalten.«[44]

Tatsächlich kann das jeder an sich selbst studieren: Wenn man seiner Wut freie Bahn lässt, andere beschimpft oder anschreit, dann wird das die Wut in der Regel nicht mildern, sondern eher noch vergrößern. Ähnlich ist es mit allen anderen Emotionen: Wer eine ängstliche Miene aufsetzt, verstärkt seine Angst, wer hingegen durch breites Lächeln eine frohe Stimmung zum Ausdruck bringt, fühlt sich prompt noch fröhlicher.

Diese rückwirkende Koppelung von Ausdruck und dazugehörigem Gefühl funktioniert sogar dann, wenn man die entsprechenden Verhaltensweisen nur vorspielt. Wer etwa bewusst ein Lächeln aufsetzt, kann sich dadurch selbst (zumindest in gewissem Maße) in eine positivere Stimmung bringen. Auf dieser Methode fußt etwa die Technik des »Lachyogas«, bei dem die Teilnehmer sich anfangs grundlos – und oft recht bemüht – zum Lachen zwingen, bis daraus tatsächlich ein echtes Lachen entsteht.

Dasselbe Prinzip wenden offenbar auch manche Frauen an, die beim Sex einen Orgasmus vortäuschen. In einer Befragung der Psychologin Erin Cooper gaben jedenfalls Frauen zu Protokoll, dass sie im Bett auch deshalb einen Orgasmus simulieren, weil sie dadurch in der Folge leichter zum Höhepunkt kommen[45] – getreu der bewährten Devise *Fake it until you make it.*

Oder erproben Sie einmal die Anleitung zum Traurigsein, die der britische Autor Michael Bond[46] empfiehlt: Schlurfen Sie in gebeugter Haltung durch Ihr Schlafzimmer, ziehen Sie dabei Ihre Mundwinkel nach unten und Ihre Augenbrauen leicht zusammen und nach oben und summen Sie dabei leise *Eleanor Rigby* von den Beatles oder einen ähnlich melancholischen Song vor sich hin.

Diese beiden Bilder aus Darwins Buch vom *Ausdruck der Gemüthsbewegungen* (1872) zeigen das Gesicht eines Mannes im normalen Zustand und im Zustand von Kummer und Sorgen

Wenn sie diese Übung einige Zeit durchhalten (ohne dabei in Lachen auszubrechen), werden sie wahrscheinlich mit der Zeit tatsächlich eine gewisse Traurigkeit in sich verspüren – eine Traurigkeit, die keinerlei äußere Ursache hat, sondern lediglich darauf beruht, dass Ihr expressiver Ausdruck auf Ihr emotionales Innenleben zurückwirkt.*

Diese Erfahrung haben zum Beispiel auch die Versuchspersonen von James Laird gemacht, der Anfang der 1990er-Jahre den Zusammenhang von Mienenspiel und Gefühl erforschte. Um seine Probanden dabei nicht emotional zu beeinflussen, griff der Psychologe zu einem Trick: Er erklärte ihnen, er wolle nur die Aktivität einzelner Gesichtsmuskeln messen, und führte sie in einen Raum, der mit komplizierten Geräten vollgestellt war. Dort klebte er den Probanden diverse Sensoren ins Gesicht und verband diese über einen eindrucksvollen Kabelstrang mit den elektronischen Apparaten (die in Wahrheit keinerlei Funktion hatten). Dann begann er mit dem eigentlichen Versuch: Er arrangierte die Gesichter der ahnungslosen Teilnehmer in unterschiedliche emotionale Ausdrücke und fragte sie wie nebenbei, was sie dabei fühlten.⁴⁷

»Als mein Kiefer angespannt und meine Augenbrauen heruntergezogen waren, versuchte ich, nicht wütend zu werden, aber das Gefühl war dennoch da«, antwortete etwa einer der Probanden. »Ich bin eigentlich nicht in ärgerlicher Stimmung, aber ich stellte fest, wie mir plötzlich Dinge in den Kopf kamen, die mich wütend machten. Ich weiß, das hört sich jetzt

---

* Dabei kann es durchaus sein, dass Ihnen plötzlich alle möglichen guten Gründe zum Traurigsein einfallen: Hatten Sie nicht erst kürzlich Streit mit ihrem Partner? Könnte nicht die Karriere viel besser laufen? Werden Ihre wahren Qualitäten nicht systematisch verkannt usw. usf.? Falls Ihnen mit einemmal solche Gedanken in den Kopf kommen, ist das ein guter Beleg dafür, wie sehr Ihr emotionales Erleben sogar Ihr Denken beeinflusst.

komisch an. Es war ja nur ein Experiment, und ich hatte gar keinen Grund, mich so zu fühlen, aber irgendwie habe ich die Kontrolle verloren.«[48]

Von ähnlichen Erfahrungen berichtet auch der Emotionsforscher Paul Ekman, der in den Siebzigerjahren ein ausgefeiltes System zur Kategorisierung von Gesichtsausdrücken entwickelte (von dem in Kapitel 6 noch ausführlicher die Rede sein wird). Er und sein Kollege Wallace Friesen filmten sich dabei selbst, wie sie alle möglichen Gesichtsmuskeln anspannten, um unterschiedliche emotionale Ausdrücke zu produzieren. Dabei spürte Ekman, wie ihn bei bestimmten Ausdrücken plötzlich »eine Fülle von starken emotionalen Empfindungen durchflutete«. Auch Friesen berichtete, dass ihn beim Grimassieren alle möglichen Emotionen überfielen, die sich »nicht selten unangenehm anfühlten«.[49]

In fremden Gefühlslandschaften

Wann immer wir also unbewusst und automatisch den emotionalen Ausdruck eines Mitmenschen imitieren, spüren wir selbst (zumindest schwache) Reflexionen jener Gefühle, die unser Gegenüber umtreiben. Auf diese Weise können wir uns geradewegs in die Gefühlslandschaft eines Mitmenschen hineinversetzen und ihn gewissermaßen von innen her kennenlernen. Deshalb propagiert Elaine Hatfield neben dem bewussten Austausch von Informationen noch einen zweiten Weg, um sich über die Vorstellungen und Intentionen unserer Mitmenschen klar zu werden: »Oft lernen wir darüber mehr, wenn wir uns hin und wieder auf *unsere eigenen* Gefühle und Stimmungen konzentrieren, die während einer sozialen Interaktion aufsteigen«.[50] Denn das zeige uns wie in einem Spiegel, was der andere jeweils fühlt.

Vielleicht achten Sie daher bei der nächsten heiklen Gesprächssituation mit Ihrem Partner, Ihrem Chef oder den Kollegen einmal nicht so sehr darauf, was der andere sagt oder tut, sondern mehr auf das, was *Sie selbst* spüren. Denn das gewährt Ihnen unter Umständen einen direkteren Einblick in die Seelenlage ihres Gegenübers, als es dessen Worte je vermitteln könnten. Oder falls Sie einmal in einer Gesellschaft inmitten lauter lächelnder Gesichter plötzlich eine große Traurigkeit spüren, die Ihnen selbst völlig unerklärlich ist, dann könnte das ein klassischer Fall von emotionaler Ansteckung sein, bei dem Sie Gefühle verspüren, die eigentlich gar nicht die Ihren sind.

Nachdem in diesem Kapitel klar geworden ist, wie bedeutsam die Emotionen der anderen für unser eigenes Seelenleben sind, ist es dringend an der Zeit, einmal die Gefühlslandschaft zu erkunden, durch die wir uns tagtäglich bewegen. Mit welchen Emotionen im öffentlichen Raum haben wir es eigentlich zu tun? Womit können wir uns unbewusst infizieren? Und wie kann man sich dagegen schützen?

2   DIE HERAUSFORDERUNG
DER MODERNE

Jeder Idiot kann eine Krise meistern, es ist der Alltag,
der uns zermürbt.

Anton Tschechow

Wie hätten Sie sich wohl im Mittelalter gefühlt? Irgendwann,
sagen wir im 13. Jahrhundert, am selben Ort wie heute, nur
eben in einer anderen Zeit, mit anderen Menschen und in einer
radikal veränderten Umwelt? Vielleicht fallen Ihnen beim Stichwort Mittelalter zunächst die üblichen Klischees ein, Hexen-
verfolgungen und düstere Mönche, der Schwarze Tod der Pest
und hochgerüstete Ritter, die edle Abenteuer erleben. Doch so
sehr solche Szenen unser Bild vom Mittelalter bestimmen, so
wenig typisch waren sie für das damalige Alltagsleben. Die wenigsten Menschen reisten als Ritter, Hexen oder Mönche durch
die Lande, die meisten führten eine unspektakuläre Existenz
als biedere Bauern oder Handwerker. Und die Pest, so schlimm
sie auch wütete, dauerte wenige Jahre und keineswegs das ganze
Mittelalter hindurch, wie man aus heutiger Sicht denken könnte.

Worum es hier geht, ist das alltägliche Lebensgefühl der
Menschen des Mittelalters. Stellen Sie sich vor, jemand hätte
eine Zeitmaschine erfunden, mit der Sie auf wunderbare Weise
durch die Jahrhunderte zurückreisen und unerkannt eintauchen
könnten in das Leben ihrer Vorvorvorfahren. Was würden sie
dabei wohl empfinden?

Alltag im Mittelalter

Zunächst würden Sie vermutlich erstaunt wahrnehmen, wie ruhig es ist. Der vertraute Lärm der Zivilisation, das Rauschen des Autoverkehrs, das Rattern der Maschinen, das Gedudel von Radio und Fernsehen, das Summen und Piepsen elektronischer Geräte oder Handys ist mit einem Mal verstummt. Stattdessen dringen natürliche Geräusche an ihr Ohr, das Zwitschern von Vögeln, das Rauschen des Windes in den Bäumen, das Muhen der Kühe auf den Feldern oder das Stampfen von Hufen. Die lautesten Geräusche des mittelalterlichen Dorfes waren das Posthorn und »der heilige Lärm« der Kirchenglocken.[51] Möglich, dass das Fehlen des gewohnten technischen Dauerlärms Sie anfangs verunsichert, aber bald gewöhnen Sie sich daran und fühlen sich sogar regelrecht befreit von der akustischen Last der Moderne – so, als hätte man Ihnen plötzlich einen Rucksack von den Schultern genommen, der Sie jahrelang gedrückt hat, ohne dass es Ihnen zu Bewusstsein kam.

Als Nächstes spüren Sie die Allgegenwart der Natur. Das Landschaftsbild wird von ausgedehnten Wiesen, Weiden, Äckern und Wäldern bestimmt, in denen sich die Städte fast verlieren. Die heutige Millionenmetropole Hamburg ist im Jahr 1300 eine verträumte Kleinstadt mit 5000 Einwohnern. Dafür sind überall Tiere zu sehen. Und die Natur bestimmt das Tempo des Lebens. Statt dem mechanischen Takt der Räderuhr folgt es dem Lauf der Sonne und dem Wechsel der Jahreszeiten.

Das heißt nicht, dass Ihr Leben idyllisch wäre. Im Gegenteil, es ist geprägt von Plackerei und Entbehrungen. Nahezu alles muss von Hand erledigt werden – Kleidung nähen, Wäsche waschen, Butter schlagen … – sodass Sie von früh bis spät körperlich arbeiten. Doch trotz aller Härten ist ihr Leben in gewisser Weise einfacher und überschaubarer als im 21. Jahrhundert. Ihr Lebensradius beträgt in der Regel nur ein paar Dutzend Kilometer, Ihre Kontakte begrenzen sich auf die wenigen Menschen in Ihrem Dorf und vielleicht noch in der nächst größeren Stadt. Ebenso übersichtlich ist Ihr Weltbild. Geprägt wird es von den Traditionen Ihrer Vorfahren und einem unverrückbaren religiösen Glauben. Andere Informationsquellen als die Predigt des Pfarrers, das Gespräch mit Nachbarn und vielleicht gelegentliche Berichte von durchkommenden Reisenden kennen Sie nicht, denn der Buchdruck wird erst um 1450 von Johannes Gutenberg erfunden werden.

So eng und klein diese Welt also aus heutiger Sicht erscheint – als Mensch des Mittelalters empfinden Sie das vermutlich nicht als Mangel. Schließlich kennen Sie es nicht anders. Natürlich ist es nicht immer leicht, mit dem knappen Angebot klar zu kommen – etwa wenn es um die Auswahl des künftigen Ehepartners geht. Dazu gibt es im Umkreis vielleicht nur eine Handvoll Kandidaten. Da gilt es, aus dem Vorhandenen das Beste zu machen. Aber auch das werden Sie ganz normal finden, da es alle anderen ebenso halten. Solange es Ihnen nicht wesentlich schlechter als Ihren Nachbarn geht, sind Sie wohl durchaus zufrieden – und falls nicht, bleibt Ihnen als Christenmensch immer noch die Hoffnung auf ein Jenseits, in dem Sie im Himmel wieder auferstehen.

Es geht hier nicht darum, das mittelalterliche Leben zu idealisieren. Die wenigsten von uns würden vermutlich in der Vergangenheit leben wollen. Andererseits war damals nicht einfach alles schlechter. Das moderne Gefühl des Gestresstseins etwa, der dauernden Anspannung und des Zwangs zur Selbstoptimierung war völlig unbekannt. Jeder hatte und kannte seinen Platz, niemand musste – so wie wir heute – um seine

Karriere oder Position bangen und um Selbstverwirklichung kämpfen. Natürlich waren die Menschen im Mittelalter nicht angstfrei; es drohten Hunger, Krankheiten, Kriege oder Naturkatastrophen. Doch diese Gefahren waren greifbar und konkret, sie lagen sozusagen im Nahbereich des Erlebens. In der Moderne hingegen liegen die meisten Bedrohungen im Fernbereich, sind oft diffuser und komplexer Natur und damit schwer zu fassen – was keine nackte Angst, aber eine ständige, unterschwellige Besorgnis auslöst.

Und die Einschränkung des Entscheidungsspielraum hatte seinerzeit eben auch zur Folge, dass man nicht, wie heute, ständig mit Fragen und Urteilszwängen konfrontiert wurde: Es gab nicht die Qual der Wahl zwischen zehn verschiedenen Handy-Tarifen, hundert möglichen Schuhmodellen oder tausend Singles bei der Partnervermittlung im Internet. Man hatte zwar weniger Möglichkeiten, konnte zugleich aber auch weniger Fehler machen. Wer einmal einen Sommer auf einer Berghütte, im Bauwagen oder auf einem Segelschiff verbracht hat, weiß, dass solch eine äußere Beschränkung auch etwas Befreiendes hat: Denn all die modernen »Opportunitätskosten«, die heute unseren Alltag bestimmen und Energie kosten, fallen weg.[*] Und das mittelalterliche Leben glich dem Dasein auf der Berghütte: Es gab zwar wenig Optionen, aber auch keine großen Zweifel, kein Hinterfragen und vor allem nicht die ständige moderne Angst, man könnte etwas verpassen.

---

[*] Eine ausführliche Beschreibung der Opportunitätskosten findet sich in Ulrich Schnabel, *Muße,* München 2010, S. 50 ff.

Die Informationsblase

Wenn man nach diesem Ausflug in die Vergangenheit wieder ins 21. Jahrhundert zurückkehrt, wird man die Gegenwart mit ganz neuen Augen sehen. Vieles, was man vorher für selbstverständlich hielt, dürfte mit einem Mal befremdlich erscheinen, nicht nur der Lärm und die Technik, der ungeheure Wohlstand und all die Entscheidungsfreiheiten, die sich in der modernen Gesellschaft auftun. Auffallen könnte einem zum Beispiel auch, wie sehr wir auf andere angewiesen sind und wie wenig wir noch selbst aus eigener Erfahrung kennen und können. Statt unser Gemüse selbst anzubauen, gehen wir in den Supermarkt, statt unsere Kleidung selbst zu nähen, kaufen wir Ware von der Stange, statt unsere Häuser selbst zu bauen, rufen wir die Baufirma und so weiter. Kaum etwas haben wir selbst unter Kontrolle, ständig müssen wir auf die Kenntnis und Expertise anderer vertrauen.

Dasselbe gilt für unser Wissen über die Welt. Auch dies stammt in der modernen Medien- oder Informationsgesellschaft zum Großteil aus zweiter Hand, aus Zeitungen, Fernsehsendungen, Internetblogs, Youtube-Videos et cetera. Kaum einmal haben wir direkten Kontakt mit den Dingen, die uns beschäftigen, fast immer ist irgendein Medium zwischen uns und die Welt geschaltet. Selbst mit unseren Freunden kommunizieren wir über SMS, Facebook oder WhatsApp, statt von Angesicht zu Angesicht miteinander zu reden.

Das aber führt notgedrungen zu einer verzerrten Wahrnehmung. Denn in all die Informationen, die wir lesen oder hören, mischen sich fremde Ansichten, Emotionen und Interessen, die unsere eigene Sicht – oft unbewusst – beeinflussen und verändern. Wenn wir etwa im Internet bei Google oder Facebook unterwegs sind, so zeigen uns personalisierte Suchalgorithmen vor allem jene Informationen, die mit unseren bisherigen Präferenzen übereinstimmen. Webseiten mit abweichenden Meinungen hingegen tauchen im Laufe der Zeit gar nicht mehr auf. Je häufiger wir Nutzer also solche personalisierten Suchergebnisse in Anspruch nehmen, umso kleiner wird die »Informationsblase«, in der wir uns bewegen.[52]

Dieser Filtereffekt tritt allerdings nicht nur im Internet auf, sondern auch bei den altbekannten Traditionsmedien. Wer etwa denkt, Fernsehnachrichten oder Zeitungsberichte gäben ein »objektives« Bild der Welt wieder, täuscht sich. Und das liegt nun nicht nur an der einen oder anderen Falschmeldung, sondern an der ganz normalen Perspektivverengung, die beim Blick durch die Medienbrille entsteht – selbst wenn niemand das gezielt beabsichtigt.

Schon die Entscheidung, welche Fakten, Bilder und Statements überhaupt gedruckt oder gesendet werden und welche nicht, führt zu einer bestimmten Färbung der medialen Realität. Berichtet man eher über die positive Entwicklung der Bauwirtschaft oder über das – damit zusammenhängende – Verschwinden von billigem Wohnraum? Feiert man die Extremleistung eines Spitzensportlers, oder erzählt man lieber von all den Operationen und Opfern, die er hinter sich hat? Berichtet man über die Teilnahme von 50 Staatschefs beim Trauermarsch für die ermordeten Journalisten von *Charlie Hebdo* – oder darüber, dass die Politiker gar nicht mit der Menge, sondern separat marschierten?[53] Das eine ist genauso »wahr« wie das andere, aber je nach Auswahl der berichteten Aspekte, ihrer Einordnung und Kommentierung, stellt sich beim Leser oder Zuschauer eine andere Gemütslage ein.

Dabei hängt die Auswahl stark von den Gesetzen des Medienmarktes ab. Da alle Medien heute unter hohem Konkurrenz- und Erfolgsdruck stehen, müssen sie die Quote oder

Auflage hoch halten und dazu vor allem Aufsehen erregen. Und wer bei einem großen Publikum Erfolg haben will, wer »Ruhm haben will bei der Menge«, das wusste schon der griechische Philosoph Platon, sollte nicht eine »vernünftige und ruhige Gemütsfassung« anstreben, sondern besser eine »gereizte und wechselreiche Gemütsstimmung« zur Schau stellen.[54] Übersetzt in den modernen Medienjargon heißt das: *Bad news is good news.* Denn was früher der Philosoph vor der Menge war, das sind heute die Medien mit ihren Nachrichten. Themen mit hohem Aufrege- und Empörungspotenzial sind mediale Selbstgänger, die Schilderung der (oft unspektakulär-positiven) Normalität dagegen fällt unter den Tisch.

Die Bewirtschaftung der Betroffenheit

Tatsächlich haben Medienforscher in den vergangenen Jahrzehnten einen zunehmenden Trend zur Skandalisierung, Konfliktakzentuierung und Emotionalisierung bei der Berichterstattung beobachtet. Von einer »Verdunkelung des publizistischen Ereignishorizontes« spricht etwa der Kommunikationsforscher Hans Mathias Kepplinger.[55] Die mediale Darstellung gebe kein objektives, sondern ein zunehmend verzerrtes Bild von der Realität wieder. Auch der (mittlerweile verstorbene) Schweizer Mediensoziologe Kurt Imhof beschrieb, dass die Katastrophenberichterstattung in den vergangenen hundert Jahren stetig zunahm. Katastrophen seien nun einmal spektakuläre Vorgänge von hohem *News*-Wert, sagte Imhof: »Sie lassen sich ausgezeichnet visualisieren, und sie schaffen Betroffenheit aufseiten des Publikums, die wieder effektvoll bewirtschaftet werden kann.« Wird etwa groß über ein Thema berichtet, erzeugt das nicht nur Aufsehen beim Publikum, sondern setzt auch die

Politik unter Zugzwang. Um Aktivität zu demonstrieren, geben Politiker Erklärungen ab, laden zu Pressekonferenzen und fordern drastische Maßnahmen – worüber natürlich wiederum ausführlich berichtet wird. So kann sich selbst ein kleines Risiko zur gefühlten Katastrophe hochschaukeln – bis irgendwann das Interesse daran erlischt und die nächste Sau durchs mediale Dorf getrieben wird.[56]

Dieser Mechanismus führt nahezu zwangsläufig dazu, dass Bedrohungen überproportional stark wahrgenommen werden und dementsprechende Ängste zunehmen. So ist beispielsweise die »gefühlte Kriminalitätstemperatur« in Deutschland extrem überhöht: Die Mehrheit der Bürger glaubt, es gäbe einen dramatischen Zuwachs an Verbrechen – obwohl der Trend eher in die gegenläufige Richtung zeigt:[57] Die Häufigkeit und Brutalität von Gewalttaten ist seit der Wiedervereinigung in nahezu allen Bereichen zurückgegangen. Gestiegen ist einzig die Zahl der Betrugsdelikte und die (früher unbekannte) Internetkriminalität. Oder nehmen wir die aufsehenerregenden Fälle von Sexualmorden: Weil die Medien über jeden einzelnen Fall groß berichten, denken die meisten Deutschen, die Zahl der Sexualmorde sei rapide gestiegen. In Wahrheit ist es umgekehrt: Vor vierzig Jahren gab es jährlich noch etwa 50 Delikte, heute sind es weniger als 10 pro Jahr.[58] Ebenso rückläufig ist die Zahl der Sexualvergehen gegenüber Kindern. 2013 war sogar das erste Jahr in der Geschichte Deutschlands, in dem laut Polizeistatistik kein einziges Kind Opfer eines Sexualmordes wurde.[59] Diese gute Nachricht allerdings schaffte es auf keine Titelseite.

Anonyme Mächte und schwarze Schwäne

Dass wir die Welt heute als so bedrohlich wahrnehmen, hat aber nicht nur mit dem medialen *bias,* mit der Tendenz zur Skandalisierung zu tun, sondern auch mit den unbestreitbaren Veränderungen der Moderne. Mit der Globalisierung und Technisierung, mit der zunehmenden Beschleunigung unserer Arbeitswelt, der weltweiten Konkurrenz und der digitalen Vernetzung ist das Leben unübersichtlicher, rasanter und komplexer geworden, zugleich ist die Anfälligkeit unserer sozialen wie technischen Infrastruktur enorm gestiegen. Spätestens die Finanzkrise hat uns zu Bewusstsein gebracht, wie fragil die althergebrachten politischen und wirtschaftlichen Sicherungssysteme sind, der Kollaps ganzer Volkswirtschaften ist längst kein Szenario apokalyptischer Untergangspropheten mehr, sondern ökonomische Realität. Und wir sind uns bewusst, dass selbst weit entfernte Ereignisse – etwa eine Krise des US-amerikanischen Immobilienmarktes oder ein Ebola-Ausbruch in Afrika – auch hierzulande dramatische Auswirkungen haben können, dass in der globalisierten Moderne tatsächlich alles mit allem verbunden ist.

Damit ist die behagliche Überschaubarkeit früherer Zeiten ein für allemal passé. »Wenn hinten, weit, in der Türkei/Die Völker aufeinander schlagen«, so bekümmerte das zu Goethes Zeiten noch kaum jemand.[*] Doch heute ist die Türkei Nato-Mitglied, und wenn es dort zu völkerrechtlichen Konflikten kommt, dann breiten sich deren Schockwellen bis zu uns aus. Zugleich sehen wir uns mit einem neuartigen Typus von Technikkatas-

---

[*] Dem braven Bürger, dem Goethe diese Worte im *Faust* in den Mund legt, fällt zum Krieg in der Türkei nur ein: »Man steht am Fenster, trinkt sein Gläschen aus/ Und sieht den Fluss hinab die bunten Schiffe gleiten; Dann kehrt man abends froh nach Haus,/Und segnet Fried' und Friedenszeiten«.

rophen konfrontiert, die ihre Wucht oft einer komplexen Kettenreaktion verdanken. Bestes Beispiel ist das Erdbeben vor der japanischen Küste am 11. März 2011, das zu einem Tsunami führte, der wiederum eine Reaktorkatastrophe im Kernkraftwerk Fukushima auslöste, die unvorhersehbare Folgen hatte (unter anderem für die deutsche Energiepolitik und das Schicksal der damaligen baden-württembergischen Regierung).

»Schwarze Schwäne« hat der Statistik-Philosoph Nassim Nicholas Taleb solche Geschehnisse jenseits des Erwartungshorizonts genannt.[60] Wir halten ihr Auftreten für undenkbar, bis wir plötzlich mit ihrer Existenz konfrontiert werden. »Es gibt vermutlich eine Million extrem seltener Ereignisse mit einer Wahrscheinlichkeit von eins zu einer Million«, sagt der Risikoforscher Ortwin Renn. »Das heißt, dass jedes Jahr mindestens eines davon eintritt.«[61] Wir wissen nur nicht, welches.

Diese Unsicherheit aber führt zu jenem diffusen Gefühl der Unruhe und Bedrohung, das so charakteristisch ist für unsere Zeit. Wir leben zwar auf extrem hohem Niveau, haben aber unterschwellig das Gefühl, jederzeit könnte alles zusammenbrechen. Man male sich nur einmal aus, was geschähe, wenn heute Nacht ein unbekanntes Computervirus das gesamte Internet lahmlegen würde. Angesichts solcher Visionen stellt sich leicht ein Gefühl ein, das an die beklemmende Atmosphäre in Franz Kafkas Romanen erinnert.

Wie seine Protagonisten sehen auch wir uns Mächten gegenüber, die über unser Leben zu bestimmen scheinen, zugleich aber so diffus und schwer zu greifen sind wie die Richter, Schlossherren oder Türhüter in Kafkas Erzählungen. Damit ist nicht nur die Herrschaft der modernen Bürokratie oder die anonyme Überwachung von Internet und E-Mails gemeint, die üblicherweise in Kafkas Romane hineingelesen wird. Auch Entwicklungen wie die Ökonomisierung, Kapitalisierung, Rationalisierung oder Digitalisierung werden heute als Mächte erfahren, für die niemand persönlich verantwortlich scheint und deren Diktat wir uns doch alle beugen müssen.

So stellt die moderne Welt nicht nur völlig veränderte Anforderungen an Politik und Ökonomie, sondern auch an das Gefühlsleben des Einzelnen: Es geht weniger darum, sicht- und greifbare Katastrophen und Schicksalsschläge zu bewältigen, sondern wir müssen uns vor allem mit unsichtbaren oder imaginierten Gefahren auseinandersetzen, die kaum fassbar scheinen.

Leider funktionieren dabei jene alterprobten Strategien nicht mehr, die wir im Laufe der Evolution im Umgang mit Ängsten und Unsicherheiten gelernt haben. *Fight or Flight* hieß für den Homo sapiens jahrhundertelange Zeit die Devise, Kampf oder Flucht. Beides führte – auf die eine oder andere Weise – zur Beendigung einer Bedrohung und sorgte zugleich für körperliche Bewegung und damit zum Abbau von Stresshormonen. Angesichts moderner Bedrohungen nützt uns dieser Mechanismus in der Regel wenig. Vor der Finanzkrise kann man ebenso wenig davonlaufen wie vor dem Klimawandel; gegen die Globalisierung und den Verlust an Arbeitsplätzen kann man als Einzelner ebenso wenig kämpfen wie gegen die Gefahr eines terroristischen Anschlags oder gegen das Risiko, an Krebs oder Alzheimer zu erkranken.

Die emotionale Überforderung

»Bin ich vielleicht verrückt geworden?«, fragte die Schriftstellerin Monika Maron vor einiger Zeit öffentlich[62] und drückte damit ein Gefühl aus, das vielen bekannt vorkommen dürfte. Denn das von ihr beschriebene Phänomen, dass einen »beim morgendlichen Zeitunglesen das Gefühl überkommt, ich lebte in einem Irrenhaus«, kennen wir wohl alle.

Schon zum Frühstück wird man mit einem Wust an Nachrichten überschüttet, mit echten und vermeintlichen Katastrophen, mit Weltbewegendem und Nebensächlichem, Bizarrem und Banalem, das in seiner Gesamtheit oft schwer verdaulich ist. Kein Wunder, dass viele das Gefühl haben, die Welt sei aus den Fugen geraten. Als stehe man auf schwankendem Grund, als würde alles immer unübersichtlicher und schlimmer werden. Der Segen der modernen Informationsgesellschaft – dass wir in Echtzeit über nahezu jedes Ereignis weltweit informiert werden können – verwandelt sich in den Fluch einer Informationslawine, die uns täglich unter sich zu begraben droht.

Bereits die schiere Menge der Informationen überfordert uns. Denn allein der Versuch, das Gehörte oder Gelesene zu verstehen, zu bewerten und richtig einzuordnen, kostet geistige Energie und und erschöpft den »Muskel« unserer Willenskraft.[63] Tatsächlich lässt sich unsere Willenskraft, wie allerlei Experimente gezeigt haben, mit einer Art »Kraftspeicher« vergleichen, der nur ein bestimmtes Fassungsvermögen besitzt. Ist seine Kapazität ausgereizt, sind wir zu willentlichen Entscheidungen kaum noch in der Lage. Der entscheidende Punkt ist: Das Arbeitsgedächtnis, von dem die Willenskraft abhängt, ist sowohl für Impulskontrolle und emotionale Selbstbeherrschung zuständig als auch für die Verarbeitung neuer Informationen.[*]

Das heißt: Wird unser Gehirn mit Informationen überlastet, leidet zugleich die Fähigkeit, unsere Emotionen zu kontrollieren und zu steuern. Und das gilt nicht nur, wenn wir wichtige

---

[*] Auch diese Zusammenhänge werden ausführlich erläutert in: Ulrich Schnabel, *Muße,* München 2010, S. 77 f.

und relevante Informationen verarbeiten, sondern gerade auch für die Bewältigung all des Unnützen, Belanglosen oder Irrelevanten, das uns täglich begegnet. Denn um diesen geistigen *spam** als solchen zu erkennen und auszusortieren, müssen wir ihn zunächst einmal zur Kenntnis nehmen und als Müll beurteilen. Und leider benötigt auch diese Trennung zwischen Wichtigem und Unwichtigem eine gewisse »Rechenkapazität« in unserem Gehirn.

Zugleich transportiert der mediale Nachrichtenstrom ja nicht nur nüchterne Fakten, sondern ist darauf angelegt, in uns möglichst starke Emotionen zu wecken. Erschütternde Berichte über ferne Krankheitsepidemien oder Naturkatastrophen rufen unser Mitleid hervor; Reportagen über das Schicksal mittelloser Flüchtlinge wecken unser schlechtes Gewissen; Nachrichten über Kriege oder Terroranschläge lassen Angst und Sorge in uns wachsen. Dazu kommen die besonders beliebten »Empörungsgeschichten«, die anhand eines extremen Einzelfalls einen (scheinbar) typischen Missstand anprangern. Sie erfordern meist wenig Recherche, erzeugen allseits große Erregung und lassen sich tagelang fortsetzen – mit Leserkommentaren, Politikerstatements, Stellungnahmen von Experten sowie Wortmeldungen aller möglichen Beteiligten (»Jetzt rede ich«).[64] Nicht umsonst lautet in vielen Redaktionen die morgendliche Frage des Chefs: »Wo haben wir heute den Aufreger?«

Dabei führt diese Art von künstlich geschürter Empörung zwar zielsicher zu starken Emotionen, aber kaum zu konkreten Veränderungen. In der aufgeheizten Stimmung ist allenfalls Zeit für symbolische Politik, bevor das Interesse an dem Fall erlahmt und sich die allgemeine Aufmerksamkeit von der

---

* Engl. spam = Ramsch, Abfall

nächsten Empörungswelle mitreißen lässt. Da geht es Politikern meist nicht anders als uns Lesern: In den wenigsten Fällen führt der Empörungsjournalismus dazu, dass wir konstruktiv tätig werden, dass wir unseren Ärger, unser Mitleid oder unsere Angst sinnvoll umsetzen und produktiv nutzen. Im Gegenteil: Die auf uns einprasselnde Masse erschröcklicher Geschichten fördert eher ein Gefühl der Ohnmacht, da wir sie meist nur hilflos zur Kenntnis nehmen können. So beschert uns die moderne Mediengesellschaft nicht nur den oft beschriebenen *information overload,* ein Übermaß an verfügbaren Informationen, sondern ebenso einen *emotion overload,* ein Zuviel an künstlich erzeugten und gezielt geweckten Gefühlen, die uns überfordern, belasten und erschöpfen.

Die alltägliche Abstumpfung

»Ich habe einen guten Test, um zu wissen, wie es um mein Nervenkostüm steht«, erzählte mir einmal ein Journalistenkollege, der – wie wir Medienleute alle – mit dem Infostress besonders zu kämpfen hat. »Und diesen Test absolviere ich jeden Morgen auf dem Weg von der U-Bahn zur Redaktion.« Denn da müsse er immer an einem Bettler vorbei, der tagein, tagaus an derselben Ecke stehe und allen Vorübergehenden ein lautes, aggressives »Guten Morgen« entgegentrompete. »Normalerweise gehe ich damit gelassen um«, sagte mein Kollege. Manchmal müsse er über die Penetranz des Mannes lächeln, manchmal gebe er ihm etwas oder gehe einfach vorbei, lasse sich aber nicht aus der Ruhe bringen. »Wenn ich allerdings in der Redaktion viel zu tun habe, wenn ich gestresst und überlastet bin, dann spüre ich, wie meine emotionalen Widerstandskräfte schwinden und mir alle Geduld und Gelassenheit abhandenkommt. Und dann passiert es, dass ich morgens, wenn ich gedankenverloren zur Arbeit gehe und mir plötzlich von der Seite ein penetrantes ›Guten Morgen‹ entgegenschallt, dass ich den Mann am liebsten packen, schütteln und ihm ins Gesicht schreien möchte: ›Lass mich gefälligst in Ruhe!‹«

Natürlich ist mein Kollege viel zu kultiviert, um diesem Impuls nachzugeben. Aber das von ihm beschriebene Phänomen ist in unseren Straßen gar nicht so selten zu beobachten. Mitunter reichen schon nichtige Anlässe – ein unsicherer Autofahrer, ein störrisches Kind, ein bellender Hund – um Menschen völlig aus der Fassung zu bringen und eine Wut und Aggressivität freizusetzen, die offenbar nur ein Ventil gesucht hat, um sich endlich ausdrücken zu können.

Nicht jeder reagiert auf die emotionale Überforderung mit Aggressivität nach außen. Bei manchen wendet sich der Impuls auch nach innen und führt zu Angst, Besorgnis oder depressiven Symptomen. Auf Dauer aber, und das ist vielleicht die verheerendste Folge all dieser unverarbeiteten Emotionen, stellt sich eine Art emotionaler Abstumpfung ein, eine (mitunter zynische) Gleichgültigkeit gegenüber all den Leiden der Welt, die man ohnehin nicht lindern zu können glaubt.

Aus psychologischer Sicht ist diese Gleichgültigkeit verständlich. Sie ist eine Schutzreaktion gegen eine emotionale Reizüberflutung, die den Einzelnen sonst überfordern und möglicherweise krank machen würde. Aus gesellschaftlicher Sicht allerdings ist diese Gleichgültigkeit fatal. Denn je mehr Menschen davon erfasst werden, umso größer wird das Gefühl allgemeiner Hilflosigkeit und Passivität – »man kann ja ohnehin nichts tun«! –, das zur selbsterfüllenden Prophezeiung wird: Wenn niemand etwas wagt, tut sich tatsächlich nichts. So bleiben selbst jene Probleme bestehen, die man durchaus lösen könnte.

Damit stehen wir vor dem Paradox, dass einerseits unsere Gesellschaft durch ein hohes Maß an technischen Möglichkeiten und persönlichen Freiheiten gekennzeichnet ist wie keine Zeit zuvor; und dass sich andererseits zugleich bei vielen Menschen eine Stimmung der Hoffnungslosigkeit und Verzagtheit breitmacht. Man könnte geradezu von einer modernen Gefühlskrise sprechen: Angesichts der Umbrüche und Herausforderungen der Moderne fehlen uns nicht so sehr die politischen, technischen und wirtschaftlichen Mittel, sondern eher die emotionalen Voraussetzungen, um den globalen Veränderungsprozess zu bewältigen.

Wie meistert man diese innere Aufgabe? Wie geht man mit der emotionalen Überlastung, der medialen Realitätsverzerrung und all den diffusen Ängsten der Moderne am besten um, ohne sein inneres Gleichgewicht zu verlieren, ohne in depressives oder aggressives Verhalten abzugleiten? Von diesen Fragen handelt das folgende *Besser-fühlen-Kapitel.*

BESSER FÜHLEN (2):
WAS GEGEN DIE MODERNE ANGST HILFT

Ein Besuch bei dem Psychologen Wolfgang Schmidbauer

Wenn es um den Umgang mit dem »Lebensgefühl Angst« geht, dann gibt es dazu vielleicht keinen besseren Gesprächspartner als Wolfgang Schmidbauer. Schließlich ist Schmidbauer einer der erfahrensten Psychologen Deutschlands, der sich in zahllosen Artikeln, Zeitungskolumnen und Büchern seit Jahren mit dem deutschen Seelenleben auseinandersetzt. Er hat unter anderem den vielbenutzten

Wolfgang Schmidbauer

Begriff »Helfersyndrom«[65] geprägt und ein Buch über das *Lebensgefühl Angst*[66] geschrieben. »Noch nie hatten so viele Menschen so viel zu verlieren wie heute«, schreibt Schmidbauer darin und diagnostiziert ausgerechnet im Wohlstandsland Deutschland eine »missmutig-depressive Grundstimmung«. Wie kann das sein? Und wie begegnet man dieser Stimmung? Zeit für eine Fahrt nach München.

Die Strecke Hamburg-München dauert mit der Bahn rund fünfeinhalb Stunden (ohne die übliche Verspätung) – viel Zeit also, um sich auf das Gespräch vorzubereiten und noch einmal im gesammelten Archivmaterial zu blättern.

Ein ganzes Dossier zur Frage *Wie halten wir die Welt noch aus?* erschien etwa zum Jahreswechsel 2014/15 in der *Brigitte*.[67] Angesichts der nicht abnehmenden Horrornachrichten – IS-Terror,

Ukraine-Krise, Ebola-Tote und Millionen Menschen auf der Flucht – stelle sich die Frage: Wie gehen wir damit um? Und wie trotzt man dem Gefühl der Ohnmacht? Die Antworten rangieren von Ratlosigkeit bis Aktivismus. »Ich bin verloren zwischen dem dringenden Gefühl, viel mehr tun zu müssen, und einer lähmenden Sinnlosigkeit, weil mir alles, was ich tun kann, wie ein lächerlicher Tropfen auf den heißen Steinen der Weltkonflikte erscheint«, bekennt der Psychologe Oskar Holzberg. Der Philosoph Wilhelm Schmid hingegen berichtet, dass er angesichts von Ebola nun häufiger an Ärzte ohne Grenzen spende und darüber nachdenke, auch seine Wohnung für Asylsuchende zu öffnen. Eine Ordensschwester findet Trost im Gedanken, dass »Christus auch im Leid ein Stück weit anwesend ist«, und die Hamburger Anwältin und Sozialdemokratin Hendrikje Blandow-Schlegel setzt sich im wohlhabenden Stadtteil Harvestehude für eine Flüchtlingsunterkunft ein – gegen den Widerstand einiger »nahezu krakeelender Anwohner«.

Welt, lass mich in Ruhe! hieß es dagegen zeitgleich auf dem Titel der *ZEIT*. In einem langen Essay beklagt dort die Autorin Julia Friedrichs einen zunehmenden Rückzug ins Private: Viele Menschen interessierten sich heute mehr für Stressabbau und Handarbeit als für die drängenden Fragen der Gegenwart.[68] Das zeige sich zum Beispiel am Boom der »Weltflucht-Magazine« wie *Landlust, Weekender* oder *My Harmony,* die alle das einfache, unbeschwerte Leben preisen und politische Konflikte, Kriege oder Armut einfach ausblendeten. Dazu zitiert Friedrichs den Soziologen Klaus Hurrelmann, der von einer unpolitischen jungen Generation berichtet, die sich nicht mehr engagierte und stattdessen »sehr biedere Sehnsüchte« nach einem Häuschen mit Garten, nach Familie und einem kleinem Hund hege. Angesichts dieses Trends zur Innerlichkeit, der auch Meditation und Achtsamkeit umfasst, ebenso wie Stricken, Häkeln,

Backen, Kochen oder Gärtnern, packt Friedrichs regelrecht die Wut. Das sei »wie bei Kindern, die die Augen zudrücken und hoffen, die Schrecken mögen verschwinden«, schreibt die Autorin und fragt: »Wer auf diesem Globus jenseits der Landesgrenzen von Lummerland/Deutschland kann sich eine solche Realitätsverweigerung erlauben?«

Einen ganz anderen Ton schlägt wiederum die Schriftstellerin Juli Zeh im *Stern* an. Angesichts der modernen Flut der Gewaltbilder in Medien und Internet fordert sie unmissverständlich: »Schaut weg!«[69] Sie selbst, bekennt Zeh, vermeide an manchen Tagen bewusst das Zeitunglesen. »Die unfassbaren Brutalitäten« der Terrorgruppe Islamischer Staat, die Videos von Enthauptungen ins Internet stellen, wolle sie »nicht nur nicht sehen – ich will noch nicht einmal von ihnen lesen.« Diesen Entschluss will sie allerdings nicht unpolitisch, sondern im Gegenteil höchst politisch verstanden wissen. Denn mit der Inszenierung solcher Bilder werde nicht nur die Würde der Opfer verletzt, sondern auch ein politischer Zweck verfolgt. »Indem wir hingucken, unterstützen wir die Terroristen«, schreibt Zeh. »Denn sie wollen, dass wir das sehen.« Quer durch die Jahrhunderte hätten Terroristen ihre Opfer öffentlich ausgestellt, um Schrecken zu verbreiten. Im digitalen Zeitalter reichten dazu schon ein Schwert und ein Smartphone. Deshalb müsse man eine »Ethik des Betrachtens« entwickeln, fordert die gelernte Juristin Zeh, und »der natürlichen Neigung zum Voyeurismus« widerstehen. »Jedem Klick und jedem Bild sollte eine bewusste Entscheidung vorangehen: Schaue ich mir das wirklich an? Teile ich, leite ich weiter? Aus welchen Gründen?«

Keine Frage: Das Thema brennt auf den Nägeln. Soll man nun eher bewusst wegschauen, wie Zeh vorschlägt? Oder erfordert es gerade die Solidarität mit den Opfern, dass man hinschaut und ihr Leid zur Kenntnis nimmt, wie es die Julia Friedrichs fordert? Darf man sich ins private Idyll flüchten, oder ist das nur der Egoismus der Wohlhabenden, die sich vom Leid der Welt abschotten?

Mit solchen Fragen im Kopf klingele ich an der Tür von Schmidbauers Praxis in der Münchner Innenstadt. Ein herrschaftliches Haus, breite Treppen, im zweiten Stock empfängt mich der Psychoanalytiker persönlich an der Tür. »Grüß Gott«, sagt er mit herzlichem Lächeln und strahlt dabei eine geradezu jugendliche Begeisterung aus. Trotz weißer Haare und obwohl er die 70 überschritten hat, ist bei Schmidbauer keine Spur von Altersgesetztheit zu spüren. Er wirkt gut gelaunt und munter und geleitet mich in ein Praxiszimmer, das vollgestopft ist mit afrikanischen Figürchen, Masken und seltsamen Objekten, die wohl alle ihre eigene, interessante Geschichte zu erzählen hätten. Aber dafür ist jetzt keine Zeit, nun soll es ja um die Frage gehen, wie man die emotionale Last der Moderne bewältigt.

Herr Schmidbauer, lesen Sie morgens noch Zeitung oder verweigern auch Sie sich den Nachrichten?

Ein erstaunter Blick. »Ich? Natürlich lese ich Zeitung. Warum?«

Weil viele Menschen die Flut der schlechten Nachrichten nicht mehr aushalten. Die Welt erscheint ihnen unübersichtlich, komplex und beängstigend.

Das verstehe ich. Unsere Welt ist instabil geworden. Nehmen Sie nur die Nachrichten über die Überschuldung: Wenn einem bewusst wird, wie unsicher unser angelegtes Geld ist, kann einem schon Angst und Bange werden. Einerseits sind wir ein reiches Land, das sich daran gewöhnt hat, lange im Frieden gelebt hat. Andererseits ist da die unterschwellige Angst: Wie lange hält das noch?

Ist das nur ein Luxusproblem von uns Wohlstandsbürgern?

Nein, das denke ich nicht. In den letzten Jahrzehnten haben die Unsicherheiten enorm zugenommen, ebenso die Ängste vor falschen Entscheidungen. Als junger Mensch zum Beispiel muss man sich ja heute ständig Sorgen machen, ob man das Richtige studiert, ob man danach einen Job findet, ob der einem auch nicht verloren geht und so weiter. Als ich jung war, war das anders. Damals gab es viele Einrichtungen, die beamteten Systemen glichen: In München etwa gab es Siemens, die Post, die Bahn, wer da eine Stelle hatte, war sein Leben lang untergebracht. Heute ist aus der Post die Telekom geworden, und Siemens hat alle paar Jahre eine neue Unternehmenspolitik, wo ganze Bereiche geschlossen und viele Menschen entlassen werden. Das heißt: Die meisten Institutionen sind viel labiler als früher. Solche, durch die Globalisierung bedingten Entwicklungen lösen Ängste aus, die völlig berechtigt sind.

Doch selbst Menschen, die einen festen Job haben und denen es gut geht, fühlen sich heute verunsichert und verängstigt.

Ich glaube, in der globalisierten Welt nehmen Ängste allein schon deshalb zu, weil sie eine biologische Reaktion auf Unübersichtlichkeit und Reizüberflutung sind. Denn in uns allen steckt der elementare Wunsch, eine Situation überblicken und kontrollieren zu können. Deshalb sitzen wir zum Beispiel im Lokal an der Wand, um die anderen im Blick zu haben; oder wir ziehen uns in der Großstadt gerne in unser vertrautes Viertel zurück. Unübersichtlichkeit macht Angst. Und die nimmt in der Moderne paradoxerweise auch deshalb zu, weil wir so viel wissen. Wir gehen zu Vorsorgeuntersuchungen, die möglichst früh Gefahren entdecken sollen, von denen wir noch gar nichts ahnen. Wir hören Experten zu, die uns auf Risiken aufmerksam machen, an die wir normalerweise nicht einmal denken. Wir sind gegen alles Mögliche versichert, vom

Verlust des eigenen Hauses bis zum Verlust der Zahnprothese. Aber all das macht uns nicht fröhlich oder angstfrei, sondern führt uns überhaupt erst vor Augen, was alles passieren kann.

Viele ziehen sich deshalb ins Private zurück, träumen vom Häuschen auf dem Lande und versuchen die böse Welt da draußen möglichst zu ignorieren. Eine verständliche Reaktion?

Sicher, die häufigste Reaktion auf Angst ist – neben Gewalt – der Rückzug. Das gilt sowohl in Beziehungen, wo man dann nicht mehr mit dem Partner redet, als auch im Gesellschaftlichen. In Japan gibt es ja bereits das Krankheitsbild des *Hikikomori*, des »Sich-Einschließens«: Junge Männer aus der Mittelschicht gehen einfach nicht mehr aus dem Haus, weil sie die Unsicherheiten des Alltagslebens und die Entscheidungsschwierigkeiten nicht mehr aushalten; stattdessen ziehen sie sich in ihr Kinderzimmer zurück und vertiefen sich in Computerspiele. Gerade Computerspiele vermitteln ja das Gefühl, einen Bereich unter Kontrolle zu haben und sich darin perfektionieren zu können – ein verführerischer Trost.

Sie selbst haben in den 1960er-Jahren studiert und noch die Studentenbewegung erlebt. Damals war Engagement angesagt, nicht Rückzug. Ist die Jugend heute unpolitischer geworden?

Ach wissen Sie, ich glaube gar nicht, dass damals so viel mehr Studenten politisch engagiert waren als heute. Denn die politisch Hochengagierten waren immer eine Minderheit. Es hat damals nur so ausgesehen, als ob alle Studenten auf den Barrikaden wären. Da wird im Nachhinein auch manches verklärt. Umgekehrt gibt es auch heute viele, die engagiert sind, zum Beispiel in NGOs oder anderen Gruppen – aber das wirkt dann einfach weniger spektakulär.

Wie kann man als Einzelner mit der Angst vor Unübersichtlichkeit umgehen?

Ich denke, der soziale Zusammenhalt ist wichtig. Deshalb ist es gut, dass junge Leute heute viel stärker vernetzt sind als zu meiner Zeit. Als ich noch studierte, galt eher die Devise: Der Starke ist am mächtigsten allein. Das hat sich zu Recht geändert. Mit einer Gruppe von Gleichgesinnten kann man nicht nur mehr erreichen, der Zusammenhalt schafft auch Sicherheit in unsicheren Zeiten. Und er macht immun gegenüber jenen, die mit einfachen Botschaften Ängste verleugnen helfen – etwa die Vertreter radikaler Parteien, die Zuwanderer für alle Missstände verantwortlich machen, Salafisten, für die der moderne Westen an allem schuld ist, oder auch Motivationstrainer, die rücksichtslose Stärke und Zuversicht predigen. Diese Art von Angstabwehr durch falsche Propaganda halte ich für bedrohlicher als die Ängste selbst.

Viele engagieren sich durch Spenden für Hilfsorganisationen oder im Internet auf Portalen wie betterplace.org. Was kann man noch gegen das »Lebensgefühl Angst« tun?

Schon Sigmund Freud hat gesagt, dass bei Ängsten das aktive Vorgehen notwendig ist: Man muss sich seinen Ängsten stellen. Dann kann man auch die Erfahrung machen, dass im Handeln die Angst oft schwindet. Wer zum Beispiel Befürchtungen hat, vor vielen Menschen zu sprechen, sollte es einmal im kleinen Kreis versuchen. Dann kann man feststellen, dass es längst nicht so schlimm ist wie geglaubt. Gegen leichte Ängste hilft auch körperliche Bewegung, Laufen, Sport, Tanzen … Wichtig ist das Gefühl der Selbstwirksamkeit, dass man Bereiche findet, die man unter Kontrolle hat und die einem Freude bereiten. Schließlich ist Lust der mächtigste Antagonist von Angst. Wer Freude und Lust empfindet, spürt in diesem Moment keine Angst.

Das heißt, auch Häkeln, Stricken oder Gartenarbeit können Mittel gegen die moderne Angst sein?

Ich würde das nicht gering schätzen. Selbst der Soziologe Richard Sennett hat ja in seinem Buch *Handwerk* den Wert des Selbermachens gelobt. Ich glaube, gerade in den unübersichtlichen modernen Zeiten ist es gut, Bereiche zu finden, in denen man sich unabhängig von großen Strukturen und anonymen Mächten entwickeln kann und das Gefühl hat: Diesen Bereich beherrsche ich. Ich habe ja eine Zeit lang in einem Haus in der Toskana gelebt, in dem es kein fließendes Wasser und keine Elektrizität gab und in dem man vieles selbst machen musste. Das fand ich sehr entspannend. Auch beim *urban gardening* oder in Reparaturcafés kann man heute diese Erfahrung der Selbstwirksamkeit machen. Wer etwa als Gärtner erlebt, dass er etwas gestalten kann – dass die lang gehegten Rosen erblühen, dass das Gemüse wächst oder der Apfelbaum Früchte trägt – hat nicht nur Erfolgserlebnisse, sondern stabilisiert auch seine Psyche. Für einen Angstpatienten, der sich um die Weltpolitik, den Euro und viele andere Dinge sorgt, die er nicht beeinflussen kann, ist das eine gute Therapie.

Haben Sie häufig Patienten mit solchen diffusen Ängsten?

Das häufigste Krankheitsbild in meiner Praxis sind eher Depressionen – die hängen aber mit Angst zusammen. Depressionen entstehen ja oft daraus, dass jemand das Gefühl hat, aus einer bedrückenden Situation nicht heraus zu kommen oder weil er Angst hat, sein Leben zu verändern. Sie ist auch ein Symptom unserer Leistungsgesellschaft, in der viele Menschen sich bemühen, es immer allen recht zu machen, den Eltern, dem Chef, den Kollegen … Dadurch wird man zwar beliebt, bekommt aber auch mehr aufgebürdet, hat immer mehr zu tun und zugleich immer mehr Angst, das alles nicht mehr zu schaffen. Irgendwann ist man dann völlig erschöpft, hat aber die ganze Aggression so wirkungsvoll unterdrückt, dass man am Ende nur noch Müdigkeit und Erschöpfung spürt …

Was raten Sie in solchen Fällen?

Da rate ich gar nicht viel. Ich versuche vielmehr herauszubekommen, wo die Aggression sitzt und wo das Leben in eine falsche Richtung gelaufen ist. Dann werden auch Entscheidungen möglich – was aber nicht heißt, dass diese leicht getroffen werden können. Wenn etwa klar wird, dass eine Ehe- oder Arbeitssituation belastend ist und der- oder diejenige nichts Besseres in Sicht hat, dann wird es schwierig. Da kommt man mit Ratschlägen nicht viel weiter. Es geht dann eher um Entwicklungsprozesse.

Geht es auch darum, die unterdrückten Gefühle wahrzunehmen.

Genau. Viele Menschen haben nur einen Zugang zu ihren »guten«, gesellschaftlich akzeptierten Gefühlen; aber die unangepassten Gefühle werden verdrängt. Das ist auf Dauer natürlich anstrengend.

Diese unangenehmen Gefühle werden ja in unserer Gesellschaft auch nicht so gern gesehen.

Ja, depressive Menschen sind – solange die Depression latent ist – oft sehr beliebt. Wenn so ein Mensch aber eine Therapie macht, dann denken die anderen irgendwann: »Depressiv war er mir eigentlich lieber. Da hat er alles gemacht, was ich wollte. Jetzt widerspricht er mir, streitet mit mir.«

Waren negative Gefühle früher eher zugelassen?

Sie waren viel stärker von außen geregelt, nach dem Motto: Dienst ist Dienst; und Schnaps ist Schnaps. Zum Beispiel gab es Orte, an denen man aggressiv sein konnte; in bayrischen Wirtshäusern gab es oft am Wochenende Schlägereien und Raufereien, das war normal. Und es gab noch nicht diesen Druck, überoptimal freundlich zu sein. Man wurde beispielsweise im Arbeitsleben nicht bewertet nach seiner emotionalen Intelligenz oder seiner sozialen Kompetenz. Da sind die Anforderungen enorm gewachsen.

Die äußere Regulierung hat sich in die einzelne Psyche verlagert?

Ja. Man kann sagen: Der Prozess der Zivilisation erfordert eine Affektkontrolle, die leicht dazu führt, dass Neurosen und psychosomatische Krankheiten entstehen. Auch der Druck, einem Ideal zu entsprechen, hat sehr zugenommen. Man kann mehr Fehler machen, die Konkurrenz ist größer, man kann sich seiner Position nie sicher sein. Nehmen Sie nur das Schönheitsideal: Vor vierzig Jahren waren in einer durchschnittlichen Gymnasialklasse die meisten mit ihrem Äußeren zufrieden. Heute ist über die Hälfte mit ihrem Aussehen unzufrieden, möchte abnehmen oder gar eine kosmetische Operation machen. Und wer würde heute nach dem Abitur noch sagen: Ich ziehe jetzt in ein altes Bauernhaus in der Toskana und versuche, vom Schreiben zu leben? Da heißt es heute gleich: »Wie sieht das denn in der Vita aus?« Dabei sollte man doch lieber leben, statt nach der Vita zu fragen!

Was kann man jungen Leuten raten, damit sie sich von dem Optimierungswahn nicht so verrückt machen lassen?

Was sicher hilft, sind Ironie, Humor und Distanz. Das ist eine große Hilfe gegenüber diesen Perfektionsvorstellungen, die da an einen herangetragen werden. Und Gruppen sind wichtig. Für den Einzelnen ist es enorm schwer, sich dem Optimierungswahn zu verweigern, aber in der Gemeinschaft mit anderen, Gleichgesinnten, fällt das sehr viel leichter.

Blicken Sie selbst eigentlich eher optimistisch oder eher pessimistisch in die Zukunft?

Ich bemühe mich ja um Vernunft, und das Vernünftige heißt: rational Pessimist und emotional Optimist zu sein. Denn das Leben geht bekanntlich schlecht aus; wenn man aber die ganze Zeit daran denkt, dass es schlecht ausgeht, dann verpasst man auch noch alles Angenehme.

Ist das eine Haltung, die man kultivieren kann?

Ich würde eher sagen: Es ist wichtig, die passiven Kompetenzen zu trainieren, also zum Beispiel die Kunst, sich abzulenken. Wenn man an etwas Positives denken, etwas genießen kann, dann sollte man bloß nicht sagen:»Das ist oberflächlich, und ich muss in die Tiefe dringen und dort die schwarzen Zustände finden.«

Wie bitte, das sagen Sie als Psychoanalytiker?

Aber sicher. Es ist ein falsches Klischee, dass wir gegen Verdrängung seien. In der Psychoanalyse gilt nur die misslingende oder unvollständige Verdrängung als schlecht, die dann zu Krankheitssymptomen führt. Aber Verdrängung als solche gehört zum Leben. Und viele Jahre Arbeit als Therapeut haben mich gelehrt: Der Wert von Ablenkungen ist gar nicht hoch genug zu schätzen. Arbeit, Beschäftigung in jeder Form ist die wichtigste Hilfe gegen unsere Ängste, die ja auch eine existenzielle Quelle haben.

Und wie lenken Sie sich ab?

Na, ich schreibe Bücher (lacht). Und ich bastle oder arbeite im Garten. Am liebsten alles im Wechsel. Eine Stunde schreiben, eine Stunde Gartenarbeit, das ist am besten. Schon Nietzsche hat ja gesagt: Im Gehen kommen einem die besten Gedanken. Stundenlang am Schreibtisch sitzen – das kann ich nicht.

Nach diesem Gespräch verlasse ich relativ aufgeräumt Schmidbauers Praxis. Zumindest wurde dabei klar, dass sich die eingangs gestellte Frage – wie mit dem Leid der Welt umgehen? hin- oder wegschauen? – nicht pauschal, sondern nur individuell beantworten lässt: Wer angesichts einer Flut schlechter Nachrichten zu Ängsten und dem Gefühl der Überforderung neigt, sollte sich ruhig ab und zu eine Medienpause gönnen. Es ist schließlich niemandem geholfen, wenn man sich ständig über die Lage in Afrika, der Ukraine und in Syrien sorgt und jede neue Meldung aufsaugt – aber nie dazu kommt, seine Betroffenheit in konstruktives Handeln zu verwandeln.

Echte Verantwortung hingegen begänne mit der Einsicht, dass die eigenen Kräfte nun einmal ebenso beschränkt sind wie die Probleme und Konflikte dieser Welt zahlreich, und dass es gerade deshalb entscheidend ist, die Hoffnung nicht zu verlieren. »Wenn ich nur auf das Leid schaue, dann fühle ich mich machtlos. Aber wenn ich mich dabei frage: Wie kann ich helfen? bin ich nicht mehr ganz so machtlos.« So drückt es in dem *Brigitte*-Dossier die syrischstämmige Studentin Dunja Khoury aus, die von Freiburg aus immer wieder an die türkisch-syrische Grenze reist, um dort in einem Krankenhaus mitzuarbeiten – zugleich aber auch sagt, dass sie nicht ständig alle Nachrichten aus Syrien lese. »Ich weiß, dass Abschottung manchmal nötig ist.«[70]

Entscheidend ist nicht, wie viele Nachrichten wir lesen, sondern dass wir das Gefühl der Selbstwirksamkeit nicht verlieren: sei es, indem wir uns gesellschaftlich engagieren, sei es beim Gärtnern oder Musizieren zusammen mit anderen. Dabei können wir sowohl die Erfahrung machen, dass jedes Handeln stets ein Stück Angst vertreibt, als auch die, dass sich die Welt durchaus (zumindest begrenzt) beeinflussen lässt.

Neben Khourys Bericht lese ich auf der Rückfahrt im Zug noch den berührenden Artikel einer pakistanischen Journalistin. Saba Khalid berichtet von ihrem Aufenthalt in Deutschland und schreibt, dass ihr erst hier klar wurde, wie sehr in Pakistan ihre Gedanken von permanenter Angst bestimmt waren – Angst vor Diebstählen, Angst vor Entführungen, Menschenmengen, Bombenanschlägen et cetera. Und gerade, als sie sich an das friedliche deutsche Leben gewöhnt hat, kehrt Khalid nach Karatschi zurück, wo ihr die Tragödien ihres Landes umso mehr ins Bewusstsein dringen. Verwundert fragt sie sich, wie die Pakistaner diese ständige Furcht aushalten. Dann begreift sie: »Wenn Angst unüberwindbar und allgegenwärtig ist, wird man furchtlos, belastbar, übermenschlich. Wie in Geschichten über normale Leute, die plötzlich ein anderthalb Tonnen schweres Auto heben können, um ein Kind oder eine geliebte Person zu retten – genauso schaffen wir Pakistani es, trotz unserer Furcht große Wunder zu vollbringen.«[71]

Vielleicht fehlt uns im (relativ) sicheren Deutschland diese Furchtlosigkeit nicht zuletzt deshalb, weil wir es hier weniger mit realen und mehr mit imaginären Ängsten zu tun haben und weil wir vergessen haben, welch große Kraft in uns schlummert, auch mit extremen Schicksalsschlägen fertigzuwerden. Diese Kraft, die Saba Khalid beschreibt, spielt auch im folgenden Kapitel eine Rolle – in einem Kapitel, in dem es um die ewige Suche nach dem Glück geht und darum, welche Rolle das Unglück dabei spielt …

3 UNTER DER OBERFLÄCHE DES GLÜCKS

Glück ist gut für den Körper, aber Kummer stärkt den Geist.

Marcel Proust

Als ich Barbara Pachl-Eberhardt das erste Mal begegnete, war ich sofort fasziniert von ihrer ansteckenden Lebendigkeit. Fröhlich kam sie auf mich zu, streckte mir ihre Hand hin und begrüßte mich voller Herzlichkeit:»Wie gut, dass Sie da sind. Stören Sie sich nicht an meinem Aufzug. Ich geh' mich gleich schick machen«, sagte sie lachend, als wären wir seit Jahren altvertraute Freunde. Eigentlich hatte ich mir die Lebenspartnerin des österreichischen Schauspielers und TV-Serienstars Ulrich Reinthaller anders vorgestellt: perfekt gestylt und lässig distanziert. Stattdessen stand eine quirlige Frau im Sweatshirt vor mir, die sich nicht groß um Etikette scherte, sondern unbekümmert drauflos redete.

Erst später erfahre ich, dass sie eine Ausbildung als Clown absolviert hat, dass sie jonglieren kann und jahrelang als Clownsdoktor die Kinder in Krankenhäusern zum Lachen gebracht hat. Und die unbändige, übersprudelnde Energie des Clowns steckt ganz offensichtlich noch immer in ihr, wenngleich sie heute zusammen mit Ulrich Reinthaller ein Haus für Dialogseminare in den Bergen Niederösterreichs führt. Auch ich bin dorthin für ein Seminar eingeladen und treffe sie nun vorab bei einem *Get-together* für die Referenten. Solche Empfänge haben leicht etwas Steifes an sich; man nippt an seinem Glas, versucht eine gute Figur zu machen und übt sich im Small Talk mit Menschen, die man nicht kennt. Barbara Pachl-Eberhardts Offenheit jedoch fegt mit einem Schwung alle Verlegenheit hinweg. Voller Freude führt sie mich durch das traumhaft gestaltete Haus, erzählt von dem Umbau dieser ehemaligen Alm und dem Glück, einen so besonderen Ort mit anderen teilen zu können – aber auch von den Schwierigkeiten und der Herausforderung, mit diesem Glück sorgsam umzugehen.

Tatsächlich wirkt das *Seminar.Kunst.Haus Phönixberg* auf den ersten Blick, als sei es die Verwirklichung eines ultimativen Architektentraums. Hoch über dem romantischen Pielachtal, etwa eine Autostunde von Wien entfernt, liegt es inmitten von Wiesen und Wäldern, mit weitem Blick über die Berge des Alpenvorlandes. Außen traumhafte Natur, innen Designermöbel in warmen Farben – fast könnte man neidisch werden auf die Menschen, die in dieser Idylle offenbar ihr Glück gefunden haben.[72]

Barbara Pachl-Eberhardt

Wenn man allerdings Barbara Pachl-Eberhardts ganze Geschichte kennt, verflüchtigt sich augenblicklich jeder Anflug von Neid. Denn die so unbekümmert erscheinende Frau hat bereits ein Ausmaß an Trauer und Verzweiflung durchlebt wie wohl nur wenige Menschen.

Am Gründonnerstag des Jahres 2008 verlor sie auf einen Schlag ihre gesamte damalige Familie: Ihren Mann und Clownspartner Heli sowie die beiden gemeinsamen Kinder Thimo und Fini, sechs und eineinhalb Jahre alt. Diese waren zu dritt unterwegs gewesen in dem Bus der Familie, als sie auf einem unbeschrankten Bahnübergang von einem durchbrausenden Zug erfasst wurden. Ihr Mann war sofort tot, die Kinder starben wenige Tage später im Krankenhaus. Von einem Moment auf den anderen verlor Barbara Pachl-Eberhardt nahezu alles, was ihr lieb gewesen war.

Unfassbar. Wie soll man mit einem solchen Unglück umgehen, wie kann man es überleben, wie kann man je wieder hoffen zu lachen?

In ihrem Buch *Vier minus drei* hat Pachl-Eberhardt später detailliert aufgeschrieben, wie dieser Schicksalsschlag ihr Leben aus der Bahn warf, wie er ihr Denken und Fühlen erschütterte und wie sie mühsam versuchte, damit einen Umgang zu finden.[73] Ihr 2010 erschienener Bericht geht unter die Haut und ist ein Bestseller geworden. Nicht nur, weil er die ganze Palette menschlicher Gefühle auffächert, von abgrundtiefer Verzweiflung bis zu hoffnungsvoller Lebensfreude, sondern auch, weil man bei der Lektüre immer wieder denkt: Das hätte auch mich treffen können.

Das Begräbnis des Clowns

Als ihr Handy klingelt, kommt Barbara Pachl-Eberhardt gerade vom Einkaufen aus dem Supermarkt: Eine Freundin berichtet, sie hätte den gelben Clownsbus am Bahnübergang stehen sehen. Schlagartig beginnt in Barbara Pachl-Eberhardts Unterbewusstsein »ein Orchester zu spielen, eine Symphonie der Angst«, die lauter und lauter wird, bis sie »in den Ohren schmerzt und den Körper krümmt«. Die 35-Jährige rast zum Unfallort – »wo eben noch mein Herz war, spielt irgendjemand

Schlagzeug« – und wird dort von ihren Freundinnen abgefangen. Und noch während die schreckliche Ahnung zur Gewissheit wird, geschieht etwas Seltsames, fühlt sich Pachl-Eberhardt mit einem Mal von einer seltsamen Ruhe erfüllt. »Nichts in mir rebelliert, nichts lehnt sich auf. Ich fühle, dass hier etwas geschieht, das alle Grenzen sprengt.«

Dann erst folgen der Schock, das Zittern, die Wärmflasche der Freundinnen, die Tränen, die Taschentücher und das Gefühl, sich an diesen kleinen Dingen wie an einem Rettungsring festhalten zu müssen, weil ein bedrohlich tiefer Ozean sie zu verschlingen droht. Als sie ins Krankenhaus kommt, in dem ihre Kinder um ihr Leben kämpfen, merkt Pachl-Eberhardt, dass es ausgerechnet jenes ist, in dem sie seit Jahren als Clownsdoktor Menschen zum Lachen bringt. Und »wie bei einem Pawlow'schen Hund« regen sich ihre eingeschliffenen, altgewohnten Reflexe. So fällt ihr, während sie vor dem Operationssaal wartet, inmitten all ihrer Angst und des Geruchs von Desinfektionsmitteln, plötzlich die wichtigste Clownsregel ein: »Keine Pläne. Keine Ideen. Lass Dich überraschen und mach das Beste aus jeder Situation.«

Und das versucht sie tatsächlich in den nächsten Wochen, so schwer es auch klingt. Schonungslos beschreibt Pachl-Eberhardt die schwarzen Löcher, in die sie fällt, die Tage, die sie schlafend oder tagträumend im Bett verbringt, im vergeblichen Versuch, die Zeit anzuhalten. Sie schildert den Schmerz und die Wut, die sie überwältigen, die Unfähigkeit, in Gegenwart anderer zu weinen, aber auch die berührenden Begegnungen mit Freunden und Kollegen, die ihr Leid mittragen, das traurig-fröhliche Begräbnisfest mit bunten Luftballons und fünfzig Clowns, die für ihren verstorbenen Kollegen heitere Musik machen, »um uns daran zu erinnern, dass das Leben trotz allergrößten Kummers auch Schönes zu bieten hat«.

Und wirklich begegnet Barbara Pachl-Eberhardt, inmitten all ihrer Trauer immer wieder anrührend Schönes, die tröstenden Worte der Kinder, die ihren Thimo und ihre Fini gekannt haben, das warme Essen, das ihr fremde Menschen vor die Tür stellen, die öffentlichen Reaktionen auf eine bemerkenswerte E-Mail, in der sie von sich erzählt und die sie an »alle Kontakte« verschickt – ohne daran zu denken, dass in Ihrem Adressbuch auch Veranstalter und Zeitungsredaktionen stehen. Plötzlich ist sie eine öffentliche Person und erfährt Unterstützung von vielen Seiten, es ist, also ob die Konfrontation mit dem Tod vielen Menschen das Herz öffnet und ihnen eine Möglichkeit gibt, auch eigene Gefühle von Schmerz und Trauer zu artikulieren, für die im Leben so selten Platz ist.

Das Aussprechen oft verdrängter Gefühle ist sicher ein Grund für den Erfolg von Pachl-Eberhardts Buch. Dabei ist neben all der Düsternis auch immer wieder die Rede von einer Hoffnung, die größer ist als jede Trauer und Schwermut, von einer Lebensfreude, die gerade inmitten der tiefsten Verzweiflung besonders intensiv erfahren wird.

Als sie sich beispielsweise im Krankenhaus nach langem Hoffen und Bangen dazu durchringt, ihren hirntoten Sohn Thimo, der nur noch von Maschinen am Leben gehalten wird, endlich loszulassen, beschließt Pachl-Eberhardt, diesen Abschied in ein Fest zu verwandeln, »ein Fest des Lebens und des Todes. Weil beides soooo nah beieinanderliegt«. Und weil niemand dies so gut spürbar machen kann »wie dieser verrückte Haufen von Clowns, die Gott sei Dank meine Freunde und Kollegen sind«, lädt sie diese ein, ihren Sohn mit ihr zu verabschieden. Und sie kommen, aus dem Krankenbesuch mit leiser, zarter Musik und Seifenblasen wird ein Abschiednehmen mit Thimos Lieblingslied, mit »unmöglichen und wunderschönen Soli« und mit »spontanen Texten, makaber und tiefsinnig und banal.« Ihr Sohn liegt in ihren Armen, vorsichtig werden die Schläuche aus seinem Mund entfernt, ganz sanft und allmählich gleitet er aus dem Leben hinaus, man weint und lacht, die Ärzte und Krankenschwestern haben so etwas noch nie erlebt, wischen sich die Tränen aus den Augen. »Alle Gefühle waren in einem Raum. Das ganze Leben war im Raum und der ganze Tod«.

Nicht jeder wird Barbara Pachl-Eberhardts Umgang mit dem Tod nachvollziehen können, nicht jeder wird ihre Gedanken über das Jenseits und das Wesen der Seele teilen. Doch darauf kommt es gar nicht so sehr an. Entscheidend ist, dass Pachl-Eberhardt trotz aller Trauer nicht untergeht, dass sie die Hoffnung nicht verliert und dass sie diese dreifache Begegnung mit dem Tod – nein, nicht bewältigt, denn endgültig bewältigen lässt sich so ein Ereignis wohl nie – auf bewundernswürdige Weise transformiert und in neuen Lebensmut verwandelt.

Ein paar Monate nach dem Unfall trifft sie Ulrich Reinthaller, einen gefeierten Schauspieler, der ebenfalls seine Familie verloren hat (wenn auch nicht durch den Tod, sondern durch eine »normale« Trennung) und der ebenfalls bereit ist, seinem Leben eine neue Richtung zu geben. Aus ihren Begegnungen mit anderen Menschen und dem Bewusstsein, wie wichtig in schwierigen Situationen der Kontakt und das offene Gespräch mit anderen sind, entsteht die Idee, dafür einen öffentlichen Raum zu schaffen. Die beiden lassen sich zu Dialogtrainern ausbilden, veranstalten Seminare und gründen am Ende das »Dialogikum Phönixberg«, einen Ort des Austauschs und der Begegnung, an dem die unterschiedlichsten Menschen ihre Geschichten, Gedanken und Visionen miteinander teilen können.

Und auch wenn die Trauer über das Verlorene wohl immer ein Teil von Barbara Pachl-Eberhardt bleiben wird, so sagt sie doch heute von sich selbst:»Es geht mir gut«. Sie hält Vorträge, schreibt Bücher, begleitet inzwischen selbst Trauernde, organisiert Veranstaltungen und gibt auf ihrer Homepage[74] jene Lebenstipps und -übungen weiter, die sie in ihren dunkelsten Zeiten als hilfreich empfunden hat.

Und nahezu jedem, der die quirlige Frau trifft, geht es ähnlich wie mir bei unserer ersten Begegnung: Man fühlt sich unwillkürlich angesteckt von ihrer Begeisterung und Lebensfreude, beginnt zu lächeln und hat das Gefühl, einen – bei allem Schmerz – glücklichen Menschen getroffen zu haben.

Glück am Bahnhofskiosk

Diese Geschichte ist nicht nur anrührend, sondern auf gewisse Weise auch verstörend: Denn wie kann ein Mensch augenscheinlich glücklich sein, wo doch sein Schicksal so gar nicht unserer Vorstellung vom Glück entspricht? Hören wir nicht ständig, dass es uns vor allem *gut* gehen müsse, damit wir glücklich werden? Erklären uns nicht die modernen Glücksapostel, wie wir jeweils Erfolg, Gesundheit und Wohlergehen zu optimieren hätten, damit wir am Ende auch wirklich auf echtes Glück hoffen dürfen? Und tun wir nicht alles, um unser Leben abzusichern und dem Tod möglichst weiträumig aus dem Weg zu gehen, weil alleine schon der Gedanke daran uns in Verzweiflung stürzt?

Tatsächlich erscheint Barbara Pachl-Eberhardts Schicksal fast wie das Gegenstück zum modernen Durchschnittsleben. Während sie an einem Schicksalsschlag gewachsen ist und nicht zuletzt durch die Konfrontation mit dem Tod zu

erstaunlicher Lebensfreude gefunden hat, leben wir Normal-
bürger unser Leben oft, als würde es ewig dauern – und werden unseres Daseins dennoch nicht richtig froh. Im Gegenteil,
häufig kämpfen wir uns missmutig, besorgt und ängstlich
durch unseren Alltag, ärgern uns über tausend Kleinigkeiten
und sehnen uns nach anderen, besseren Zeiten, die entweder
in ferner Zukunft vor uns oder in der »guten alten Zeit« hinter
uns liegen.

Um ermessen zu können, wie groß das allgemeine Bedürf-
nis nach Glücksgefühlen ist, reicht der Blick in eine x-belie-
bige Buchhandlung oder in einen Bahnhofskiosk: Glücksrat-
geber, so weit das Auge reicht. Von den *Zehn Geheimnissen des
Glücks*[75] über das *Abnehmen mit Glück*[76] bis hin zum Taschen-
Guide *Glück!*[77] oder den Glückskapseln in kleinen Dosen[78] –
das Angebot an Glücksrezepten und -strategien ist schier un-
ermesslich. Und da, ökonomisch betrachtet, jedes Angebot
sich einer entsprechenden Nachfrage verdankt, folgt daraus
im Umkehrschluss: In unserer Gesellschaft herrscht ein ekla-
tanter Glücksmangel, offensichtlich fühlen sich heute die wenigsten Menschen einfach so, ohne Nachhilfe, wohl in ihrer
Haut.

Umso gründlicher wird der Verheißung »Glück« nachge-
jagt. Große Datenbanken wie die *World Happiness Database* er-
mitteln, gewichten und vergleichen heute weltweit das Glücks-
niveau von Ländern und Regionen.[79] Und jedes Jahr wird in
Deutschland mit großem Trara die neueste Ausgabe des *Glücksatlas* der Deutschen Post veröffentlicht, der genauestens Auf-
schluss über das Glücksgefühl in Deutschland gibt.[80]

Dabei wird in den meisten dieser Studien gar nicht jener
flüchtige Zustand der Euphorie vermessen, den wir gemeinhin
mit Glück assoziieren, sondern häufig der – wesentlich lang-
weiligere – Index der »Lebenszufriedenheit«. Mit dem reinen

puren Glück ist das nämlich so eine Sache: Wie definiert man es? Und woran macht sich fest, ob ein Leben als glücklich oder unglücklich einzustufen wäre?

Hat zum Beispiel jene mehr Glück, die eine erfüllte und großartige Zeit hat, aber mit 40 Jahren stirbt? Oder darf sich jener glücklicher schätzen, der stets auf Sicherheit achtet, ein langweiliges und ereignisloses Leben führt, aber bei bester Gesundheit älter als 90 Jahre wird? Wie passen Geschichten wie jene von Barbara Pachl-Eberhardt ins allgemeine Glücksraster? Oder was ist mit Vorbildern wie Nelson Mandela, der einerseits zum ersten schwarzen Präsidenten Südafrikas gewählt wurde und bewundernswerte politische Erfolge errang, andererseits aber 27 Jahre seines Lebens hinter Gittern verbrachte und zahlreiche persönliche Schicksalsschläge hinnehmen musste – den Tod von dreien seiner Kinder oder die belastende Trennung von seiner Frau Winnie, der Korruption, Betrug und sogar Anstiftung zum Mord vorgeworfen wurde? Wo wäre Mandelas Leben auf der Glücksskala einzuordnen? Ganz oben, ganz unten oder irgendwo zwischendrin?

Solche Beispiele zeigen, wie unsinnig die Vorstellung eines ungebrochenen Glücks ist und dass niemand durchs Leben gehen kann, ohne düstere Zeiten zu durchschreiten, ohne Schmerz, Trauer, Angst oder Einsamkeit bewältigen zu müssen. Häufig sind es gerade jene schweren Zeiten im Leben, die einen reifen lassen, die tiefere Einsichten eröffnen und eine größere Wertschätzung gerade auch der schönen Facetten des Daseins ermöglichen.

Im Reich des Lächelns

Von diesen Tiefen im Leben und dem unvermeidbaren Einbruch des Leids ist aber im öffentlichen Raum seltsamerweise kaum die Rede. Im Gegenteil. Nahezu alle, die in unserer Gesellschaft im Rampenlicht stehen, all die Promis, Stars und Sternchen, zeigen sich von keiner Angst und keiner Sorge angekränkelt, sondern geben sich stets bestens gelaunt und dauerglücklich. Es reicht ein Blick in ein beliebiges Hochglanzmagazin oder eine Talkshow: lächelnde Gesichter, wohin man blickt. Alle scheinen es irgendwie wahnsinnig dufte zu haben, niemand gestattet sich einen Anflug der Schwäche oder des Zweifels, selbst schwierige oder unschöne Situationen – das Scheitern einer Ehe oder politischen Koalition, der Rücktritt eines Managers, der Flop einer Show – werden schöngeredet und zur Chance erklärt, zur neuen Herausforderung, die man selbstverständlich mit größter Freude annehme.

Natürlich ahnen wir alle, dass es hinter den Fassaden anders aussieht als im Scheinwerferlicht. Dennoch bleibt die zur Schau gestellte Gutgelauntheit nicht ohne Wirkung: Zum einen, weil wir uns (wie in Kapitel 1 beschrieben) unbewusst stets am Auftreten und den Emotionen der anderen orientieren; zum anderen, weil die mediale Glücksfassade ein Idealbild des menschlichen Lebens vermittelt, in dem es (zumindest theoretisch) möglich scheint, von Höhepunkt zu Höhepunkt zu eilen, in dem Angst, Trauer oder Verzweiflung und andere negative Gefühle eigentlich nicht vorkommen (dürfen).

Exemplarisch verkörpert dieses Prinzip das Vorzeigemodel Heidi Klum, die mit ihrer Show *Germany's next Topmodel* die Fantasien unzähliger Teenager befeuert. Natürlich weiß die Moderatorin Klum, was sie ihrem Publikum schuldig ist und dass sie den schönen Schein auch selbst aufrechterhalten muss.

Und so präsentiert sie sich nicht nur stets perfekt gestylt, geschäftstüchtig und erfolgreich, sondern als Mensch, dem auch im Privaten das ultimative Liebes- und Familienglück gelingt.

Ihre Beziehung mit dem britischen Sänger Seal etwa inszenierte Klum als geradezu märchenhafte Idylle. Gerührt durfte ihr Publikum in Illustrierten mitverfolgen, wie der dunkelhäutige Seal seine blonde Heidi auf einem weißen Schimmel am Strand spazieren führte, wie sie auf rauschenden Festen jedes Jahr ihr Eheversprechen wiederholten oder sie sich seinen Namen in den Unterarm tätowieren ließ. Dem glamourösen Paar schien schlichtweg alles zu gelingen, woran Normalverliebte scheitern: gemeinsamen Erfolg mit Romantik zu kombinieren, eine Ehe mit dem Zauber der ersten Verliebtheit und vier Kinder mit einem wahnsinnig aufregenden Sexleben. Als Klum in einer US-Talkshow einmal gefragt wurde, wie sie nach zwei Jahren Ehe noch immer verliebt sein könne, schwärmte sie: »Wir verabreden uns einfach zum Sex: Hey, Baby, um zwei Uhr auf dem Dachboden! Und um sechs Uhr im Wandschrank? Bei uns ist der Dachboden im Augenblick der angesagteste Ort für Sex«.[81] Klar, dass man so viel Glück auch gewinnbringend weitergeben muss: Schon bald planten Klum und Seal eine TV-Serie, um anderen Paaren Tipps für eine glückliche Beziehung zu geben.[82]

Leider war es dann sehr abrupt mit dem Märchen zu Ende. Noch im Dezember 2011 lächelten Klum und Seal beim Weihnachtsurlaub in Aspen strahlend in die Kameras. Keine vier Wochen später erklärte das Traumpaar nüchtern, man werde sich trennen. Grund: »Wir haben uns auseinandergelebt«.

Wer sich fragte, wie man sich in einer derart romantischen und aufregenden Beziehung hat auseinanderleben können, blieb ohne Antwort. Denn offiziell war bei Klum und Seal auch weiterhin alles großartig: Man habe »sieben sehr liebevolle, loyale und glückliche Ehejahre genossen«, habe »den größten Respekt füreinander« und im Übrigen: Man liebe sich »auch weiterhin sehr«. Nur in Zukunft eben auf getrennten Wegen. Nachfragen nicht erwünscht, man möge bitte die Privatsphäre respektieren, erklärte das Paar, das zuvor sein Privatleben so extensiv zur Schau gestellt hatte.

Fast wortgleich lautete die Erklärung, als sich Klum zwei Jahre später von ihrem nächsten Partner, Bodyguard Martin Kristen, trennte: »Jetzt ziehen sie weiter und gehen getrennte Wege. Trotzdem bleiben sie gute Freunde.« Die Dauererfolgreiche selbst tauchte einen Tag nach der Bekanntgabe der Trennung auf einer Gala in Hollywood auf – selbstredend strahlend. Die Vorstellung, dass Klum angesichts dieses mehrfachen Scheiterns vielleicht Nachdenklichkeit oder gar so etwas wie Trauer hätte zeigen können, erschien so abwegig, dass sie allenfalls Stoff für eine Satire abgab.[83]

Zugegeben, Heidi Klum ist ein extremes Beispiel,[*] aber ihr Auftreten demonstriert doch, wie es um die Erwartungen und Spielregeln im öffentlichen Raum bestellt ist: Wer im Rampenlicht steht, zeigt tunlichst keine Schwäche, sowohl aus Geschäftstüchtigkeit wie aus Selbstschutz. Fehler und das Eingeständnis von Unzulänglichkeiten sind schließlich ein gefundenes Fressen für das öffentliche Klatschbedürfnis. Denn es gehört eben mit zu den medialen Mechanismen, dass jeder Riss in der Fassade gnadenlos ausgeleuchtet wird, dass man dieselben Stars, die man zuvor hochgeschrieben hat, nun genüsslich der Schwäche überführt und vermeintliche Lichtgestalten ins Dunkel stürzt. (Wie dieser Mechanismus funktioniert, hat exempla-

---

[*] Während dieses Buch entsteht, präsentiert sich Klum gerade sehr verliebt mit dem Kunsthändler Vito Schnabel. Man mag fast darauf wetten, dass sich zum Zeitpunkt der Buchveröffentlichung auch dieses Paar wieder getrennt hat – natürlich in bestem Einverständnis und als weiterhin innige Freunde …

94

risch das Schicksal des früheren Bundespräsidenten Christian Wulff gezeigt.[84])

»Ich beobachte auch bei Menschen, die sehr fest im Sattel sitzen, dass ihre Angst, die eigene Marke zu beschädigen, immens ist. Ständig begleitet sie die Sorge, in Ungnade zu fallen, beim Zuschauer, in der Presse, im Netz«, sagt etwa der Talkmaster und *ZEIT*-Chefredakteur Giovanni di Lorenzo, der im Laufe der Jahre viele Prominente interviewt hat.[85] Auch deshalb üben sich so viele Medienstars in der Kunst, vom eigenen Erfolg zu schwärmen und Makellosigkeit zu demonstrieren, auch wenn es in Wahrheit damit nicht weit her ist: Dahinter steckt purer Selbsterhaltungstrieb.

Das Glück der anderen

Dem französischen Philosophen und Staatstheoretiker Charles-Louis de Montesquieu verdanken wir viele kluge Erkenntnisse über das menschliche Handeln und seine Bedingungen. Auch über das Glück hat der Baron im 18. Jahrhundert nachgedacht und dabei festgestellt, das menschliche Grundproblem sei gar nicht das eigene fehlende Glück, sondern die Tatsache, dass man gern glücklicher als die anderen wäre – »und das ist fast immer schwierig, weil wir die anderen für glücklicher halten, als sie sind.«[86]

Dabei kannte dieser Vorläufer der Aufklärung noch gar nicht unsere moderne Mediengesellschaft, in der Montesquieus Analyse gleich doppelt zutrifft: Schließlich beziehen wir den Großteil unseres Wissens nicht mehr aus eigener Anschauung und Erfahrung, sondern aus der medialen Welt, in der sich ohnehin alle zufriedener geben, als sie tatsächlich sind. Damit potenziert sich der Neideffekt: Wer sich von allen Seiten von

Glücksfassaden umstellt sieht, kann gar nicht anders, als alle anderen für glücklicher zu halten als sich selbst.

Dem Terror der Gutgelauntheit entgeht nicht einmal, wer den Fernseher abschaltet und auf Illustrierte verzichtet. Schließlich plakatiert auch die allgegenwärtige Werbung flächendeckend die Botschaft des Hochgefühls. Wohin man blickt, wird man von Menschen angestrahlt, die einem ungefragt ihre Wonne über eine neue Zahnpasta/Zigarettenmarke/Altersvorsorge oder was auch immer mitteilen. Als abgebrühte Stadtbewohner haben wir uns an diese Art der Gehirnwäsche derart gewöhnt, dass sie uns in der Regel gar nicht mehr auffällt. Doch wirkt sie unterschwellig und auf subtile Weise.

Denn all die lächelnden Gesichter transportieren im Grunde permanent dieselbe Botschaft: *Erstens* die Behauptung, der Sinn des Lebens bestehe in der umfassenden Optimierung aller Parameter – Erfolg, Reichtum, Schönheit, Liebe … – und *zweitens* die Verheißung, dass dies mit den richtigen Produkten auch problemlos möglich sei. »Ich klick die Beste«, rufen uns etwa die Werbeträger einer Krankenkasse[87] munter zu. Selbst wenn wir den Namen der Krankenkasse postwendend wieder vergessen, bleibt doch im Unbewussten der Eindruck hängen, das »Beste« sei nur einen Klick entfernt – was im Umkehrschluss all jene zu unfähigen Trotteln erklärt, die ihr Leben nicht ebenso lässig und gut gelaunt im Griff haben wie die fröhlich klickenden Models.

Werbung und Medien repräsentieren damit allerdings nur besonders augenfällig jenes Denken, das in den vergangenen Jahrzehnten in viele Bereiche unseres Alltags vorgedrungen ist: Die Vorstellung nämlich, dass so etwas wie dauerhaftes Glück nicht nur möglich sei, sondern dass es sich durch geeignete Methoden und Strategien ebenso zielsicher herstellen lasse wie, sagen wir, Frühstücksbrötchen oder Waschseife.

Die Positive Psychologie

Den wissenschaftlichen Hintergrund dazu liefert die »Positive Psychologie«, die das Sprichwort »Jeder ist seines Glückes Schmied« mit akademischen Weihen ausschmückt. Sie geht zurück auf den amerikanischen Psychologen Martin E. P. Seligman, der vor rund zwanzig Jahren angeblich beim Unkrautjäten ein Erweckungserlebnis hatte. Als ihn seine Tochter dabei der Miesepetrigkeit bezichtigte, so erzählt es Seligman gerne, sei ihm klar geworden, dass die dauerhafte Beschäftigung mit Negativem wie zum Beispiel den Depressionen seiner Patienten, selbst negativ sei.[88] Da habe er beschlossen, sich fortan ausschließlich um das Glück und dessen Erzeugung zu kümmern. Er wollte die Psychologie von einer Wissenschaft der Krankheiten in eine Wissenschaft verwandeln, die sich mit Gesundheit und Glück befasst.

Seligmans Konzept fand so viele Nachahmer, dass heute die Vorstellung, Glück sei etwas Herstellbares, das man selbst in der Hand habe, in breiten Gesellschaftsschichten voll akzeptiert ist. Und um das Glück wirklich in jeder Lebenslage – von der Wiege bis zur Bahre – zu sichern, dient uns eine ganze Armada von Experten ihre Tricks und Strategien an. Wer die Sache wirklich ernst nimmt, beginnt etwa mit einem Buch über *Das glücklichste Kleinkind der Welt,*[89] studiert später das *Schulfach Glück*[90] und lehrt seinen Nachwuchs, wie man Familiendramen als *Glückliche Scheidungskinder*[91] übersteht. Sodann übt man *Die 7 Geheimnisse der glücklichen Ehe*[92] und bereitet sich dank alltäglich praktizierter *Glücksfitness*[93] darauf vor, den *Glücksfall Alter*[94] zu erleben; dieser kulminiert dann im *Sterben – der Höhepunkt des Lebens*[95], womit keineswegs alles zu Ende ist, denn nun heißt es »*Das Schönste kommt noch. Vom Leben nach dem Sterben*«[96].

Tatsächlich, so mokiert sich die Soziologin Elisabeth Beck-Gernsheim, hält die populärwissenschaftliche Ratgeberliteratur heute »Regieanweisungen für jede Nische unseres Seelenlebens parat«[97], wobei eine entspannt-glückliche Grundhaltung geradezu zur allgemeinen Pflicht erhoben wird. Sehr schön brachte diesen Glückszwang etwa ein Erziehungsratgeber auf den Punkt, der von jungen Müttern forderte: »Bitte *bemühen* Sie sich, Ihr Kind möglichst *entspannt* zu betreuen.«[98]

Nun ist zwar das Streben nach Glückseligkeit dem Menschen eingegeben, nicht umsonst erkannte die amerikanische Verfassung 1787 den *pursuit of happiness* als eines der unveräußerlichen Menschenrechte an. Allerdings kommt es sehr darauf an, welche Vorstellung man mit diesem Streben nach Glück verbindet: Orientiert man sich an jenem oberflächlichen Werbetafelglück, das so tut, als könne man – dank des richtigen Produkts oder der richtigen Strategie – sein Leben stets mit breitem Zahnpastalächeln führen? Oder geht es um eine Form von existenzieller Daseinsfreude, die – wie bei Barbara Pachl-Eberhardt oder Nelson Mandela – gerade auch die dunklen und abgründigen Seiten des Lebens umfasst? Anders gefragt: Schließt unser Begriff von »Glück« alles Schwere, Traurige oder Schmerzhafte aus oder ein?

Im ersten Fall wird das Glücklichsein zu einer dauernden Mühsal, da im Leben natürlicherweise immer neue Widrigkeiten auftauchen. Zudem bekommt diese Art von Glücksstreben leicht etwas Diktatorisches: Wird das Sich-gut-fühlen zum allgemeinen emotionalen Imperativ erhoben, führt das schnell zu einer Verdrängung und Ausgrenzung, sowohl der eigenen unangenehmen Gefühle als auch jener Menschen, die sich eher mit dem Unglück herumschlagen, die unter Krankheit, Arbeitslosigkeit oder Armut leiden – dabei bräuchten gerade sie besonders viel Zuspruch.

Mitunter verbindet sich auch die Glücksdiktatur mit dem kapitalistischen Erfolgsstreben: Dann wird die persönliche Position auf der Glücksskala zum Gradmesser für den eigenen Marktwert – so wie es der Immobilienkönig Buddy Kane in dem wunderbaren Film *American Beauty* ausdrückt: »In order to be successful, one must project an image of success at all times«, wer erfolgreich sein möchte, muss ständig den Eindruck des Erfolgs vermitteln – auch dann, wenn er sich innerlich ganz anders fühlt.

Diese Verquickung von positivem Denken, Glück und Geschäftserfolg erzeugt leicht den Eindruck, dass all diejenigen etwas falsch machen, die nicht ständig glückstrahlend durch die Welt gehen, die auch einmal schlecht gelaunt, traurig oder verzweifelt sind, die unter Schicksalsschlägen leiden und den Tod nicht als Höhepunkt ihres Lebens sehen. Wenn dazu noch die imperative Aufforderung kommt, bei alldem ganz »natürlich und authentisch« zu bleiben, ist die Realsatire perfekt.

Anleitung zum Glücklichsein in Frauenmagazinen

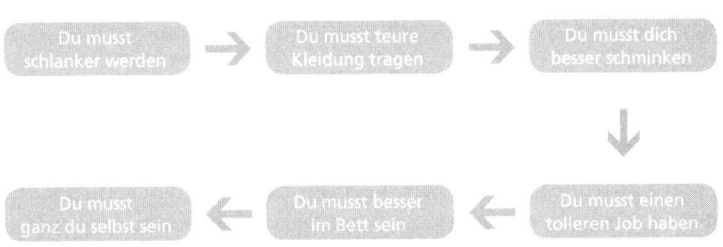

Quelle: Berlin/Grünlich: Was wir tun, wenn der Aufzug nicht kommt. München 2011

Smile or die

Die Vorstellung, Glück ließe sich ganz individuell und unabhängig von allen anderen verwirklichen, ist daher reichlich weltfremd. Schließlich hängt unser Wohlbefinden, wie in Kapitel 1 beschrieben, stark von unserer sozialen Umgebung ab, von Freunden, Partnern, Arbeitskollegen et cetera. Zufriedenheit, so zeigt auch eine Langzeitstudie der Harvard University, hat vor allem mit Beziehungen zu tun. »Den größten Einfluss darauf, ob ein Leben gelingt, hat Bindung«, sagt Studienleiter George Vaillant. »Und dabei geht es nicht unbedingt um die Bindung zum Lebenspartner, sondern eher um die grundsätzliche Beziehung zu anderen Menschen, also im Sinne einer altruistischen und empathischen Verbindung.«[99]

Diese Erkenntnis, die in Kapitel 9 vertieft wird, ist allerdings diametral jenem Slogan entgegengesetzt, der das typischmoderne Lebensgefühl so zusammenfasst: »Unterm Strich zähl ich.« Dieser Werbespruch einer Bank kann durchaus als Ausdruck eines weithin herrschenden Zeitgeists gelten. Zu dieser Einstellung passt denn auch die Vorstellung, das persönliche Glück sei unabhängig von allen politischen, wirtschaftlichen oder sozialen Einflüssen und lediglich eine Folge individueller Bemühung.

Dieses Denken beschreibt der amerikanische Politikjournalist George Packer in seinem grandiosen Buch *Die Abwicklung*[100] am Beispiel der Talkshow-Königin Oprah Winfrey, die ihre Millionen Fans gerne auffordert, jeden Tag »das beste Leben« zu führen, das sie können. Oprah repräsentiert damit jenes magische Denken, dem zufolge positive Gedanken unweigerlich zu Reichtum, Liebe und Erfolg führen und man nur eine entsprechende »Wunschbestellung« beim Universum aufgeben müsse, um das zu erhalten, was man sich ganz persönlich wünsche – eine Idee, die mit großem Erfolg auch die Bestsellerautorin Rhonda Byrne *(The Secret – Das Geheimnis)* verbreitet.

Nun ist Oprah Winfrey selbst tatsächlich erfolgreich, was ihre Theorie in den Augen ihrer Zuschauer bestens belegt. Doch jenen, die unter den Verwerfungen des kapitalistischen Wettbewerbs leiden, nützt das leider gar nichts, schreibt Packer. Denn anders als Winfrey selbst besäßen ihre Zuschauer eben »zumeist keine neun Häuser und vielleicht gar keins, leben nicht ständig im Einklang mit ihrem göttlichen Selbst und sind auch nie geworden, was sie gerne werden wollten.« Wenn Oprah daher behaupte, es gäbe im Leben keine unglücklichen Zufälle, »dann bleibt ihnen für dieses traurige Schicksal am Ende nicht mal eine Entschuldigung«[101].

Ähnlich wie Packer geht auch die amerikanische Autorin Barbara Ehrenreich mit dem Glückswahn radikal ins Gericht. Ihr Erweckungserlebnis hatte Ehrenreich, als sie selbst an Brustkrebs erkrankte und ihr von allen Seiten freundlich geraten wurde, die Krankheit zu umarmen, anzunehmen und als »Geschenk« zu betrachten. Für Ehrenreichs Angst und Verzweiflung dagegen hatte niemand ein Ohr. Im Gegenteil: Als sie in einem Betroffenenforum einmal über ihre Wut und ihren Zorn schrieb – Warum musste die Krankheit aufgerechnet mich treffen? Was habe ich falsch gemacht? –, wurde sie regelrecht abgekanzelt. Man riet ihr, dringend einen Psychiater aufzusuchen und sich »auf positive Gedanken bringen zu lassen«, statt »Negativismus« zu verbreiten. Irritiert ging Ehrenreich dieser Diktatur des positiven Denkens nach, in der Patienten auch noch bezichtigt werden, ihre Krankheit durch zu viele »negative Gedanken« selbst mit verursacht zu haben. Am Ende mündeten ihre Recherchen in eine furiose Streitschrift mit dem Titel *Smile or die,* die gegen diese Ideologie ankämpft.[102]

Denn für Ehrenreich profitieren von dem ganzen »Denk-Dich-reich« oder »Denk-Dich-gesund«-Gerede am Ende vor allem die Vertreter der Positiven Psychologie selbst, die mit ihren Büchern und Vorträgen Millionen verdienten. Selbst für die weltweite Finanz- und Wirtschaftskrise, die 2008 mit dem Zusammenbruch der US-Großbank Lehman Brothers begann, sei das positive Denken (mit-)verantwortlich. Denn gerade die Finanzbranche hatte ein offenes Ohr für die Predigten der Positivdenker und Glückscoaches, die verkündeten, man könne jedes Ziel erreichen, wenn man nur fest genug daran glaube.

Besonders ausgeprägt war diese Stimmung in der amerikanischen Hypothekenbank Countrywide, die dann durch ihre Kreditvergabe die Hypothekenkrise heraufbeschwor: Dort, so beschrieb es deren Vizepräsident später, habe eine an »kultisches Verhalten grenzende« Atmosphäre geherrscht, charakterisiert durch eine »Hurra-Kultur der High-Fives, Motivationstrainer und laute Freudenschreie«.[103] So gab man leichtfertig faule Immobilienkredite aus, stützte eine positive Annahme auf die nächste – etwa, dass die Immobilienpreise niemals fallen würden – und verlachte (oder feuerte) all jene, die es wagten, Zweifel oder Skepsis zu äußern. Eine epidemische Selbsttäuschung hatte die gesamte Finanzbranche erfasst, die so lange weiter ging, bis irgendwann die Blase platzte und, wie Ehrenreich sarkastisch kommentiert, »in kürzester Zeit Pensionsfonds, Rentenkassen und lebenslange Ersparnisse im Gesamtwert von etwa drei Billionen Dollar in den gleichen Äther entfleuchten, der auch schon all unsere positiven Gedanken aufgenommen hatte.«

Hoffnung in hoffnungslosen Situationen

Das soll nun nicht heißen, die Positive Psychologie sei allein verantwortlich für die Finanzkrise. Nicht jeder ihrer Vertreter denkt so schlicht und krude, wie es Ehrenreich – zum Teil überspitzt – beklagt. Doch die Gefahr, auf die sie hinweist, ist durchaus real: Ein falsch verstandenes, zwanghaft positives Denken, das alles Negative ausblendet und nur rosarote Brillen zulässt, bringt am Ende mehr Unglück als Glück hervor.

Das gilt übrigens in der Medizin ähnlich wie in der Ökonomie. Auch im Umgang mit Krankheiten kommt es auf die richtige Balance zwischen Hoffnung und Realismus an. Einerseits kann, wie zahlreiche medizinische Studien in den vergangenen Jahren belegten, eine positive Erwartungshaltung eine enorm heilsame Kraft entfalten: Wer eine gute Beziehung zu seinem Arzt hat und an die Wirkung eines bestimmten Medikaments oder einer Therapie fest glaubt, setzt alleine dadurch schon Veränderungen in Gehirn und Körper in Gang, die zu einer Heilung beitragen können.[*] Auf diese Weise kann selbst ein eigentlich unwirksames Mittel (etwa eine Zuckerlösung) eine positive Wirkung auslösen. Andererseits ist dieser Einfluss der Erwartung, der unter dem Begriff »Placebo-Effekt« subsummiert wird, ähnlich begrenzt wie die Wirkung jeder Art von medizinischer Intervention: Weder lässt sie sich erzwingen, noch kann sie jedes Leiden zum Verschwinden bringen. Manche Krankheiten haben eben auch ihre eigene faktische Kraft, gegen die man weder mit positivem Denken noch mit einer Chemotherapie ankommt, und die man akzeptieren muss.

---

[*] Eine ausführliche Diskussion dieser »Kraft der Erwartung« findet sich in Ulrich Schnabel, *Die Vermessung des Glaubens,* München 2008, S. 29 ff.

In solchen Fällen braucht es vor allem mitfühlende Solidarität und menschliche Anteilnahme. Wenig hilfreich sind hingegen jene positiv gedachten Ratschläge die suggerieren, am Ende werde schon alles »irgendwie gut«. Diese Art von stählernem Optimismus dient vor allem dem Ratgebenden selbst, der sich damit das Leid des anderen vom Leib hält. Der Leidende hingegen hat davon wenig; es kann sogar sein, dass sich angesichts solcher Parolen Kranke, Unglückliche oder Verzweifelte noch mehr zurückziehen, weil sie sich schämen, dem allseits propagiertem Glücks-Ideal nicht zu entsprechen.

Wer Schmerzliches, Trauriges oder tiefen Kummer erlebe, der müsse dazu erst einmal »Ja« sagen und es annehmen dürfen, sagt auch der Mediziner und Psychotherapeut Rolf Verres, der im Laufe seines Berufslebens viel mit Krebspatienten, Schwerstkranken und todgeweihten Menschen zu tun hatte. Um das zu erleichtern, hat der langjährige Direktor des Instituts für Medizinische Psychologie am Heidelberger Uniklinikum ganz eigene Methoden entwickelt. Verres ist nämlich auch Musiker und Pianist, und daher arbeitet er in seinem Sprechzimmer mitunter lieber mit Musik als mit dem gesprochenen Wort.

Schließlich gibt es kaum ein besseres Kommunikationsmittel für Emotionen als die Musik. Allerdings hört Verres mit seinen Patienten keine Schlager, sondern eher ernste Musik, die einen Zugang zu jenen schweren Gefühlen ermöglicht, die sonst gerne weggeschoben werden – Lieder etwa wie *Der Wegweiser* aus Schuberts *Winterreise,* dessen letzte Zeile unmissverständlich lautet: »Einen Weiser seh ich stehen, unverrückt vor meinem Blick,/eine Straße muss ich gehen, die noch keiner ging zurück.«

Für einen schwerstkranken Patienten, der selbst auf den Tod zugehe, sei das »eine enorme Konfrontation«, sagt Verres; aber er könne das Lied auch erst einmal nur auf sich wirken lassen, müsse sich damit nicht gleich identifizieren. Dem Therapeuten geht es darum,»das wir nicht immer nur reden in der Therapiestunde«, sondern dass für all die schweren Gefühle überhaupt erst einmal Raum entstehe. Er vertraue dabei auf die Kraft der Musik und die Fähigkeit von Menschen,»etwas in sich einsickern zu lassen«. Oft zeige sich dann irgendwann später eine versöhnliche Wirkung. Wobei das Versöhnliche oft allein darin bestehe,»dass das Thema Ausweglosigkeit überhaupt zugelassen werden kann.«[104]

Gerade so existenzielle Gefühle wie die Trauer bei Trennungen oder die Angst vor dem Sterben lassen sich nicht einfach unter Kontrolle bringen. Statt sie beherrschen oder bekämpfen zu wollen, kann man nur versuchen, sie in das eigene Leben zu integrieren. Was dabei helfe, sagt Verres, sei die Möglichkeit, »die Traurigkeit und das Unheimliche, den Verlust und was man da so alles erlebt« auf irgendeine Weise ausdrücken zu können – sei es, indem man zum Beispiel wie Barbara Pachl-Eberhardt darüber schreibt, sei es auch nur, dass man einer Musik zuhört, die diese Emotionen zum Ausdruck bringt.

Ein Patentrezept, so hat Verres in seiner jahrzehntelangen Tätigkeit gelernt, gebe es leider nicht. Schließlich ist jeder Mensch ein einzigartiges Wesen, und dementsprechend individuell ist der Umgang mit schweren Gefühlen. Was der Psychologe aber als»ganz ganz entscheidend wichtig« erfahren hat, ist die Fähigkeit, selbst am Ende des Lebens»trotzdem noch Hoffnung aufrechterhalten« zu können. Dabei gehe es allerdings nicht um die Hoffnung, wieder gesund zu werden; sondern um eine viel tiefere Hoffnung, die für Verres etwas mit der»Urlebenskraft« als solcher zu tun hat. Selbst wer nicht mehr auf Heilung hoffen darf, der könne dennoch Hoffnung haben – und zwar»auf Liebe, auf Begleitet-werden, auf Beschützt-werden, auf Schmerzfreiheit und so weiter.«

In dieser Perspektive, die in dem Portrait der Palliativmedizinerin Almut Göppert am Ende dieses Buches wieder aufgegriffen wird, scheint eine ganz andere Art von Glück auf als jene, von der uns die Hochglanzmagazine erzählen. Da geht es nicht um das ungetrübte Konsumglück, das jegliche Abwesenheit von Leid und Unglück voraussetzt, sondern um ein sehr viel grundlegenderes Tiefenglück, das gerade mit der Akzeptanz unserer Verletzlichkeit zu tun und mit der menschlichen Solidarität und Anteilnahme in solchen Situationen. Vielleicht kann man dies auch als das Glück beschreiben, eine Verbundenheit zu allem Lebendigen zu spüren und sich als Teil eines großen Ganzen zu erfahren – ganz gleich, wie »glücklich« oder »unglücklich« auch die Lage erscheinen mag, in der man sich gerade befindet.

Zugegeben: Es ist nicht leicht, die richtigen Worte dafür zu finden. Und häufig lässt sich diese Art von Tiefenglück besser erfahren als beschreiben. Mitunter sind es gerade die existenziellen Extremsituationen, die eine solche Erfahrung mit sich bringen, wie die Geburt eines Kindes oder der Tod eines nahen Angehörigen; mitunter ist es auch eine einschneidende Begegnung oder das Aufblühen der Liebe, das diese Erfahrung vermittelt. Und mitunter reicht auch schon ein ganz alltäglicher, banaler Reiz wie ein plötzlicher Schmerz, der unsere Perspektive auf die Welt verändert. Doch auch im Umgang damit lässt sich einiges lernen, wie auf den nächsten Seiten beschrieben wird.

BESSER FÜHLEN (3):
WAS EIN HEXENSCHUSS LEHRT

Schmerzen sind ähnlich wie der Tod: Sie kommen nie gelegen. Meist ereilen sie einen ausgerechnet dann, wenn man das Gefühl hat, sie gerade *jetzt* überhaupt nicht gebrauchen zu können. Während der Arbeit an diesem Buch durfte ich diese Erfahrung gleich mehrfach machen: Immer wieder warfen mich kleinere oder größere Malaisen zum Teil wochenlang aus der Bahn, brachten alle Terminpläne durcheinander und zwangen mich zum (widerstrebend akzeptierten) Nichtstun.

Erstaunlicherweise erwiesen sich diese Zwangspausen jedoch im Nachhinein häufig als ungeahnt hilfreich: Sei es, weil in ihnen eine neue Einsicht reifte oder weil mir in dieser Zeit eine Geschichte oder Begebenheit über den Weg lief, die einen neuen Blickwinkel eröffneten; sei es auch nur, weil ich in dieser Zeit intensiven Kontakt mit all jenen dunklen und düsteren Gefühlen hatte, die wir für gewöhnlich gerne verdrängen, die aber im Rahmen dieses Buches eine wichtige Rolle spielen. Mitunter konnte ich mich des Gedankens nicht erwehren, als ob das Leben mir all jene Gefühle zu kosten geben wollte, über die ich unvorsichtigerweise beschlossen hatte zu schreiben.

Sollte diese Theorie zutreffen, dann hatte das Schicksal seinen humorvollsten Einfall zweifellos mit jenem Hexenschuss, der mich an einem Samstagmorgen ereilte – just nachdem ich mich zuvor tagelang mit dem Thema »Schmerz« beschäftigt hatte und nun für ein paar entspannende Yogaübungen schwungvoll in meine Trainingshose steigen wollte. Aus dem Yoga wurde dann nichts, stattdessen tastete ich schmerzverkrümmt nach der Wärmesalbe und durfte mir dazu den liebevollen Spott meiner Familie anhören.

Vielleicht verspüren auch Sie beim Lesen gerade eine gewisse Schadenfreude. Kleinere Missgeschicke erheitern uns ja durchaus – solange sie anderen geschehen.

Nur wenn wir selbst die Leidtragenden sind, sieht die Sache anders aus. Dann wird so ein Schmerz, je nach Ausmaß, lästig bis unerträglich.

Allerdings kann dieser Spielraum erstaunlich variieren. Das verdeutlichte auch die *ZEIT*-Titelgeschichte zum Thema Schmerz, an der wir die letzten Tage über gearbeitet hatten. Deren Hauptbotschaft war: Schmerz ist in erster Linie eine subjektive Empfindung, deren Erleben stark vom Umfeld und unserer individuellen Bewertung abhängt. »Was den einen die Wände hochtreibt, empfindet der andere womöglich als stimulierend«, schrieb mein Kollege Harro Albrecht. »Schmerz und Lust liegen eng beieinander«.[105]

Nun wird ein Hexenschuss selten als lustvoll, sondern vorwiegend als Pein empfunden. Nichtsdestotrotz bot der stechende Schmerz im Rücken eine ebenso plötzliche wie unerwartete Gelegenheit, die Thesen meines Kollegen am eigenen Körper zu überprüfen. Schließlich hatte Harro Albrecht als Mediziner ein ganzes Buch über Schmerz geschrieben,[106] und wir hatten während dessen Entstehungszeit oft über das Thema diskutiert. Dabei war klar geworden, dass Schmerz heute in der Wissenschaft nicht mehr als simpler Reiz betrachtet wird, sondern eher als eine besondere Art von Emotion, die sich je nach Wahrnehmung und emotionalem Umfeld verschieden darstellt.

So zeigen zum Beispiel Versuche, dass derselbe körperliche Reiz ganz unterschiedliche Schmerzempfindungen hervorrufen kann – selbst bei ein und derselben Person. Dabei werden im Gehirn auch jene Areale aktiv, die sonst für Emotionen zuständig sind. »Das Ergebnis hat uns selbst sehr verblüfft. Der

Schmerz hat nach zehn Minuten nur noch ganz wenig zu tun mit dem, was objektiv passiert«, kommentiert der Münchner Neurologe Markus Ploner diese Ergebnisse.[107] Zugleich zeigt sich, dass die Psyche messbar das Schmerzempfinden beeinflusst.

»Großartig«, dachte ich mit grimmigem Sarkasmus. »Nun kann ich also die Belastbarkeit dieser wissenschaftlichen Erkenntnisse am eigenen Leib erproben. Mal schauen, ob ich aus unseren Diskussionen etwas gelernt habe und ob es mir gelingt, die Emotion »Hexenschuss« so zu betrachten, dass sie mich weniger plagt.«

Dass Schmerz als Emotion angesehen wird, klingt zunächst vielleicht befremdlich. Ist er nicht einfach eine simple Reaktion auf einen äußeren Reiz?

Wer sich etwa aus Versehen auf eine Reißzwecke setzt – reagiert der nicht instinktiv mit Aufspringen, ohne vorher lange seine Gefühle zu befragen?

Tatsächlich gibt es solche Situationen, in denen wir reflexhaft auf Bedrohliches reagieren. Doch das eigentliche Schmerzerleben beginnt in der Regel erst *nach* dem Reflex. Das kann man gut an kleinen Kindern beobachten: Wenn sie hinfallen oder sich verletzen, suchen sie häufig als Erstes den Blick der Mutter – um an deren Gesichtsausdruck abzulesen, wie schlimm die Sache wohl ist. Schaut die Mutter gelassen und entspannt, beruhigt sich in der Regel auch das Kind schnell wieder. Kommt dagegen die Mutter mit entsetzt aufgerissenen Augen herbeigestürzt, ist dies für das Kind das Signal, gerade etwas Fürchterliches erlebt zu haben – dementsprechend erfährt es seinen Schmerz als umso schlimmer.

Doch der französische Philosoph René Descartes, der das abendländische Verständnis von Schmerz prägte, hatte offenbar kein Sensorium für Kinder. Denn von solchen emotionalen Rückkopplungen wollte Descartes nichts wissen. Stattdessen formulierte er im 17. Jahrhundert die Idee, Schmerz sei nichts anderes als eine Art Glockensignal am Ende eines langen Klingelzugs: Wenn irgendwo im Körper etwas zwackt, leiten Nerven dieses Signal unverändert über das Rückenmark bis in das Gehirn weiter, wo dann prompt der Alarm »Schmerz« ausgelöst wird.

Diese Vorstellung bestimmte über Jahrhunderte unser Bild vom Schmerz – ungeachtet der Tatsache, dass ihm alle möglichen Erfahrungen entgegenstehen. Nicht nur die Beobachtung von Kindern, auch jene von erwachsenen Schmerzpatienten zeigen, dass ein und derselbe Reiz – je nach Umständen – ganz unterschiedlich wahrgenommen wird. Bittet man etwa Männer, in Anwesenheit einer schönen Frau ihre Hand in einen Kübel mit Eiswasser zu tauchen, erscheint ihnen der Kälteschmerz deutlich schwächer als ohne Zuschauerin.[108]

Mediziner machen zudem immer wieder die Erfahrung, dass manche Patienten auch dann noch über Schmerzen klagen, wenn ihre eigentlichen Verletzungen längst verheilt sind. Selbst amputierte (und damit gar nicht mehr vorhandene) Gliedmaßen können fürchterlich weh tun; von »Phantomschmerzen« spricht man in solchen Fällen. Umgekehrt nehmen Menschen in Extremsituationen, bei Unfällen oder im Krieg, heftige Verletzungen anfangs oft kaum richtig wahr. Erst im Nachhinein, wenn das Schlimmste überstanden ist, kommt ihnen ihre Pein zu Bewusstsein – und kann dann unerträglich werden.

Aufgrund von solchen Beobachtungen begannen Forscher in den 1950er-Jahren, das Descartsche Klingelmodell zu demontieren. Sie entdeckten, dass der Reiz keiner Einbahnstraße folgt – von der Verletzung ins Gehirn –, sondern dass es auch eine Gegenfahrbahn gibt. Im sogenannten Hinterhorn im Rückenmark, wo jeweils zwischen den Wirbeln die Nerven eintreten, werden nämlich alle einlaufenden Nervensignale verarbeitet – und entweder gehemmt oder verstärkt weitergeleitet. Dabei kann das Gehirn über einen Rückkanal die jeweilige Stärke und Empfindung des Schmerzes regulieren und so die Weiterleitung modifizieren. Mit anderen Worten: Auf gewisse Weise bestimmen wir selbst die Stärke von Schmerzreizen mit; zudem verfügen wir über eine Art eingebaute Schmerzbremse, die maßgeblich vom Gehirn gesteuert wird.[109]

All das ging mir an diesem Samstagmorgen durch den Kopf, als ich leicht gekrümmt durch unsere Wohnung schlich. Nun war die Zeit gekommen, die interessante Theorie in die Praxis umzusetzen und klug mit dem Schmerzempfinden umzugehen. Aber wie?

Wichtigste Regel: das Gefühl der Hilflosigkeit überwinden.

Nichts ist schlimmer, so hatte ich gelernt, als sich dem Schmerz hilflos ausgeliefert zu fühlen. Wer sich dagegen selbst als Akteur erlebt, der das Schmerzgeschehen (zumindest ein Stück weit) unter Kontrolle hat, aktiviert schon dadurch jene positiven Mechanismen im Gehirn, die zur Dämpfung der Pein beitragen. Deshalb werden freiwillig erlittene Schmerzen (etwa in einem Tattoo-Studio,) als weit weniger schlimm empfunden als ein unkontrollierter Stimulus (wenn man zum Beispiel gefesselt und zwangstätowiert würde).*

---

* Deshalb ist Folter so perfide: Nicht nur, weil dem Opfer dabei Schmerzen zugefügt werden, sondern auch, weil es sich dabei als völlig ohnmächtig erlebt und die Situation nicht beeinflussen kann. Dadurch kann selbst ein eher harmloser Reiz – wie der stetig fallende Tropfen in der berüchtigten »chinesischen Wasserfolter« – unerträglich werden.

Statt zu jammern, hieß es also, aktiv werden. Wärmepflaster, Rückenübungen, schon einmal den Arzt meines Vertrauens anrufen – alles hilft, was das Gefühl der Selbstwirksamkeit stärkt. Auch versuchte ich, das Ganze in eine positive Erfahrung umzudeuten: Verschafft mir der Hexenschuss nicht Gelegenheit, die Mechanismen des Schmerzes intensiv zu studieren? Muss ich nicht dankbar dafür sein, als Übungsmaterial nur so ein relativ harmloses Ziehen im Rücken zu haben? Tatsächlich ließ der Gedanke an andere, sehr viel schlimmere Qualen mein Leiden gleich in freundlicherem Licht erscheinen. Ebenso war die Reaktion meiner Familie wohltuend: Sie nahm meinen Schmerz teilnehmend zur Kenntnis, ironisierte ihn aber mit mildem Spott so, dass ich auch die kuriose Seite des Krankseins wahrnehmen und mitlachen konnte. Das bewahrte mich davor, in die Falle des Selbstmitleids zu tappen, die in solchen Situationen immer lauert.

Damit hatte sich auch schon *Regel zwei* bewährt: Beistand verringert den Schmerz.

Dass geteiltes Leid gleich halbes Leid ist, weiß der Volksmund schon lange. Mittlerweile ist das auch in einer Vielzahl wissenschaftlicher Experimente nachgewiesen[110]: Hält uns ein geliebter Mensch die Hand, lindert das bereits unseren Schmerz. Wer intensiven Beistand von Partnern oder Freunden hat, kommt mit Krebserkrankungen besser klar und benötigt nach Operationen im Schnitt weniger Schmerzmittel.[111] Britische Forscher haben sogar gezeigt, dass bereits gemeinsames Lachen mit anderen die Schmerzgrenze erhöht.[112] Vermutlich werden durch die soziale Heiterkeit körpereigene Botenstoffe (Endorphine) ausgeschüttet, die im Hinterhorn die Schmerzempfindung dämpfen. Einsamkeit oder Spannungen zwischen Menschen können indes das Gegenteil bewirken: In solchen Situationen nimmt man einen Schmerz als noch stärker wahr. Das Ausgegrenztsein aus einer Gemeinschaft löst im Gehirn ähnliche Aktivitätsmuster aus wie körperliche Qual.[113]

Denn unser Nervensystem reagiert auf seelischen Stress ähnlich wie auf körperliche Gefahr: Es schlägt Alarm. Daher aktivierten Trennungen, unfreiwillige Einsamkeit und soziale Zurückweisung »weitgehend dieselben warnenden Hirnzentren wie ein Schlag mit dem Hammer auf den Daumen«, erklärt mein Kollege Albrecht. Das zeigt sich zum Beispiel daran, dass Menschen mit einem herzlichen Verhältnis zu ihren Eltern in der Regel weniger oft krank werden als jene, die ihr Elternhaus als kalt und abweisend erleben; dass bei Schwangeren ohne soziale Unterstützung die Komplikationsrate ansteigt[114]; oder daran, dass sich seelischer Schmerz mit einem handelsüblichen Schmerzmittel wie Paracetamol lindern lässt.[115]

Ähnlich wie alle Emotionen kann man daher auch den Schmerz als Kommunikationsmittel verstehen: Er signalisiert uns, dass irgendetwas gerade gehörig schiefläuft. Und wie bei jeder Kommunikation kommt es – *Regel drei* – entscheidend darauf an, die Botschaft des Schmerzes zu verstehen: Warnt er uns vor einer akuten Gefahr (etwa der berühmten heißen Herdplatte)? Oder erzählt er uns etwas über ein tiefer liegendes Problem (zum Beispiel ein generelles Fehlverhalten), das wir ansonsten ignoriert hätten?

Stets sind Schmerzen eine Aufforderung, etwas zu verändern. Mitunter sind sie sogar die einzige Möglichkeit, eine nachhaltige Verhaltensänderung zu bewirken. Denn seien wir ehrlich: Wir Menschen sind träge Gewohnheitstiere. Kaum etwas fällt uns so schwer wie die Korrektur eingeschliffener Verhaltensweisen. Und in den seltensten Fällen gelingt dies durch Einsicht und Vernunft. Meist bequemen wir uns erst dazu, wenn es wirklich nicht mehr anders geht – zum Beispiel weil uns ein peinigender Schmerz dazu zwingt.

Gerüstet mit dieser Erkenntnis analysierte ich also mein Verhalten in jüngster Zeit und stellte fest, dass ich gleich mehrere Sünden gegen meinen Rücken begangen hatte: Zu viel Arbeit, zu langes Sitzen und zu viel Verspannung. All das sollte sich ändern, nahm ich mir vor; ich polte mich auf Entspannung und Bewegung und nahm mir fürs Wochenende arbeitsfrei.

Dummerweise ließ sich der Rückenschmerz davon nicht so schnell beeindrucken wie erhofft. Die Sache erwies sich als zäh, und auch diverse Arztbesuche änderten daran nur allmählich etwas. So musste ich noch eine ganze Zeit mit dem Schmerz auskommen und konnte mich ausführlich mit *Regel vier* beschäftigen: Wut hilft nicht weiter.

Wenn der Schmerz nicht abklingt, ist es vielmehr wichtig, das rechte Verhältnis dazu zu gewinnen. Die buddhistische Philosophie bringt das auf die Formel: »Leiden ist Schmerz mal Widerstand.« Je mehr man gegen den Schmerz ankämpft, umso stärker leidet man unter ihm. Auch negative Emotionen wie Angst verstärken ihn eher noch. Daher lautet die Devise: den Schmerz annehmen, um ihn gestalten zu können.

»Schmerz ist ja ein Warnsignal. Das sollte man nicht ignorieren, sich davon aber auch nicht lähmen lassen«, sagt der Neuropsychologe Stefan Schmidt, der am Uniklinikum Freiburg viel mit Patienten mit chronischen Schmerzen zu tun hat.[116] Verdrängen und Verharmlosen sei ebenso wenig hilfreich wie eine ängstliche Vermeidungsstrategie; falsch sei es auch, »wenn man den Schmerz katastrophisiert und ihn gewissermaßen zu seinem Lebensinhalt macht« – damit fördere man eher seine Chronifizierung. Deshalb gibt es in Freiburg (und in anderen Kliniken) inzwischen spezielle Kurse, in denen die Patienten

114

lernen, ihren Schmerz zu akzeptieren und damit zu arbeiten. Dabei helfe auch das Gruppenerlebnis und die Erfahrung, dass andere ähnliche Probleme haben, sagt Schmidt. Und selbst wenn die Schmerzen am Ende nicht völlig verschwänden, fühlten sich die Patienten oft freier und in ihrer Lebensqualität längst nicht mehr so beeinträchtigt.

Tatsächlich kommt es bei der Wahrnehmung des Schmerzes – und das ist sozusagen die abschließende *Regel fünf* – stark auf die jeweilige Perspektive an.

Warum muss das gerade *mir* passieren?, fragte ich mich etwa an schlechten Tagen. Weshalb gerade *jetzt?* Ist das nicht total ungerecht? Dummerweise helfen solche Fragen überhaupt nicht weiter, sondern lassen einen nur immer tiefer in die Falle der Ich-Bezogenheit rutschen. Ich und der Schmerz, ich und dies, ich und jenes, ich, ich, ich … Ein ganz anderes Gefühl hingegen stellt sich ein, wenn man den Blick weitet und die Sache nicht von der individuellen, sondern von der allgemeinen Warte aus betrachtet: Warum sollte das *nicht* auch mir passieren? Schließlich bin ich nicht der Einzige, der sich mit solchen – oder sehr viel schlimmeren – Schmerzen herumschlägt.

Wenn man in diese Richtung zu denken beginnt, erscheint das eigene Problem plötzlich gar nicht mehr so groß, es schrumpft eher zur Marginalie zusammen. Ein Hexenschuss nimmt sich ja eher lächerlich aus im Vergleich zu vielen anderen Leiden. Und es liegt an uns, welche Perspektive wir einnehmen: Kreisen wir nur um uns selbst und unsere eigene subjektive Empfindung (was den Schmerz wie unter einer Lupe immer mehr vergrößert), oder betrachten wir uns mit Abstand von außen, gewissermaßen durch das Fernrohr der Objektivität (was den Schmerz eher kleiner erscheinen lässt)?

Durch diesen Perspektivenwechsel lässt sich die ursprünglich negative Schmerzerfahrung sogar in etwas Positives verwandeln: aus der Erkenntnis, dass auch wir vor Leiden nicht gefeit sind, kann eine Offenheit entstehen und ein Mitgefühl mit jenen, die ebenfalls Schmerzen haben, die im wahrsten Sinne des Wortes unsere Leidensgenossen sind. Schließlich ist es gerade unsere Verletzlichkeit, die uns als lebende Wesen auszeichnet. Wirklich schmerzbefreit sind nur tote Dinge – Steine, Holzklötze oder Maschinen. Alles Lebendige dagegen ist untrennbar mit der Fähigkeit verbunden, ebenso Lust wie Schmerz zu empfinden.

»Leben«, so drückt es der Biologe Andreas Weber aus, »ist immer auf der Kippe, ist immer vom Zerfall bedroht, ist nie vollkommen. Und gerade dieses ständige Scheitern-Können ist ein Motor von Imagination, von Kreativität, von möglicher Schöpfung.«[117]

Würden wir ewig leben, müssten wir weder Vergänglichkeit noch Tod fürchten, erginge es uns wohl ähnlich wie jenem Raimondo Fosca in Simone de Beauvoirs großem Roman *Alle Menschen sind sterblich:* Weil er im 13. Jahrhundert mithilfe eines geheimnisvollen Zaubertranks unsterblich wird, muss dieser Fosca hilflos mit ansehen, wie all das für ihn bedeutungslos wird, was für andere Menschen ihren Lebensinhalt ausmacht. Keine Liebe hält, »bis dass der Tod euch scheidet«, keines seiner politischen Großprojekte überdauert die Jahrhunderte, im Angesicht der Ewigkeit erweist sich alles als sinn- und wertlos. Am Ende liegt der Romanheld apathisch in einem Liegestuhl im modernen Paris und dämmert einem einsamen Ende entgegen, einem Ende, an dem die Erde »weiß und starr« ist und nur noch er und eine kleine Maus übrig sind – jene Maus, an der er einst seinen Zaubertrank erprobte.[118]

Angesichts solcher Aussichten muss man dem Hexenschuss geradezu dankbar sein. Schärft er doch, im richtigen Licht gesehen, den Blick für die *conditio humana,* die Bedingung unseres

Menschseins und fördert das Mitgefühl mit anderen. Dass das Leben immer »auf der Kippe« steht und dass erst diese Verletzlichkeit seinen besonderen Zauber ausmacht – das verstehen wir oft erst, wenn das feine Zusammenspiel des Daseins einmal aus dem Takt gerät.

Vom Wesen der Emotionen

In diesem Teil fragen wir, was Gefühle eigentlich sind, wozu sie dienen und wie sie sich im Laufe unseres Lebens entwickeln. Hier wird unter anderem erklärt, wie unser individuelles »emotionales Lebensdrehbuch« entsteht, und die Frage beantwortet, ob der gefühllose Mr. Spock aus der Star-Trek-Serie überhaupt lebensfähig wäre. Außerdem ist vom großen Streit der Gefühlsforscher die Rede und davon, wie er sich salomonisch auflösen lässt.

4   DER SINN DER GEFÜHLE

Ist es Ihnen schon aufgefallen?
Jeder, der langsamer geht als Sie, ist ein Idiot,
und jeder, der schneller geht als Sie, ist ein Verrückter.

George Carlin

Wozu dienen denn nun eigentlich Gefühle, und was ist das überhaupt, ein »Gefühl«? Nachdem in diesem Buch ständig von Emotionen die Rede ist, sollte endlich einmal geklärt werden, was damit genau gemeint ist. Vielleicht denken Sie jetzt: Das weiß doch jeder. Gefühle *fühlen sich* eben an. Sie ergreifen uns spontan und unmittelbar und kümmern sich wenig um rationale Argumente. Das gilt für Freudensausbrüche ebenso wie für negative, peinliche oder schmutzige Gefühle. Sie alle besitzen eine ungeheure Macht des *Es ist so.* Denn »wir können Gefühle nicht entweder haben oder auch nicht, sondern wir können uns zu den Gefühlen, die wir haben, nur so oder anders verhalten«, wie der Religionsphilosoph Ingolf U. Dalferth sagt.[119] Noch prägnanter: Wir *haben* nicht nur Gefühle, sondern wir *sind,* was wir fühlen.

Trotz dieser grundlegenden Bedeutung fällt es aber keinesfalls leicht, Gefühle genau zu definieren. Was ist der gemeinsame Nenner so ungleicher Empfindungen wie Scham, Neid oder Heimweh? Warum kann ein und dieselbe Situation (etwa der Bericht eines Kollegen über das Scheitern seines neuen Projektes) ganz unterschiedliche Gefühle in uns auslösen –

Trauer zum Beispiel, Mitgefühl oder Schadenfreude? Gibt es das »richtige« Gefühl, und wer entscheidet, welches dies sei? Warum tauchen Gefühle so plötzlich auf, und warum verflüchtigen sie sich oft ebenso schnell? Muss man das richtige Fühlen erst lernen, oder weiß jeder von Natur aus, was er in welcher Situation zu empfinden hat?

Je mehr man sich in solche Fragen vertieft und nach einer allumfassenden Gefühlsdefinition sucht, umso mehr gerät man ins Schwimmen. Es geht einem dabei ähnlich wie dem heiligen Augustinus mit der Definition der Zeit, über die er einst seufzte: »Was also ist die Zeit? Wenn niemand mich danach fragt, weiß ich's, will ich's aber einem Fragenden erklären, weiß ich's nicht.« Und das ist beileibe nicht nur ein Problem von uns Laien. Auch die Psychologen Beverly Fehr und James A. Russell stöhnen: »Jeder weiß, was eine Emotion ist, bis er gebeten wird, sie zu definieren«.[120]

Zwar herrscht an Vorschlägen kein Mangel. Allein in der Experimentalpsychologie wurden in den vergangenen hundert Jahren 92 verschiedene Definitionen des Begriffs »Emotion« gezählt.[121] Zur Einigkeit hat das nicht geführt. Angesichts einer Vielzahl kontroverser Ansichten ist in Lehrbüchern allenfalls von »Arbeitsdefinitionen« oder »approximativen Definitionen« die Rede[122] – eine höfliche Umschreibung für die Tatsache, dass man sich in der Wissenschaft eben nicht einig ist.

Zuweilen hat man gar den Eindruck, dass die Erklärungen umso lebensferner klingen, je exakter und umfassender sie ihren Gegenstand zu beschreiben versuchen. Nehmen wir etwa folgende Definition von Klaus Scherer, Direktor am Schweizer Zentrum für Gefühlsforschung: Laut seinem »Komponenten-Prozess-Modell« (KPM) ist eine Emotion »eine Episode von zusammenhängenden, synchronisierten Veränderungen im

Zustand aller oder der meisten der fünf Systeme des Organismus, als Reaktion auf die Einschätzung, dass ein äußeres oder inneres Ereignis für die wichtigsten Ziele des Organismus von Bedeutung ist«.[123]

Auch wenn das wissenschaftlich korrekt sein mag, so hat man doch den Eindruck, dass in dieser Beschreibung Entscheidendes fehlt: Gerade die besondere Qualität emotionaler Vorgänge, das Herzflattern oder Bauchgrimmen, das mit ihnen einhergeht. Und so hält die Diskussion – oder besser: der Streit – darüber, wie all die flüchtigen und oft schwer fassbaren Gefühlsregungen des Menschen am besten zu beschreiben und zu definieren wären, bis heute an.

Von >:(bis #:–)O

Die Schwierigkeiten rühren auch daher, dass wir Menschen eine enorm breite Palette von Gefühlen und ein extrem großes Spektrum unterschiedlicher emotionaler Zustände kennen. Es reicht von basalen, automatisierten Affekten – der plötzlichen Angst beim Anblick eines wilden Stieres oder einer Spinne in der Toilette – bis hin zu ausgefeilten, kulturell verfeinerten Regungen, in die ein hohes Maß an gedanklicher Interpretation einfließt: etwa insgeheimer Stolz darüber, einem Konkurrenten moralisch überlegen zu sein, obwohl dieser rein äußerlich erfolgreicher ist.

Oder nehmen wir einmal den sprachlichen Ausdruck. Eine simple Aussage wie »Dein Haarschnitt sieht aber gut aus!« kann ehrlich oder sarkastisch gemeint sein und gleichermaßen Ausdruck des Mitgefühls oder der Schadenfreude sein. Der reine Wortlaut dieses Satzes selbst sagt wenig über seine Bedeutung aus. Der entscheidende emotionale Gehalt entsteht erst durch

Betonung, Tempo, Rhythmus oder Pausen beim Sprechen, nicht zu vergessen die vielen möglichen Schattierungen unseres Gesichtsausdrucks. Allein das Zucken eines Mundwinkels vermag Bände zu sprechen.

Wie viel wir durch eine emotionale Ausdrucksweise vermitteln, demonstriert eine kuriose Übung, die von dem russischen Regisseur und Theaterreformer Konstantin Sergejewitsch Stanislawski (1863–1938) überliefert ist. Um seine Schauspieler zu schulen, forderte er sie auf, ein ganz gewöhnliches »heute Abend« auf vierzig verschiedene Arten zum Ausdruck zu bringen; durch ihre Art des Auftretens und der sprachlichen Betonung sollten sie gleichsam vierzig unterschiedliche emotionale Situationen darstellen. Ein »heute Abend« kann für eine Einladung oder eine Drohung stehen, für Hoffnung, Enttäuschung, Ernstes, Heiteres und noch vieles andere mehr. Als der Linguist Roman Jakobson in den 1920er-Jahren davon hörte, machte er die Probe aufs Exempel. Er ließ einen Schauspieler sogar fünfzig unterschiedliche Versionen auf Tonband sprechen und spielte sie dann Menschen in Moskau vor. Und tatsächlich: »Die meisten Mitteilungen wurden von den Moskauern korrekt und situationsgerecht entschlüsselt«, berichtet Jakobson.[124]

Dieses denkwürdige Experiment gibt eine Ahnung von der gewaltigen Informationsfülle der emotionalen Expression. Es gehört zu den kaum gewürdigten Wundern unseres Lebens, dass wir als Menschen die enorm hohe Datenmenge, die sich im sprachlichen Ausdruck und im Zusammenspiel der Gesichtsmuskeln verbirgt, in Sekundenschnelle entschlüsseln können. Wie groß diese Leistung ist, zeigt sich unter anderem in den Bemühungen, Computerprogrammen oder Robotern so etwas wie einen emotionalen Ausdruck beizubringen. Die Blechkameraden können zwar mittlerweile die Flugbahn von interstellaren Raumsonden berechnen oder uns im Schach besiegen, aber die Simulation von Gefühlen wirkt nach wie vor selbst bei den avanciertesten Robotern unbeholfen.

Übrigens führt der fehlende emotionale Ausdruck in geschriebenen Texten häufig zu fatalen Missverständnissen. Jeder Autor weiß ein Lied davon zu singen, dass ironisch gemeinte Textpassagen häufig von den Lesern mit größtem Ernst aufgenommen werden, weil sie diese mit anderer Betonung lesen. Die Folge sind oft empörte Leserbriefe, die eine Behauptung anprangern, die der Autor nie intendiert hatte.

facebook smileys

☺	fröhlich	:)	☹	traurig :(
☺	sehr fröhlich	:D	☺	weinend :'(
☺	zwinkernd	;)	☺	geschockt :o
☺	seelig	^_^	☺	naseweis 8)
☺	lachende Augen	>:0	☺	cool 8-)
☺	Katzenlächeln	:3	☺	Zunge raus :p
☺	wütend	>:-(	☺	Ach ja?? 0.o

Um dieses Manko auszugleichen, haben sich in der digitalen Kommunikation die sogenannten Emoticons eingebürgert, die den emotionalen Gehalt der Sprache eindeutig erkennbar machen sollen. Einen ironischen Unterton könnte man etwa mit den Zeichen »toller Haarschnitt :-)« zum Ausdruck bringen, als Zeichen des Bedauerns könnte man ein mitfühlendes ?-(an den Text anhängen. Mittlerweile sind über zweihundert Emoticons im Umlauf, vom verärgerten >:(bis zum erstaunten #:–)O. Allerdings schafft das oft neue Verwirrung, da längst nicht jedem alle Bedeutungen der Kürzel bekannt sind.* Da empfiehlt sich dann zunächst der Blick auf die Emoticon-Tabelle, um in der digitalen Gefühlswelt mitreden zu können.[125]

Der Irrtum der Behaviouristen

Ebenso groß wie das Spektrum unserer individuellen Ausdrucksmöglichkeiten sind allerdings auch die Unterschiede zwischen verschiedenen Menschen. Wo die eine vor Glück fast platzen könnte, spürt die andere gerade mal ein leises Kribbeln im Bauch, wo für den einen die Gelassenheit beginnt, empfindet der andere bereits unerträgliche Langeweile. Wir verständigen uns zwar über Gefühle und versuchen sie dadurch auf einen Nenner zu bringen; zugleich sind sie aber auch eine höchst subjektive Angelegenheit. Und sie erschließen sich vollständig nur in der Innenschau: Wie sich etwa für *Sie* persönlich Verliebtheit, Freude oder Langeweile anfühlen, können nur Sie selbst mit Sicherheit beantworten; niemand kann Ihre Gefühle an Ihrer statt spüren. Zumal diese subjektiven Gefühle auch noch dauernder Veränderung unterworfen sind. Die Verliebtheit beim ersten Rendezvous fühlt sich schon ein wenig anders an als jene beim zweiten Treffen, ganz zu schweigen von der Liebe, die man nach ein, zwei oder zehn Jahren zur selben Person empfindet.**

---

* Abgesehen davon kann man sich natürlich fragen, ob der Gebrauch der Emoticons uns auf lange Sicht vielleicht der Fähigkeit beraubt, auch zwischen den Zeilen zu lesen.

** Ein Großteil der Liebesliteratur und -poesie besteht daher in dem Versuch, diese sich ständig verändernde innere Gefühlslandschaft doch auf irgendeine Weise auszudrücken (wobei man als Außenstehender nie sicher sein kann, ob der andere wirklich so empfindet, wie man es selbst versteht).

Denn unsere Empfindungen sind stets im Fluss, ja, es ist geradezu ein Kennzeichen unseres Gefühlslebens, dass es gewissermaßen flüssig oder organisch ist, ständig in Bewegung und niemals starr und eingefroren. So vergleicht etwa Robert Musil in seinem *Mann ohne Eigenschaften* das Wachsen eines Gefühls mit dem Wachsen eines Waldes, das ganz anders sei als das Wachstum eines einzelnen Baumes:

»Eine Birke beispielsweise bleibt vom Keimen bis zum Absterben sie selbst; ein Birkenwald kann dagegen als gemischter beginnen und wird ein Birkenwald, sobald diese Bäume – zufolge von Ursachen, die recht verschieden sein können – in ihm überwiegen.«

Denn Gefühle hätten zwar immer eine Eigenart, »aber diese ändert sich mit allem, was in sie hineinspielt, bis sie mit wachsender Bestimmtheit die Merkmale eines bekannten Gefühls annimmt und seinen Namen ›verdient‹.«[126]

Deshalb lassen sich Gefühle auch nicht fixieren oder »unter die Lupe nehmen«, wie man so schön sagt. Denn: »Je genauer wir sie beobachten, desto weniger wissen wir, was wir fühlen«, schreibt Musil zutreffend. Schon alleine die aufmerksame Selbstbetrachtung verändert das jeweilige Gefühl.

Die Liebe ist dafür das beste Beispiel. Nicht nur, dass es tausend verschiedene Formen der Liebe gibt, von der erotischen Liebe über die Liebe zu seinen Kindern, zu Gott oder zum Fischen. Zudem kann die Liebe als sehr gemischtes Gefühl beginnen, in die alle möglichen Empfindungen hineinspielen – Stolz, Freundschaft, Begehren, Angst, Sorge, Vertrauen –, bis sich nach und nach eine (oder mehrere) davon stärker durchsetzen.

Natürlich ist auch das Gegenteil möglich: Aus einem Birkenwald kann wieder ein Mischwald werden, in eine starke leidenschaftliche Verliebtheit können sich im Laufe der Zeit alle möglichen anderen widerstreitenden Gefühle mischen – was, in den Worten Musils,»nichts Ungewöhnliches ist, weil doch ein Gefühl schwanken kann und überhaupt verschiedene Verfassungen durchmacht.« Aus diesem Grunde auch tut sich die Wissenschaft so schwer mit den Gefühlen. Sucht sie doch gerade nach objektiv messbaren Größen und dauerhaften Gesetzen, die für alle gleichermaßen gelten. Doch mit solch eindeutigen Kriterien ist den ständig veränderlichen Emotionen oft nur schwer beizukommen, zur Beschreibung unserer durchwachsenen Gefühlslandschaft eignen sich Analogien oder poetische Bilder wie die Waldmetapher häufig besser als die auf klare Eindeutigkeit zielende Sprache der Wissenschaft.

Die Abneigung mancher Forscher gegen die flüchtigen und schwer fassbaren Gefühle ging in der Vergangenheit so weit, dass man sie gar aus dem wissenschaftlichen Weltbild ausblendete. Noch Mitte des vergangenen Jahrhunderts hielten es führende Psychologen für unnötig, sich mit Emotionen näher zu beschäftigen.

In der Zeit des Behaviourismus (von engl. *behaviour* = Verhalten«) vertraten sie stattdessen das naturwissenschaftliche Ideal, alle Erkenntnis sei nur aus objektiv messbaren Faktoren zu gewinnen. Sie studierten daher lediglich das äußerlich beobachtbare Verhalten von Mensch und Tier, ohne sich um die damit einhergehenden Gefühlszustände zu kümmern.

Das Vorbild für diese Art von Forschung waren die klassischen Konditionierungsexperimente von Iwan Pawlow mit seinen Hunden. Diese zeigten auf einen bestimmten Reiz (den Klang einer Glocke) immer dieselbe, objektiv messbare Reaktion (die Hunde begannen zu sabbern). So ähnlich, dachten die Behaviouristen, müsse sich letztlich alles Verhalten erklären lassen: Auf Reiz folgt Reaktion.

Menschen und Tiere wurden damit als (wenngleich komplexe) biologische Maschinen betrachtet, deren Mechanismen man durch Beobachtung und Experiment entschlüsseln könne.

Dass es neben den biologisch vorhersagbaren Abläufen noch – individuell unterschiedliche – emotionale Regungen gab, wurde geflissentlich übersehen. Schließlich ließen sich diese diffusen »innerpsychischen« Faktoren nicht von außen messen und galten den Experimentatoren daher als Störfaktoren, die eliminiert (oder ignoriert) werden mussten.

Aus heutiger Sicht mag uns diese Sichtweise absurd erscheinen. Dennoch lebt sie noch immer in einer bestimmten Form von naturwissenschaftlicher Medizin fort, die Krankheiten ausschließlich auf biologisch-mechanische Weise zu kurieren versucht, ohne die Psyche und Emotionen der Patienten in Betracht zu ziehen.

Die affektive Revolution

In den vergangenen zwei Jahrzehnten hat sich allerdings das Verständnis der Emotionen dramatisch gewandelt. In den verschiedensten Disziplinen – Psychologie, Ökonomie, Hirnforschung, Kriminologie, Pädagogik et cetera. – macht sich die Erkenntnis breit, dass Gefühle keine überflüssigen »Störfaktoren« sind, sondern elementare Werkzeuge zur Bewältigung des Lebens. Ohne ein tieferes Verständnis der Emotionen, so haben die Forscher gelernt, lassen sich menschliche Verhaltensweisen oft gar nicht verstehen – Schlagworte wie die »emotionale Wende«[127] oder der *»affective turn«*[128] kennzeichnen diesen Sinneswandel, in der Psychologie und Hirnforschung ebenso wie in der Spieltheorie und Verhaltensökonomie: Gerade dort hatte man jahrelang den rationalen Menschen ins Zentrum der

Theorien gestellt, den klug kalkulierenden *Homo oeconomicus,* bis man merkte, dass dieses Modell mit der Wirklichkeit wenig übereinstimmt. Denn für das menschliche Handeln ist die »gefühlte Wirklichkeit« oft sehr viel entscheidender als die reine Ratio, wie etwa der Psychologe Daniel Kahneman zeigte – eine Erkenntnis, die 2002 mit dem Wirtschaftsnobelpreis belohnt wurde und die einem echten Paradigmenwechsel gleichkam.[129]

Seither rückt das einst vernachlässigte Thema »Gefühle« vom Rand der Wissenschaft mehr und mehr in ihr Zentrum und dient gleichsam als Kristallisationskern für die Entstehung immer neuer Forschungsfelder wie der »affektiven Neurowissenschaft« oder auch der »Emotionsgeschichte«, die sich mit den historischen Veränderungen der Wahrnehmung und Ausprägung von Gefühlen beschäftigt. Dieses Feld explodiere im Augenblick förmlich, konstatiert der Historiker Jan Plamper,[130] und der Versuch, dazu einen Überblick zu liefern, gleiche dem Versuch, »eine Rakete nach Abschuss von der Startrampe in ihrer Beschleunigungsphase fotografisch zu fixieren«.*

Als *hot topic* der Wissenschaft gelten heute die Emotionen, und viele Forscher betrachten die Gefühlsempfindung mittlerweile als zentrale Fähigkeit unserer Spezies, deren Bedeutung kaum zu überschätzen ist. Am pathetischsten formuliert dies vielleicht der Neuropsychologe Antonio Damasio, der mit seinen Arbeiten entscheidend zur »emotionalen Wende« beigetragen hat. »Als Gefühle erstmals in der Geschichte der Lebewesen auftauchten, begann ein neues Kapitel«, schreibt Damasio. Erst damit sei die menschliche Entwicklung überhaupt

---

* Gleichwohl gelingt Plamper in seinem Buch *Geschichte und Gefühl* ein hervorragender Überblick über das Feld der Emotionsgeschichte.

möglich geworden. Nicht nur, dass Gefühle unser Überleben sichern, indem sie uns darüber informieren, was lust- und was schmerzvoll ist; sie beeinflussen auch unser Lernvermögen und unsere Erinnerungen, bestimmen darüber, was wir gut behalten oder schnell vergessen.[131] Und nicht zuletzt steuern sie unser soziales Verhalten. Politik, Religion oder Kunst – aus Damasios Sicht gründet all das im Erleben von Gefühlen: »Die gesamte Schöpfungskraft entwickelte sich aus der Gefühlswelt.«[132]

Welch wichtige Rolle unsere Gefühle spielen und wie sehr wir auf sie im Alltag ständig angewiesen sind, wird uns allerdings in der Regel erst dann klar, wenn wir uns vor Augen führen, wie das Leben *ohne sie* verliefe. Auch wenn uns das kaum vorstellbar scheint, so gibt es doch Menschen, die durch Krankheiten oder Gendefekte nur einen eingeschränkten Zugang zu ihren Emotionen haben. Und diese Fallgeschichten lesen sich oft ebenso faszinierend wie berührend.

Leben ohne Gefühl?

Nehmen wir zum Beispiel jenen sechzehnjährigen Schüler, der sich eines Tages in der psychiatrischen Uniklinik in San Francisco vorstellte: »Evan«, wie er im Fallbericht genannt wird, trat zwar »angenehm und freundlich« auf, dennoch wirkte die Begegnung mit ihm »irritierend und misstönend«, notierten seine Psychiater.[133] »Er sprach zu laut und rückte einem beispielsweise beim Händeschütteln zu nahe. Seine Stimme klang seltsam flach, sein Augenkontakt war unstet, und sein Kleidungsstil ziemlich untypisch für einen kalifornischen Teenager: Zu einem karierten Hemd im Schottenmuster trug er eine dunkelblaue Krawatte.«

Wie Untersuchungen ergaben, litt Evan unter dem soge-nannten Asperger-Syndrom und hatte große Mühe mit allen Arten von emotionalen Kontakten. Obwohl er hochintelligent war und beste Noten erzielte, galt Evan bei seinen Mitschülern als exzentrischer Freak. Er wusste nicht, was »man« anzieht, wie man sich gibt, was gerade *cool* oder was *out* ist. Denn ihm fehlte jegliches Gespür für all die vielen ungeschriebenen Re-geln und Kodizes, die unseren Alltag strukturieren und die wir im Zusammensein mit anderen normalerweise intuitiv befolgen.

Einmal versuchte er beispielsweise, mit einem Mädchen auszugehen, und schenkte ihr dazu einen Lolli. Ergebnis: Die junge Dame wurde wütend, weil sie dachte, er mache sich über sie lustig. Das wiederum konnte Evan überhaupt nicht verste-hen. Er habe doch beobachtet, dass Menschen sich zum Zei-chen der Freundschaft immer kleine Gegenstände schenken, klagte er später den Psychiatern gegenüber. Dass ein Lutscher für ein erstes Rendezvous allerdings eher unpassend war, fiel ihm schwer zu begreifen.

Und es stimmt ja auch: Wie erklärt man jemanden, der dafür kein Gefühl hat, dass man seiner Angebeteten zwar Blumen oder ein selbstgeschriebenes Gedicht schenkt, aber keine Lol-lis? Solche Dinge wissen wir normalerweise intuitiv, sie gehören sozusagen zu dem emotionalen Erfahrungsschatz, den wir uns im Laufe der Zeit ganz automatisch angeeignet haben. Wo al-lerdings dieses Gespür fehlt, erscheinen solche sozialen Kon-ventionen wie ein undurchdringliches Labyrinth verwirrender Regeln.

Der Versuch, sich darin allein mithilfe des Verstandes zu-recht zu finden, muss anmuten wie das Erlernen eines Instru-mentes, wenn einem jegliche Musikalität abgeht. Trotz »monu-mentaler Anstrengung«, so berichten die Ärzte, fiel Evan ein normales Sozialverhalten enorm schwer. Er lernte zwar, mit einfachen, wiederkehrenden Situationen umzugehen – etwa beim Reden die angemessene Lautstärke zu finden oder beim Händeschütteln einen gewissen Mindestabstand einzuhalten. Musste er allerdings spontan auf unvorhersehbare Äußerungen des anderen reagieren – etwa auf ein Lächeln oder eine ablehnende Geste – war Evan aufgeschmissen. »Emotionale Signale blieben obskure Hieroglyphen für ihn«, berichten seine Psychiater.

Ähnliches beobachteten die Mediziner bei einer anderen Patientin mit Asperger Syndrom. Als sie gefragt wurde, was sie glücklich oder unglücklich mache, antwortete sie: »Ich weiß, dass Begriffe wie Worte *fröhlich* und *traurig* anderen Leuten etwas bedeuten, und ich habe auch gehört, wie andere sie benutzen, aber ich weiß nicht, was ich damit verbinden soll.« Als die Psychiater einen zweiten Anlauf machten und sie baten zu beschreiben, wie sie sich denn beim unbeschwerten Spielen fühle, blickte die Frau sie nur groß an und fragte ratlos: »Im Vergleich zu was?«[134]

Die Schwäche des Mr Spock

Solche Geschichten, so bizarr sie wirken, lehren uns etwas Entscheidendes über die Rolle der Gefühle, wie als einer der Ersten Antonio Damasio erkannte. Der Neurologe, der fast sein ganzes Forscherleben dem Zusammenspiel von Fühlen und Denken gewidmet hat, belegte, was Philosophen wie David Hume schon im 18. Jahrhundert postuliert hatten: Erst unsere Emotionen geben dem Verstand eine Richtung und unserem Handeln einen Sinn. Wer keinen Zugang zu seinen Gefühlen hat, dem fällt auch das sogenannte vernünftige Denken enorm schwer.

Berühmt wurde etwa Damasios Patient mit dem Pseudonym »Elliot«, der durch einen Hirntumor einen dramatischen Persönlichkeitswandel erfahren hatte: Er scheiterte an den einfachsten Aufgaben, verlor durch zweifelhafte Geschäfte alle Ersparnisse, trennte sich von Frau und Kindern, führte eine kurze, unglückliche zweite Ehe und ließ sich am Ende nur noch durchs Leben treiben.[135] Was war Elliotts Problem? Am Denkvermögen konnte es nicht liegen. Denn in Tests erwies sich Elliot als überdurchschnittlich intelligent; er besaß ein gutes Arbeitsgedächtnis sowie normale Wahrnehmungs- und Lernfähigkeit. Allerdings hatte er, wie Damasio beobachtete, durch den Hirntumor den Zugang zu seinen Gefühlen verloren. »Stets beschrieb er die Vorgänge aus der Sicht eines leidenschaftslosen, unbeteiligten Zuschauers«, notierte der Neurologe erstaunt. »Nirgends war ein Empfinden für sein Leiden zu bemerken, obwohl er doch der Protagonist des Ganzen war.« Auch als ihm die Forscher Bilder mit stark emotionalen Inhalten zeigten – grauenhafte Verkehrsunfälle, brennende Häuser, ertrinkende Menschen – reagierte Elliot darauf ebenso ungerührt wie auf harmlose Fotos von spielenden Kindern oder Bergwiesen.

Dabei war er sich über den mitunter schockierenden Inhalt der gezeigten Bilder durchaus im Klaren. Doch er »wusste, ohne zu fühlen«, wie Damasio schreibt – und genau aus diesem Grund war Elliot auch zu richtigen Entscheidungen nicht mehr in der Lage. Mit den Emotionen hatte er gewissermaßen seinen inneren Kompass für gut und schlecht verloren, für Wünschenswertes oder zu Vermeidendes. Ob sich seine Frau nun von ihm trennte oder nicht, war ihm zum Beispiel gefühlsmäßig relativ egal. Er »wusste« zwar abstrakt, dass das möglicherweise ungute Folgen haben könnte, doch ihm fehlte jeglicher emotionale Antrieb, um die Trennung abzuwenden.

Aufgrund solcher Fallgeschichten hat Antonio Damasio mittlerweile eine klare Antwort auf die Frage, ob wir unser Leben auch ohne Gefühle führen könnten. Dies sei zwar rein theoretisch möglich, meint der Hirnforscher. Aber:»Unser Leben wäre ohne Gefühle nicht von langer Dauer.«[136] Ein vollkommen emotionsloser Mensch, der sich allein an rationalen Erwägungen orientierte – wie ihn etwa der spitzohrige Mr. Spock aus der *Star-Trek*-Serie darstellt – ist eben nur im Film vorstellbar. Wäre Spock eine reale Person, würde er nicht nur allerlei »unmenschliche« Entscheidungen treffen, die uns die Haare zu Berge stehen ließen. Er litte auch unter katastrophaler Antriebsschwäche. Denn aus welchen Erwägungen heraus sollte er überhaupt etwas tun?

Unsere innere Alarmanlage

So sind Gefühle heute aus Sicht der Biologie entscheidende Instrumente des Überlebens. Sie vermitteln uns wichtige Informationen, die wir oft gar nicht bewusst zur Kenntnis nehmen und die uns dennoch leiten und steuern, weil wir sie körperlich spüren. Damit »verkörpern« Emotionen im wahrsten Sinne des Wortes eine besondere Form von Erfahrung und Intelligenz, die uns ganz unmittelbar ergreift, eben weil wir körperliche Wesen sind.

Wenn wir etwa die Nachricht vom Tod eines geliebten Menschen erhalten, kann uns das wie ein Schlag in die Magengrube treffen – noch bevor wir lange darüber nachgedacht haben, ist in dieser Erfahrung schon implizit das ganze Wissen über den Verlust und seine langfristige Wirkung enthalten. Wenn hingegen nach einem langen Winter die Natur erwacht und die Bäume zu blühen beginnen, geht uns ebenso automatisch das Herz auf. Wir fühlen uns unmittelbar emotional berührt von dieser Explosion des Lebens, weil wir selbst Lebewesen sind, die leben wollen. Das alles geschieht zunächst unbewusst; es ist nicht so, dass unser Verstand sagt: Aha, ein blühender Kirschbaum, wie schön – und sich danach ein positives Gefühl einstellt, sondern es ist umgekehrt: Zuerst ist das unausgesprochene Gefühl da, dann finden wir die richtigen Worte dafür.

Vom *felt sense,* vom »Gefühlssinn«, spricht der Philosoph und Psychologe Eugene Gendlin in diesem Zusammenhang,[137] um jene unmittelbare Form der Wahrnehmung mit dem Körper zu beschreiben, die uns Orientierung ermöglicht. Mit einer »Alarmanlage« hingegen vergleicht der israelische Philosoph Aaron Ben-Ze'ev unsere Emotionen: Sie signalisieren uns, dass etwas Bedeutsames eingetreten ist, das unsere Aufmerksamkeit erfordert.[138]

Auf diese richtungsweisende Rolle deutet schon die Etymologie hin. Der Begriff »Emotion« setzt sich aus dem lateinischen Wort *motio* (»Bewegung«) und der Vorsilbe *ex* (»heraus«) zusammen. Eine Emotion ist also etwas, das uns (innerlich) bewegt und dazu führt, dass wir uns auch äußerlich bewegen – was in dem altertümlichen deutschen Wort von der »Gemütsbewegung« noch schön zum Ausdruck kommt.

Auf der elementarsten Ebene, das beschrieb der Psychologe und Philosoph William James schon vor über hundert Jahren, spiegeln Emotionen Veränderungen des Körperzustandes wider; sie zeigen an, dass etwas fehlt (Hunger, Durst), dass wir plötzlich bedroht sind (Angst, Schmerz) oder dass im Moment alles zum Besten bestellt ist (Lust). Neben diesen Basisemotionen, die wir mit allen Tieren teilen, hat der Mensch noch ein gewaltiges Repertoire an »höheren« oder feineren Gefühlen entwickelt, die der Selbstwahrnehmung und der sozialen

Kommunikation dienen (Neid, Gier, Ärger, Mitgefühl …) und die wiederum von geistigen und kulturellen Impulsen geprägt werden (etwa von unseren Vorstellungen von Liebe, Ehre, Stolz …).

Allen Gefühlsregungen aber, von den grundlegenden bis zu den hochentwickelten, ist eines gemeinsam: Sie machen auf ein Problem oder eine besonders wünschenswerte Situation aufmerksam und fordern so den Organismus auf zu handeln. Oder wie der kanadische Psychotherapieforscher Leslie Greenberg treffend formuliert:»Emotionen legen die Probleme fest, die die Vernunft lösen muss.«[139]

Liebesfreude und Verlustangst

Versteht man diese Funktion der Gefühle, dann wird auch klar, was Gefühle weckt und was sie abstumpfen lässt: Unsere»innere Alarmanlage« springt immer dann an, wenn uns etwas Ungewohntes, Besonderes oder Neues begegnet. Altbekanntes und Vertrautes hingegen erfordert kaum noch Aufmerksamkeit und erzeugt dementsprechend weniger Emotionen – unser inneres Alarmsystem wird gleichsam abgeschaltet. Es entspricht daher ganz der Logik der Gefühle, dass permanente Vergnügungen sich abnutzen und permanente Entbehrungen ihre Schärfe verlieren.

Das gilt – leider – auch für die Liebe. So zeigen zum Beispiel Studien, dass die Häufigkeit sexueller Kontakte mit einem Partner umso mehr sinkt, je länger eine Beziehung besteht.[140] Nach einem Jahr Ehe ist die sexuelle Frequenz in der Regel nur noch halb so groß wie im ersten Ehemonat, danach sinkt sie langsamer.»Das mag man zwar bedauern, aber so funktioniert nun einmal unser emotionales System«, stellt der Gefühlsforscher Aaron Ben-Ze'ev lapidar fest, der per Internet Blog auch praktische Tipps zu Liebe, Sünde und der geheimen Logik der sexuellen Fantasien erteilt.[141]

So sei etwa »ein gewisses Maß an Veränderung« die »Voraussetzung für Glücklichsein«. Denn besondere Erregung verspüren wir immer bei großen Umbrüchen im Leben – bei einer Hochzeit, der Geburt eines Kindes, bei einem neuen Job, aber auch bei einer Trennung oder Scheidung. Aus emotionaler Sicht ist dabei weniger das Ereignis an sich entscheidend, sondern der Grad an Veränderung, der damit einher geht. Vielleicht ist das mit ein Grund dafür, weshalb viele Menschen ihre Ehe im Laufe der Zeit als langweilig empfinden und sich in Liebesaffären stürzen – sie wollen endlich einmal wieder jene aufregenden Gefühle erleben, die den Anfang ihrer Ehe kennzeichneten.

Man kann dieses Problem natürlich auch so lösen wie Elizabeth Taylor und Richard Burton, die in den 1960er- und 70er-Jahren zum berühmtesten Skandalpaar Hollywoods avancierten: Sie trafen sich, als sie beide noch anderweitig verheiratet waren, verliebten sich, lösten sich aus ihren Ehen, heirateten einander, stritten sich, ließen sich scheiden, verliebten sich erneut, gaben sich ein zweites Mal das Jawort, trennten sich wieder … Ständig waren die Gefühle im Aufruhr, stets war für Drama gesorgt.

Wer sich allerdings um die Quadratur des Kreises bemüht – um ein möglichst stabiles, gleichförmiges und sicheres Leben, das aber auch große Gefühle und aufregende Erlebnisse bietet –, darf sich nicht wundern, wenn er damit scheitert. Ähnliches gilt für Reichtum und materiellen Besitz. Diese vermitteln vor allem dann Glücksgefühle, solange damit eine positive Veränderung einhergeht, solange man also neuen Reichtum oder Besitz hinzugewinnt. Wenn man dagegen irgendwann reich *ist* und alles besitzt, was man sich wünscht, gewöhnt man sich alsbald daran, und das erhoffte Glück schwindet unaufhaltsam dahin.[142] Diesen Effekt kennt der Vermögensberater Michael Schramm, Chef einer Privatbank für extrem Wohlhabende, nur zu gut. Wer sich etwa eine Yacht oder ein teures Segelboot kaufe, erlebe vor allem zwei glückliche Tage – »wenn er es kauft und wenn er es wieder verkauft«, sagt Schramm. »Zwischendurch ärgert er sich, weil sein Nachbar ein größeres Boot hat, und er jammert, dass die Kosten so hoch sind.«[143]

Unsere Psyche, so muss man leider feststellen, ist nicht für dauerhafte Glücksgefühle ausgelegt. Vielmehr werden wir leicht Opfer der sogenannten Verlustaversion,[144] die Daniel Kahneman nachgewiesen hat: Unser Gehirn gewichtet den Schmerz über einen Verlust stets stärker als die Freude über einen vergleichbaren Gewinn.[*] Das führt dazu, dass mit zunehmendem Wohlstand in der Regel auch die Angst zunimmt, das Erworbene wieder zu verlieren.

Ein schönes Beispiel für die Verlustaversion lieferte vor einiger Zeit der BMW-Erbe und Multimillionär Stefan Quandt. Als er und seine Familie 365 Millionen Euro Dividende von BMW kassierten, wurde er gefragt, was er denn nun mit dem ganzen Geld mache. Quandts entwaffnende Antwort: »Wir verwenden das Geld, um das Vermögen zu stabilisieren.«[145] Dass 365 Millionen nur zur »Stabilisierung« verwendet werden, lässt nicht nur Rückschlüsse auf die tatsächliche Höhe von

---

[*] Diese Asymmetrie ist vermutlich evolutionsgeschichtlich bedingt: Lebewesen, die Bedrohungen vordringlicher behandeln als Chancen, hatten höhere Überlebens- und Fortpflanzungschancen. Denn schon ein einmaliger Verlust – etwa von einem sicheren Heim oder Verbündeten – konnte lebensbedrohlich sein und musste unter allen Umständen vermieden werden. Ein einmaliger Gewinn hingegen war keine dauerhafte Garantie fürs Überleben.

Quandts Vermögen zu, sondern auch auf die Angst, die mit einer solchen Summe offenbar verbunden ist. Es ist gewissermaßen eine Millionen-Euro-Angst …

Hans im Glück

Glücksgefühle lassen sich eben nicht konservieren, schon gar nicht durch Wiederholung. Das gilt nicht nur für große Umbrüche, sondern auch für unser ganz alltägliches Erleben. In seinem heiteren Buch *Der erste Schluck Bier* preist etwa der französische Romancier Philippe Delerm mit feiner Beobachtungsgabe all jene kleinen Momente des Alltags, die eine besondere emotionale Signatur tragen. »Der erste Schluck Bier«, so stellt Delerm fest, »ist der einzige, der zählt. Die anderen, immer größeren, immer harmloseren, verursachen nur noch eine laue Benommenheit, sind freudloser Überfluss. Höchstens der letzte erlangt eine ähnliche Bedeutung, wegen der Enttäuschung, dass es vorbei ist.«[146]

Zum Glück gilt dieser Mechanismus nicht nur für erfreuliche Gefühle, sondern auch für alle unerfreulichen. Selbst die größte Trauer schwächt sich allmählich ab und kann sich – wie bei Barbara Eberhardt-Pachl –, am Ende sogar in etwas Positives verwandeln. Emotionen sind eben nie statisch, sondern immer Begleiterscheinungen des Wandels – im Guten wie im Schlechten.

Wer also ständig das große Glücksgefühl sucht, sollte sein Glück nicht an äußeren Faktoren festmachen, sondern sich auf häufigen Wandel einstellen. Denn nur die Veränderung garantiert eine entsprechende Gefühlsintensität – eine Erkenntnis, die auf märchenhafte Art schon der berühmte Hans im Glück zum Ausdruck bringt. Obwohl der tumb-pfiffige

Märchenheld seinen kopfgroßen Goldklumpen, den er für sieben Jahre harter Arbeit erhalten hat, gegen immer wertlosere Dinge eintauscht, vom Pferd über die Kuh bis zum einfachen Wetzstein, erlebt er ein großes Glücksgefühl nach dem anderen. So hat Hans zwar materiell verloren, doch emotional gewonnen – eine Parabel, in der mehr Wahrheit steckt, als wir uns für gewöhnlich eingestehen.

Die Gründe des Herzens

Gefühle verweisen allerdings nicht nur auf einschneidende Veränderungen, sie können uns auch zu ethisch hochstehenden Handlungen motivieren, die jenseits unseres Verstandeshorizontes liegen. Der Philosoph Martin Hartmann illustriert dies am Beispiel von *Huckleberry Finns Abenteuer,* dem Klassiker der Jugendliteratur: In Mark Twains Erzählung befreit nämlich »Huck« seinen Freund Jim aus der Sklaverei. Allerdings kommen ihm während der gemeinsamen Flucht große Zweifel, weil die Befreiung Jims mit allen damals gültigen Regeln und Normen bricht. In einer von Sklaverei geprägten Zeit muss Huck sein Verhalten rein rational als falsch erscheinen. Sein Mitgefühl jedoch widerspricht. Es bringt ihn dazu, Jim zu helfen, obwohl das seiner Vernunft zuwiderläuft.

»Es ist, als kündigte sich in seinem noch unartikulierten Mitgefühl eine von mehr Gleichberechtigung charakterisierte Welt an, für die weder er noch seine Umgebung schon Worte, geschweige denn etablierte Praktiken haben«, kommentiert Hartmann dieses Verhalten. »Das Gefühl wird hier nicht zum Gehilfen oder Ersatz der Vernunft, es wird zum einzigen Ort einer noch gar nicht praktisch gewordenen Vernunft und muss sich gegen die Borniertheit der offiziellen Vernunft bewahrheiten.«[147]

Was Hartmann da beschreibt, hat sein Philosophenkollege Blaise Pascal im 17. Jahrhundert auf die berühmte Formel gebracht: »Das Herz hat seine Gründe, die die Vernunft nicht kennt.«[148] Tatsächlich zeigt sich an solchen Beispielen, dass die Emotionen eine andere Art von Wirklichkeitserfahrung ermöglichen als es der bewussten Vernunft möglich ist. Denn das rein analytische Denken bezieht immer nur jene Informationen in sein Kalkül ein, die unserem Bewusstsein zugänglich sind – doch diese liefern lediglich einen begrenzten Ausschnitt der Realität (eben jenen, den wir bewusst wahrnehmen) und niemals das vollständige Bild. Die Emotionen hingegen sind zwar weniger zielgenau, greifen aber auf ein viel größeres Erfahrungsreservoir zurück und beziehen auch alle möglichen un- oder vorbewussten Informationen ein, die von entscheidender Bedeutung sein können.

Deshalb verlieben wir uns mitunter »auf den ersten Blick« in jemanden, den wir nicht kennen und von dem wir kaum etwas wissen, von dem wir aber intuitiv spüren, dass sie oder er uns emotional nahe ist. Auch bei neuen Projekten oder in kreativen Tätigkeiten folgen wir häufig zunächst einer Ahnung oder einem Gespür, und füllen diese Ahnung erst nach und nach mit Fakten und rationalen Argumenten. »Ich hab da so ein Gefühl«, antworten wir gerne, wenn wir gefragt werden, was uns denn ins Unbekannte vorwärtstreibt, auf dem Weg zu einer Entdeckung, von der wir selbst noch nicht genau sagen können, wohin sie uns führt.

Das Gefühl als »Ort einer noch gar nicht praktisch gewordenen Vernunft« steht zum Beispiel oft am Anfang einer Idee für ein Buch, eine Komposition oder eine neue wissenschaftliche Theorie. Und wenn man sich darauf einlässt und sich von dem Gefühl leiten lässt, kann man häufig die Erfahrung machen, dass sich allmählich auch jene praktisch-vernünftigen

Gründe einstellen, die im Nachhinein das Gefühl rechtfertigen. Gerade die größten Geister, die wir für ihren scheinbar überlegenen Intellekt bewundern, wissen nur zu gut um dieses fruchtbare Wechselspiel zwischen Emotion und Ratio. Als etwa der englische Biophysiker und Nobelpreisträger Archibald Vivian Hill einmal gefragt wurde, woher er denn wisse, wann er eine gute Idee habe, antwortete Hill heiter: »Wenn sie mir Angst macht.«[149]

Doch wie erwirbt man sich so ein Gespür? Haben wir alle dieselbe Anlage dazu, oder gibt es manche Menschen, die emotional klüger als andere sind? Was prägt überhaupt unser Gefühlsleben und wie entwickelt es sich? Um auf solche Fragen Antworten zu finden, müssen wir uns die Entwicklungsgeschichte der Emotionen näher anschauen. Im folgenden Kapitel geht es daher darum, wie unser emotionales »Lebensdrehbuch« entsteht und warum die emotionale Zuwendung unserer Mitmenschen so wichtig ist – so wichtig, dass wir ohne sie vermutlich gar nicht lebensfähig wären …

5   IN DER KINDERSTUBE
DER EMOTIONEN

Gut ist, was Menschen und Dingen ein Mehr
an Wirklichkeit gibt, böse, was es ihnen nimmt.

Simone Weil

In einer alten Chronik aus dem 13. Jahrhundert findet sich der ebenso erschreckende wie faszinierende Bericht über das wohl erste Großexperiment in der Geschichte der Entwicklungspsychologie. Was ist die ursprüngliche Natur des Menschen? Wie denken, reden und fühlen wir, wenn wir ungestört von aller kulturellen Beeinflussung aufwachsen? Diese Fragen, so berichtet uns der Franziskanermönch Salimbene von Parma, hätten seinerzeit niemand Geringeren als Kaiser Friedrich II. bewegt. Denn der Staufer, der von 1220 bis 1250 über das Heilige Römische Reich Deutscher Nation herrschte, sei nicht nur ein Machtmensch, sondern auch ein wissbegieriger Forscher gewesen, der zu »Exzessen« und »kurioser Neugier« neigte.[150]

Um etwa die natürliche Ursprache der Menschheit zu finden, habe der Kaiser, der selbst mehrere Sprachen beherrschte, folgendes bizarre Experiment ersonnen: Auf seine Anweisung hin wurden einige Neugeborene ihren Müttern weggenommen und in die Obhut von Ammen gegeben, welche die Kinder »nähren und baden und waschen, aber auf keinen Fall mit ihnen reden oder plappern« sollten, berichtet Salimbene. Auf diese Weise habe Friedrich II. herausfinden wollen, ob die Kinder ursprüng-

lich »die hebräische Sprache sprächen (welche die erste war),
oder Griechisch oder Lateinisch oder Arabisch, oder vielleicht
die Sprache ihrer Eltern, von denen sie geboren wurden.«
Das monströse linguistische Experiment scheiterte spektakulär: Bevor die Babys auch nur ein Wort herausbringen konnten, starben sie – der Chronik des Franziskanermönchs zufolge – allesamt, weil sie »ohne das Händepatschen und das
fröhliche Gesichterschneiden und die Koseworte« der Erwachsenen nicht zu leben vermochten.

Die stummen Säuglinge

Ob diese Erzählung stimmt, ist schwer zu sagen. Schließlich
liegt sie fast acht Jahrhunderte zurück und wurde – außer von
Salimbene – von keinem anderen Zeugen der damaligen Zeit
überliefert. Und die Vorstellung, man könne Babys bewusst
jedes freundliche Wort vorenthalten, erscheint uns derart grau-
sam, dass wir sie nicht recht in Übereinklang bringen mit dem
Bild des Stauferkaisers, der als mittelalterlicher Vordenker von
Aufklärung und Toleranz in die Geschichte einging. Doch die
Grundbotschaft, die in dieser historischen Anekdote steckt,
besitzt eine ungebrochene Gültigkeit: Ohne den emotionalen
Kontakt zu anderen, ohne ihre Beachtung und Zuneigung sind
wir auf Dauer nicht lebensfähig. Um uns als Menschen zu entfalten, brauchen wir vor allem das Zusammensein mit anderen
Menschen.

Wie sehr dies gerade am Anfang des Lebens gilt, belegt in
moderner Zeit ein Skandal, der fatal an die Schilderungen
Salimbenes erinnert. Auch hier waren die Leidtragenden Kinder, die unter zum Teil erbärmlichen Zuständen dahin vege-
tierten, denen es an Liebe und emotionaler Zuwendung fehlte

und die dadurch innerlich regelrecht verkümmerten. Es erging ihnen, als hätte jemand sich in den Kopf gesetzt, das Experiment Friedrichs II. im großen Stil zu wiederholen. Dabei spielte das Ganze im Europa des 20. Jahrhunderts, und zwar in Rumänien zur Zeit des Nicolae Ceaușescu. Der größenwahnsinnige Diktator verfolgte eine bizarre Familienpolitik. Um die Größe des rumänischen Volkes zu mehren, wurde Kinderkriegen zur Staatsdoktrin erhoben.[151] Verhütung war verboten, Frauen spornte man mit »Muttermedaillen« und Orden zum Gebären an. Da aber viele Familien sich den verordneten Kinderreichtum nicht leisten konnten, warben Ärzte und Sozialarbeiter dafür, überzählige Kinder in die Obhut des Staates zu geben. So füllten sich Rumäniens Waisenhäuser. Auf dem Höhepunkt des Ceaușescu-Regimes lebten dort weit über 100 000 Kinder – zum Teil unter unwürdigsten Bedingungen. Schreiende Babys wurden nicht getröstet, ältere Kinder mit Beruhigungsmitteln vollgestopft, an manchen Orten – wie etwa dem berüchtigten »Horrorschloss« Cighid – ließ man sie gar in ihren eigenen Exkrementen dem Tod entgegendämmern.[152]

Erst 1989, nach Ceaușescus Sturz, kamen diese Zustände ans Licht der Öffentlichkeit. Weltweit gab es einen Aufschrei der Empörung, Hilfsprogramme wurden gestartet und – unter anderem – ein wissenschaftliches Projekt, das die Folgen dieser sozialen Deprivation untersuchen sollte. Im *Bucharest Early Intervention Project* (BEIP) begleiteten amerikanische Mediziner, Hirnforscher und Entwicklungspsychologen 136 Kinder, die zuvor im größten Waisenhaus Bukarests, St. Catherine, gelebt hatten. Die Forscher wollten wissen, wie sich die Kinder entwickelt, welche Schäden sie im Heim davongetragen hatten und inwiefern diese behandelbar seien.[153]

Geschockt seien sie am Anfang gewesen, erzählt Charles Nelson, der Leiter des Forschungsprojektes. Das Schlimmste sei die Stille in den Schlafsälen gewesen, in denen die Säuglinge stumm in ihren Bettchen lagen und an die Decke starrten. »Warum sollten die Kinder auch schreien? Es hat sie ohnehin niemand beachtet«, sagt der Harvard-Psychologe. »Wir dagegen mussten oft den Raum verlassen, damit die Kinder uns nicht weinen sahen.«[154]

In ihrem Buch *Romania's Abandoned Children* beschreiben die Forscher mit wissenschaftlicher Präzision[155], was bereits Salimbene von Parmas Bericht nahelegt: Wer am Anfang seines Lebens keine emotionalen Bindungen aufbauen kann, verkümmert regelrecht. So waren die rumänischen Waisenkinder in Bukarest – obwohl sie genug zu essen bekamen – deutlich kleiner als normale Altersgenossen. Ihr Intelligenzquotient lag im Schnitt bei 73 (was am Rande geistiger Behinderung liegt), und keines zeigte eine normale Sprachentwicklung. Viele litten unter Ängsten oder Depression, andere waren hyperaktiv, neigten zu »oppositionellem Trotzverhalten« oder anderen Verhaltensstörungen.

Wenn die Kinder aus den Heimen und zu Pflegefamilien kamen, blühten sie dagegen regelrecht auf, wie die Dokumentation der Forscher zeigt:* Die Kinder begannen zu wachsen und holten den körperlichen Rückstand auf; ihr IQ verbesserte sich im Schnitt um etwa zehn Punkte und ihre Sprachfähigkeit nahm enorm zu. Auch Ängste und Depressionsanfälle wurden weniger (andere Verhaltensauffälligkeiten dagegen eher nicht).

---

* Dass nicht alle Kinder in Pflegefamilien untergebracht werden konnten, brachte den Forschern den Vorwurf ein, sie hätten absichtlich dafür gesorgt, um eine Kontrollgruppe für ihre Studien zu haben. Dem widerspricht Charles Nelson vehement. Es hätten sich trotz großer Anstrengungen einfach nicht genug Pflegeeltern gemeldet. Man habe nur die Wahl gehabt, entweder alle oder einen Teil der Kinder im Waisenhaus zu lassen. Aber niemand habe im Heim bleiben müssen, wenn sich eine Chance auf eine bessere Lebenssituation eröffnete.

Am meisten von dem Wechsel profitierten dabei jene, die vor ihrem zweiten Lebensjahr in eine Pflegefamilie kamen. Wer dagegen erst im Alter von drei Jahren oder älter das Heim verlassen konnte, zeigte in der Regel enttäuschend wenig Fortschritte. Die Forscher schließen daraus, dass in den ersten zwei Lebensjahren wichtige Schaltkreise im Gehirn angelegt werden und dass sich nach dieser Zeit das Entwicklungsfenster dafür schließt. Auch machten die Kinder umso größere Fortschritte, je stabiler und zuverlässiger die Beziehung zu ihren neuen Pflegeeltern war. Davon profitierte sowohl ihre kognitive Entwicklung wie auch ihr Gefühls- und Beziehungsleben.

Für Charles Nelson zeigt das Schicksal der rumänischen Waisenkinder nicht nur, dass das Fehlen emotionaler Bindung in den ersten Lebensjahren dramatische Folgen hat, sondern dass sich diese Folgen – wenigstens zum Teil – auch wieder rückgängig machen lassen. In Nelsons Worten: »Für die Symptome der Vernachlässigung ist Bindung die beste Kur.«

Unsere allerersten Empfindungen

Die dramatischen Schicksale der rumänischen Heimkinder belegen eindrucksvoll, was auch die sogenannte Bindungsforschung postuliert: Vor allem in den ersten Lebensjahren sind das Gefühl der Verbundenheit und die richtige »Resonanz« anderer Menschen essenziell für uns.[156] Dabei ist für eine »sichere Bindung« nicht so sehr entscheidend, wie *lange* sich jeweils die Mütter (oder Väter) mit ihren Kindern beschäftigen. Wichtig ist vielmehr, ob die Eltern *passend* auf die kindlichen Bedürfnisse reagieren; ob sie also merken, wenn ihre Kinder Hunger haben, müde sind oder lieber spielen wollen.* Denn erst diese Interaktion mit den Eltern (oder anderen Bezugspersonen) versetzt die Kinder in die Lage, ihre emotionalen und kognitiven Fähigkeiten zu entwickeln. Ein junges Baby, das zum Beispiel schreit, weil es hungrig ist und daraufhin liebevoll gefüttert wird, lernt auf diese Weise, dass es eine Verbindung zwischen seinen Äußerungen und dem eintretenden Erfolg gibt und dass es selbst etwas bewirken kann. Zugleich lernt es, stressige Situationen durchzustehen. »Die feinfühlige Beantwortung (seines Signals) durch die Mutter hilft ihm, seine Angst in möglichen Grenzen zu halten«, erklärt die Kinderpsychiaterin Alicia Lieberman.[157] Wenn das Baby dagegen auf sein Schreien keine Antwort erfährt, entfaltet sich eine ganz andere innere Erfahrung: »Verzweiflung tritt an die Stelle von Hoffnung, und das Baby hat nur zwei Möglichkeiten, darauf zu reagieren: völlige Auflösung mit heftigem, wütendem Schreien oder Rückzug in lethargischen Schlaf.«

Auf diese Weise werden – je nach Reaktion der Umwelt – jene emotionalen Muster ausgebildet, die uns häufig ein Leben lang begleiten. Langzeitstudien zeigen, dass Kinder, die solche verlässlichen Beziehungen erfahren haben, sich im späteren Leben gemeinhin als selbstständiger, ausgeglichener und zufriedener erweisen als Kinder, denen es an solchen Beziehungserfahrungen fehlt.[158]

---

*   Diese ursprünglich von John Bowbly in den 1950er-Jahren entwickelte Theorie wurde massiv dafür kritisiert, dass sie einen enormen Druck auf Mütter erzeuge und ihnen quasi die alleinige Verantwortung für das spätere Wohl und Wehe ihrer Kinder zuschiebe. Heute betonen Bindungsforscher daher, dass es nicht allein auf die Mütter, sondern auf das soziale Umfeld insgesamt ankommt, in dem Kinder aufwachsen.

Gerade den Emotionen kommt also am Beginn des Lebens eine entscheidende Rolle zu. Die Gefühle sind, wie meine *ZEIT*-Kollegin Katharina Zimmer schrieb, »unser erster Verstand«.[159] Schließlich bilden sich Sprache, kognitives Denken und Bewusstsein erst im Laufe der Zeit aus; anfangs lernen wir daher nicht auf rationale, bewusste Weise, sondern ausschließlich intuitiv, durch Fühlen. Das beginnt schon im Mutterleib: Bereits ein acht Wochen alter Fötus macht heftige Fluchtbewegungen mit dem ganzen Körper, wenn ein für ihn bedrohliches Instrument in den Uterus eingeführt wird – selbst wenn es ihn noch nicht einmal berührt. Vermutlich werden ihm über die Bewegung des Fruchtwassers feinste Signale zugespielt, die er auf der Körperoberfläche spürt und auf die er instinktiv reagiert. Man kann diese Rückzugsreaktion als rcinen Reflex betrachten. Man kann sie aber auch, wie Alicia Lieberman, als »rudimentäre Form eines Angstgefühls« beschreiben, die der Fötus zeige.[160] Die Motivation zum Selbstschutz und die Angst vor einer Verletzung wäre demnach so etwas wie unsere »Ur-Emotion«, die wir mit allen Tieren teilen.

Angenehm – unangenehm. Das sind die grundsätzlichen Pole, zwischen denen sich unser anfängliches emotionales Leben abspielt. Erst allmählich differenzieren sich immer feinere Empfindungen heraus. In den ersten Entwicklungswochen werden zum Beispiel zunächst der Mund und die Lippen empfindsam. Am Ende werden dort (und an den Fingerspitzen) mehr als 2 000 Tastköperchen pro Quadratzentimeter sitzen, um die »erfühlten« Informationen ständig dem Gehirn zu übermitteln.[161] Kein Wunder, dass Babys und Kleinkinder ständig alles in den Mund nehmen, Spielzeug, Essen, ihren eigenen Daumen, Füße, Hände … (und kein Wunder, dass wir als Erwachsene später so gerne küssen!).

Die Zirkel der Freude

Dabei kommt es zu einem ständigen Wechselspiel zwischen Erfahrung und Entwicklung: Zwar ist die nötige genetische Grundausstattung in uns allen angelegt, doch die einzelnen Funktionen müssen erst durch die konkrete Erfahrung »aktiviert« werden. Fehlt eine Rückmeldung von außen, verschalten sich beispielsweise im Gehirn die einschlägigen Neuronen und Areale nicht richtig, sodass die entsprechenden Fähigkeiten sich nicht entwickeln können.*

Zugleich wird in den ersten Tagen und Wochen der emotionale »Grundton« gesetzt, der für das Gefühlsleben eines Kindes entscheidend wird. Denn das innere Erleben eines Kleinkindes wird vor allem über die emotionalen Reaktionen seiner Bezugspersonen definiert. Wird es babygerecht angesprochen und angelächelt, mit »Händepatschen und fröhlichem Gesichterschneiden«, wie es Salimbene von Parma ausdrückte, dann erlebt sich das Kind selbst als freudeerzeugendes Wesen, das Liebe hervorruft – eine Erfahrung, die sich in sein seelisches Gewebe einprägt und entscheidend sein Selbstverständnis bestimmt.

Statt vom Händepatschen spricht die Wissenschaft allerdings heute nüchtern von einer »wechselseitigen kreisförmigen Evokation von Freudereaktionen« zwischen Eltern und Baby.[162] In gut verlaufenden Mutter-Kind-Beziehungen haben Forscher bis zu 30000 solcher »Freudezirkel« in den ersten

---

* Drastisch wird dieses Prinzip durch die Versuche der Nobelpreisträger David Hubel und Torsten Wiesel mit neugeborenen Katzen belegt: Wird in den ersten Wochen eines der Katzenaugen für eine gewisse Zeit abgedeckt, bleibt dieses Auge dauerhaft blind, selbst wenn später das normale Sehen wieder hergestellt wird. Weil in der entscheidenden Phase die optische Rückmeldung fehlte, unterblieb die notwendige Verschaltung im Gehirn.

sechs Monaten beobachtet.[163] Man stelle sich vor: jeden Tag rund 150mal angelächelt werden, zurücklächeln und die Erfahrung machen, dass dies beim Gegenüber wiederum Lächeln hervorruft – schon allein diese Vorstellung vermittelt gute Laune. Das vermeintlich »kindische« Getue von Eltern mit ihren Babys besitzt demnach eine Wichtigkeit für die kindliche Entwicklung, deren Bedeutung kaum zu überschätzen ist.

Begegnen die Eltern dagegen dem Kind vorwiegend mit negativen Gefühlen, mit Angst, Trauer, Wut oder Verachtung, erlebt sich das Kind folgerichtig als Angst, Trauer oder Wut erzeugendes Wesen und entwickelt ein Selbstbild, das stark von diesen Emotionen geprägt ist. Von »emotionalen Lebensdrehbüchern« sprechen Psychologen in diesem Zusammenhang,[164] um zu beschreiben, dass bei manchen Menschen das Leben vorwiegend um Angst und die Wahrnehmung von Beängstigendem kreist, bei anderen eher um Traurigkeit oder Wut – je nachdem, was früh als prägendes emotionales Muster erfahren wurde.

Gefühle sind nicht nur unser »erster Verstand«, sondern auch unsere erste Sprache. Denn wer keine Begriffe kennt, muss über emotionale Ausdrücke kommunizieren, durch jammervolles Weinen, wütendes Gebrüll oder fröhliches Lachen. Und durch die Reaktion der Umwelt wiederum lernt ein Kind, was die eigenen Gefühle bewirken. Reagiert zum Beispiel die Mutter meist »passend« auf die affektiven Äußerungen, kann das Kind sich selbst besser verstehen lernen und sein emotionales Repertoire nach und nach verfeinern und erweitern. Kommt jedoch stets eine »falsche« (oder gar keine) Reaktion, wird diese emotionale Entwicklung massiv gestört. Im Extremfall kann das nicht nur das spätere Gefühlsleben beeinträchtigen, sondern – wie sich an den rumänischen Heimkindern zeigte – auch die körperliche und geistige Entwicklung.

Kein Wunder, dass Babies anfangs kaum etwas so sehr interessiert wie menschliche Gesichter. Der beste Weg, die kindliche Aufmerksamkeit zu erregen ist es, sie anzulächeln, große Augen zu machen oder andere Grimassen zu schneiden. Und die Babies beginnen fast vom ersten Tag an, Gesichtsausdrücke zu studieren und die Sprache der Emotionen zu lernen. Denn an der Mimik des anderen liest es nicht nur die Reaktion auf sein eigenes Verhalten ab, sondern lernt zugleich, sich in der Welt zurechtzufinden.

Anschaulich belegt dies der Versuch der »visuellen Klippe«, ein Klassiker der Entwicklungspsychologie: Dabei lässt man zwölf Monate alte Kleinkinder über eine Tischplatte aus Plexiglas krabbeln, die anfangs farbig ist und nach der Hälfte transparent wird. Das Kind bewegt sich also aus seiner Sicht auf einen

Eine Versuchsanordnung von Drs. Nicholas und Dorothy Cummings zur visuellen Klippe

Abgrund zu, auf eine Stelle, die riskant erscheint, zugleich aber stabil ist. Wie reagiert es in dieser verwirrenden Situation?

Fast alle Kinder tun dasselbe: Sie krabbeln bis zum Rand des »Abgrunds«, halten inne und suchen den Blick der Mutter. Denn an ihrem Gesichtsausdruck lesen sie die entscheidende Information ab: Schaut die Mutter entspannt und wohlwollend, scheint die Sache ungefährlich, und das Kind krabbelt weiter. Blickt die Mutter dagegen ängstlich und alarmiert, wird auch das Kind ängstlich, verharrt und fängt vielleicht sogar an zu weinen.[165]

Mit anderen Worten: Erst im Spiegel des anderen findet der Mensch zu sich selbst.[166] Und wenn der Spiegel ein verzerrtes, trübes oder unterbelichtetes Bild zurückwirft, dann fällt auch das Selbstbild entsprechend verzerrt oder unterbelichtet aus.

Die Evolution der Emotionen

Wie im Zeitraffer durchlaufen wir in unserer eigenen emotionalen Entwicklung jene Stadien, die das Leben insgesamt im Laufe der Evolution durchschritten hat. Am Anfang steht – bei uns wie bei allen Organismen – die grundsätzliche Unterscheidung zwischen »angenehm« und »unangenehm«. Selbst Pantoffeltierchen ergreifen die Flucht, wenn man ihnen etwas Farbstoff in ihre Nährlösung gibt und streben dafür angenehmen Reizen (Futter) zu. Ja, sogar Pflanzen zeigen durch ihr Wachstum oder ihr Verkümmern, ob ihnen eine äußere Wirkung angenehm oder unangenehm erscheint – eine Tatsache, die den Biologen Andreas Weber zu der mutigen These führt: *Alles fühlt.*[167]

Allerdings ist das Gefühlsleben einer Pflanze kaum mit dem eines Menschen zu vergleichen. Der Angenehm/Unangenehm-Reflex ist allenfalls als »Prä-Emotion« zu bezeichnen, er ist sozusagen die unterste Stufe in der Entwicklungsleiter der Emotionen. Auf der nächsten Stufe stehen dann jene basalen Emotionssysteme, die zentral für das Überleben sind: Angst, Wut, sowie Lust beziehungsweise Freude.

»Auf einer fundamentalen Ebene teilen alle Tiere dieselben Emotionssysteme«, ist der Psychobiologe Jaak Panksepp überzeugt.[168] »Wut und Furcht kamen sehr früh. Später kamen Trauer und Freude hinzu.« Denn deren Verarbeitungszentren sitzen etwas höher im Gehirn und etwas weiter außen. Wut und Angst dagegen liegen tiefer im Gehirn.* Nach Ansicht von Panksepp sind diese »primären« Emotionen daher angeboren, ebenso wie ein ganz grundlegendes Interesse an Neuem, das sich bei vielen (vor allem jungen) Tieren in einem übermütigen Spielbedürfnis ausdrückt.[169] Panksepp, der in den 1990er Jahren den Begriff »affektive Neurowissenschaft« prägte, war übrigens wohl der erste Mensch, der Ratten kitzelte – und feststellte, dass sie dabei in typische, fröhliche Zirplaute verfallen. »Neuronale Schaltkreise für das Lachen existieren in sehr alten Gehirnregionen,« erklärte Panksepp dazu; »erste Urformen des Spielens und des Lachens haben schon lange im Tierreich existiert, bevor wir Menschen auftraten.«[170]

Nicht nur die Evolutionsgeschichte, auch die Entwicklung der kindlichen Gefühlswelt beginnt mit solchen basalen oder »primären« Emotionen. Wie Studien zeigen, lassen sich bei Babys schon im Alter von zwei bis drei Monaten die ersten klaren

---

* Für die Verarbeitung von Angst und Wut ist vor allem die Amygdala zuständig, ein Hirnareal, das in der Tiefe des Gehirns sitzt und gerne als »Furchtzentrum« beschrieben wird. Dabei ist die Amygdala weder ausschließlich für Furcht zuständig, noch wird die Angst nur hier erzeugt. Die Amygdala hat vielmehr eine Art Wächterfunktion im Gehirn, die bei bedrohlichen Informationen sehr schnell Alarm schlägt und weitere Furcht-relevante Systeme im Gehirn aktiviert.

*Freude*reaktionen ablesen; wenig später zeigen sich *Wut, Angst* und *Trauer*.[171] Man kann diese vier Basisemotionen auch als Antworten auf fundamentale Herausforderungen des Lebens verstehen: Gefahr löst Angst aus, die Trennung von wichtigen Bezugspersonen (Mutter, Vater) führt zu Trauer, die Erfahrung von Unvermögen (zum Beispiel, irgendetwas nicht greifen oder erreichen zu können) ruft Ärger oder Wut hervor, während Erfolgserlebnisse und liebevolle Beziehungen Freude erzeugen.

Allerdings muss man sich die ersten emotionalen Erfahrungen eher als reflexhaft und diffus vorstellen; was Kinder anfangs empfinden, gleicht wohl jenen rudimentären Formen von Angst oder Freude, die auch Tiere erleben. Erst im Laufe seiner Entwicklung lernt ein Kleinkind, diese primären Emotionen kognitiv zu erfassen und damit zu differenzieren und zu verfeinern. Wenn es zum Beispiel anfängt, sich seiner Angst oder Freude bewusst zu werden, kann es ein inneres Konzept mit diesen Emotionen entwickeln und verschiedene Arten des Umgangs erproben. Es kann auch beginnen, damit zu experimentieren: Wenn es etwa merkt, dass Tränen oder ein Wutausbruch helfen, bestimmte Wünsche zu erreichen, wird es irgendwann ausprobieren, ob auch künstlich vorgetäuschte Trauer oder Wut zum Ziel führen. In die anfänglichen Basisemotionen beginnen also immer stärker bewusste Prozesse mit hineinzuspielen, die sie verändern und weiterentwickeln. Daraus entstehen dann am Ende jene »höheren« Gefühle wie Scham (zum Beispiel wenn man beim Vortäuschen von Emotionen erwischt wird), Neid oder Eifersucht, die so typisch für das menschliche Gefühlsleben sind.

Die Entwicklung der Emotionen

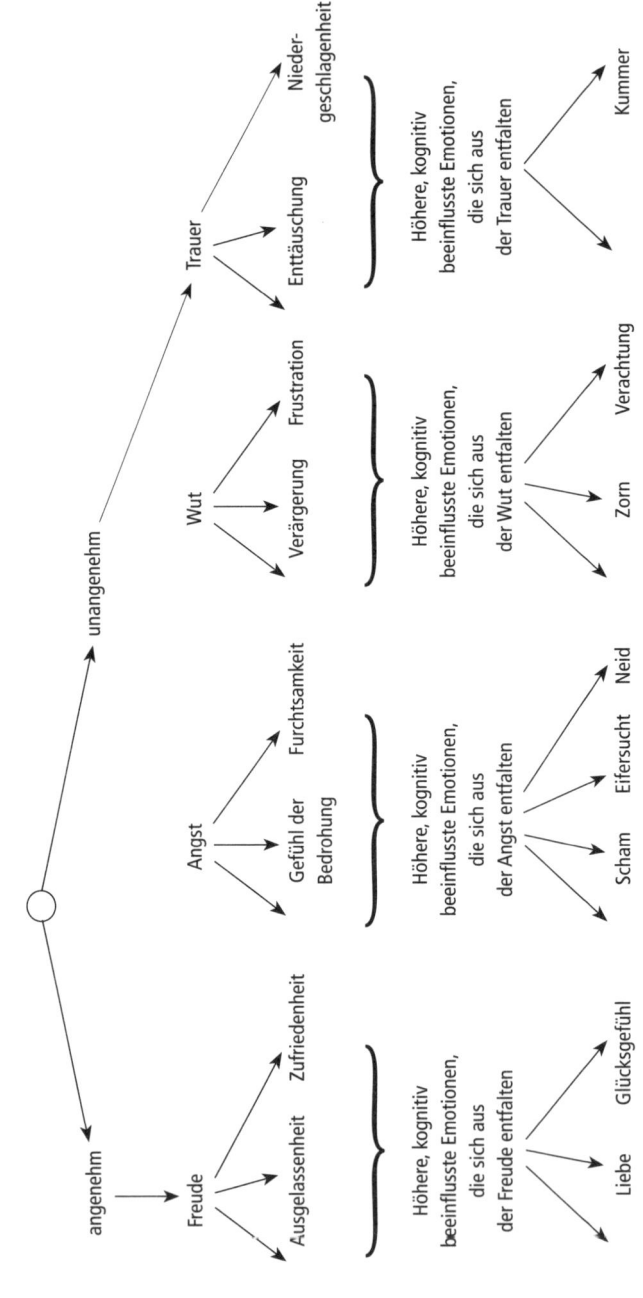

Quelle: Zinck, Neven

Der Gleichklang der Herzen

Dabei ist die passende Rückmeldung unserer Umgebung nicht nur in den ersten Lebensjahren essenziell für uns. Auch in späteren Jahren sind wir auf »Resonanz« von außen angewiesen. Zwar reagieren wir mit zunehmendem Alter weniger labil auf äußere Einflüsse, weil sich unsere Persönlichkeit ausformt und an Stabilität gewinnt. Dennoch bleiben wir soziale Wesen, die bis ins hohe Alter offen sind für den Austausch von Liebe und Zuneigung, das Teilen von Trauer und Trost und die Auseinandersetzung über unterschiedliche Standpunkte.

Diese Resonanz mit der Außenwelt ist umso ausgeprägter, je mehr wir uns den jeweiligen Mitmenschen verbunden fühlen und je mehr Zeit wir miteinander verbringen. Denn wie im ersten Kapitel beschrieben, ist der Mensch kein in sich geschlossenes System, sondern ein »offener Regelkreis«, der empfindlich auf äußere Impulse reagiert und von diesen mit gesteuert wird. Das gilt insbesondere für unser Nervensystem, das einerseits Hunderte von physiologischen Parametern im Körperinneren regelt und austariert und andererseits stets darauf achtet, welche Signale von außen an uns herangetragen werden.

Das simpelste Beispiel dafür sind unsere Schlafgewohnheiten, die in der Babyzeit (zum Leidwesen aller Eltern) noch ungeordnet sind und sich erst nach und nach auf den Wechsel von Tag und Nacht einschwingen. Der Lauf der Sonne (beziehungsweise der elterliche Druck) fungiert dabei als Taktgeber für unsere Physiologie und stabilisiert unseren inneren Rhythmus.[*]

---

[*] Selbst ein Kuscheltier kann als Taktgeber fungieren, wie der Psychologe Evan Ingersoll nachwies. Er legte Frühgeborenen einen Teddybären mit ins Bett, der regelmäßige Atemzüge simulierte. Und siehe da: Im Laufe der Zeit wurde der kindliche Atem- und Schlafrhythmus ruhiger und gleichmäßiger als bei einer Kontrollgruppe, die mit normalen Teddys schlief.

Im Erwachsenenalter scheint dieser dann völlig stabil – allerdings nur so lange, bis wir per Interkontinentalflug in eine andere Zeitzone reisen. Prompt gerät die innere Maschinerie aus dem Takt – wir leiden unter Jetlag – worauf sich unser Organismus innerhalb weniger Tage auf die neue Zeitstruktur einschwingt (bis wir wieder ins Flugzeug steigen und zurückfliegen).

Doch nicht nur natürliche Wechsel wie Tag und Nacht oder die Jahreszeiten geben uns eine Struktur und einen Rhythmus vor. Auch andere Menschen können zu Taktgebern werden und die Regulation unserer physiologischen Prozesse beeinflussen. So liefern viele Studien Hinweise darauf, dass gemeinsam lebende Frauen im Laufe der Zeit ihre Menstruationszyklen synchronisieren.[172] Die Forscher glauben, dass dabei über die Luft Pheromone ausgetauscht werden, chemische Botenstoffe, die unbewusst das biologische Verhalten beeinflussen. Die menstruelle Synchronisation, so sagt die Psychologin Martha McClintock, die den Effekt vor mehr als vierzig Jahren als Erste entdeckte, sei dabei »nur ein kleiner Teil des zwischenmenschlichen Pheromon-Austauschs.«[173]

Kalifornische Psychologen wiederum haben nachgewiesen, dass bei Liebespaaren, die miteinander im selben Raum sitzen, sich automatisch die Herz- und Atemfrequenzen angleichen – selbst wenn sich die Liebenden weder berühren noch miteinander reden.[174] All die Liebeslieder, die vom »Gleichklang der Herzen« singen oder davon, wie sehr das Herz für die Geliebte schlägt, scheinen also einen wahren Kern zu haben (wobei sich im Labor herausstellt, dass es vor allem die Frauen sind, die sich an den Herzschlag ihrer Partner anpassen; die Männer singen vielleicht öfter davon, tun es in der Praxis allerdings weniger).

»Erwachsene bleiben soziale Tiere: Sie brauchen weiterhin eine Quelle der Stabilisierung außerhalb von sich selbst«, schlussfolgern die Psychiater Thomas Lewis, Fari Amini und Richard Lannon aus solchen und anderen Versuchen. Denn viele biologische Prozesse – Hormonspiegel, Blutdruck, Schlafrhythmus, Immunfunktionen – würden eben nicht alleine von einem Individuum innerhalb des eigenen Körpers reguliert, sondern je nach der Information, die einem von außen übermittelt wird. Das beste Rezept für innere Stabilität sei es daher, »Menschen zu finden, die einen gut regulieren, und bei ihnen zu bleiben«.[175]

Der redselige Eremit

Man kann also feststellen: Auch wenn wir mitunter von unseren Mitmenschen genervt sind und uns an Jean-Paul Sartres Diktum »Die Hölle, das sind die anderen« erinnern, so wären wir doch ohne Austausch und soziale Resonanz auf Dauer kaum lebensfähig.*

Selbst einsamkeitssüchtige Eremiten, die sich ganz bewusst von der Gesellschaft zurückziehen, brauchen – wenigstens ab und zu – die Verbundenheit mit anderen Menschen. Der Philosoph Henry David Thoreau etwa, der sich für zwei Jahre von allen gesellschaftlichen Konventionen befreien wollte und in eine Blockhütte im Wald zog, um »dem eigentlichen, wirklichen Leben näher zu treten«, pries zwar das Alleinsein in der Natur – aber darüber tauschte er sich nur gar zu gern mit anderen aus, etwa bei regelmäßigen Dinners mit seinen Freunden, denen er von seiner Waldzeit vorschwärmte, oder später, als er in seinem Buch *Walden* seine Reflexionen über die Einsamkeit einer großen Leserschaft nahebrachte.[176]

---

* Das galt übrigens auch für Sartre selbst, der 51 Jahre lang mit Simone de Beauvoir zusammen war und daneben noch zahlreiche Liebesaffären pflegte.

Oder nehmen wir Glenn Gould, den kanadischen Aus-
nahmepianisten, der sich mit 32 Jahren zum Entsetzen seiner
Anhänger von der Bühne zurückzog und nie wieder öffentlich
auftrat. Seither gilt Gould als Exzentriker, der die Menschen
mied und seine Musik nur noch in der Abgeschiedenheit seines
Tonstudios zelebrierte. Aber selbst dieser menschenscheue Ere-
mit, der hymnische Radiosendungen über die Einsamkeit des
Nordens produzierte, war eine wahre Plaudertausche gegenüber den wenigen Freunden und Getreuen, die er zum Teil mit
stundenlangen (gerne nächtlichen) Telefonanrufen beglückte.
Und seinem Rückzug von der Bühne lag letztlich auch die Auffassung zugrunde, dass er mit seiner Musik dank der damals
aufkommenden Studiotechnik auf elektronischem Wege viel
mehr Menschen erreichen konnte als mit jedem Konzert. Diejenigen, die ihn näher kannten, erzählten jedenfalls immer wieder, wie viel ihm die Hörerreaktionen und die zahlreichen
Briefe, die bei ihm eingingen, bedeuteten.

Lebendigsein bedeutet eben immer: ein offenes System zu
sein. Wer sich abkapselt und verschließt, ist auf Dauer nicht lebensfähig. Das zeigt schon der Stoffwechsel. Ständig nehmen
wir Kohlenstoff aus unserer Nahrung auf und bauen diesen in
unseren Körper ein; dafür atmen wir *andere* Kohlenstoffmoleküle
aus. Anders als es häufig im Biologieunterricht gelehrt wird,
funktionieren unsere Zellen eben nicht wie Fabriken, die von
außen nur Treibstoff geliefert bekommen und diesen verbren-
nen. Vielmehr verwandeln sie den Treibstoff und machen ihn
zum Teil des eigenen Körpers. Nach demselben Prinzip verlieren
wir jeden Tag mehr als 50 Millionen Hautzellen und bilden zugleich neue, sodass sich unsere Haut alle zwei Monate erneuert.
Das heißt: Wir sind materiell ständig im Durchfluss, setzen uns
immer wieder neu aus neuen chemischen Bausteinen zusammen. Dasselbe gilt auf geistiger und emotionaler Ebene: Auch

da sind wir permanent im Austausch, nehmen Gedanken, Ideen und Gefühle auf und machen sie zu einem Teil unserer selbst.

Ähnlich wie Fledermäuse ein hochspezifisches Sonarsystem haben, fungiert unsere Emotionalität dabei als hochentwickelter Sozialsinn. Denn die Gefühle sind es – viel mehr noch als unsere Gedanken – die uns verbinden. Als etwa Albert Einstein seine Relativitätstheorie entwickelte, sprangen seine Ideen nicht automatisch auf seine Haushälterin über; den Ärger über Rückschläge und die Freude über die Vollendung der Theorie hat sie hingegen sehr wohl mitbekommen und vermutlich auch geteilt.

Das Broken-Heart-Syndrom

Natürlich ist dieser emotionale Austausch umso stärker, je enger wir uns einem Menschen verbunden fühlen. Deshalb wird eine Trennung von einem langjährigen, vertrauten Partner auch als so schmerzhaft und erschütternd erlebt: Nicht nur, dass damit allerlei traurige Gedanken verbunden sind, dass man sich vielleicht verschmäht fühlt, Eifersucht hegt oder den Abschied bedauert. Es fehlt einem auch ganz praktisch ein biologisch stabilisierender Gegenpart, auf den man sich im Laufe der Zeit eingestellt hat.

Schließlich hat man bereits mit jedem Kuss biologisches Material ausgetauscht – Wasser, Eiweiß, Salz, Fett, sowie Millionen Bakterien und Keime. Und je öfter man zusammen war, sich an den Händen hielt oder miteinander schlief, umso mehr bildete sich ein gemeinsamer Bakterienpool aus. Das Immunsystem stellte sich regelrecht auf den Partner ein, er ging uns im wahrsten Sinne des Wortes unter die Haut. Auch auf geistiger Ebene wuchs man zusammen: Man tauschte Ideen, Gewohnheiten und Überzeugungen aus und begann, die Welt mit den Augen des anderen zu sehen. Das Gehirn bildete ein »transaktives Gedächtnis« aus, was der Journalist Sven Stillich plastisch so beschreibt: »Ich weiß nicht, wo die Kerzen sind, aber ich weiß, dass mein Partner das weiß. Ich denke nicht an den Geburtstag, sie macht das. Wir werden zu einem Zweiwesen.«[177] Deshalb verlören Menschen bei einer Trennung buchstäblich ihren Kopf, meint Stillich: »Sie sitzen nun da mit einem Humor, der nicht der ihre ist, mit Ritualen, die kein Gegenüber mehr haben, mit Gehirnstrukturen, die sie früher nicht hatten – und die sich über Monate oder Jahre hinweg nicht neu verdrahten werden.« Tatsächlich kann man zeigen, wie sehr sich das Belohnungssystem im Gehirn auf ein liebevolles Zusammensein einstellt – und dass sich Verlassene nach den (nun ausbleibenden) Neurotransmittern sehnen wie Drogensüchtige auf Entzug nach ihrem Stoff.[178]

Wenn bei einer Trennung ein (möglicherweise jahrelang) aufgebautes gegenseitiges Regulierungs- und Stabilisierungssystem mit einem Mal zusammenbricht, fühlt man sich daher nicht nur emotional haltlos, sondern oft auch körperlich instabil. Im Extremfall kann dies gar zum *Broken-Heart Syndrom* führen, zum Krankheitsbild des gebrochenen Herzens: Die Betroffenen erleben die typischen Symptome eines klassischen Herzinfarkts – urplötzlich starke Schmerzen in der Brust, die bis in die Arme ausstrahlen, Atemnot, ein mächtig pochendes Herz, eventuell auch Blutdruckabfall – ohne dass jedoch die Herzkranzgefäße verengt oder blockiert wären. »Es handelt sich vielmehr um eine vorübergehende Herzschwäche, einen (reversiblen) Schockzustand, der sich – im Gegensatz zum Herzinfarkt – oftmals in wenigen Tagen oder Wochen spontan bessert«, erklärt der Physiologe Johann Caspar Rüegg.[179]

In seinem Buch *Die Herz-Hirn-Connection* beschreibt der Heidelberger Ordinarius, was dabei passiert: Massiver emotionaler

Stress aktiviert Hirnstrukturen des limbischen Systems und des autonomen Nervensystems. Dadurch werden Botenstoffe wie Adrenalin und Noradrenalin in verstärktem Maße freigesetzt, die wiederum die Herzmuskelzellen beeinflussen und zu einer vorübergehenden Schwächung des Herzens führen können.

In der Regel heilt so ein gebrochenes Herz im Laufe der Zeit von selbst. Gibt es allerdings entsprechende Vorerkrankungen, sind etwa die Herzkranzgefäße bereits verkalkt, kann der emotionale Stress sogar eine echte Herzattacke auslösen. Deshalb hat, wer einen geliebten Menschen verliert, in den ersten Wochen der Trauerzeit ein bis auf das Sechsfache erhöhtes Infarktrisiko.[180] Die Liebesdichter haben also doch recht: Trennungsschmerz kann einem das Herz nicht nur metaphorisch brechen.

Ein Medikament namens Zuneigung

Unser Körper ist eben keine dumpfe Biomaschine, die stets im selben Rhythmus stampft, sondern ein sensibles System, das auf alle psychischen und geistigen Einflüsse empfindlich reagiert. Das hat William Harvey, der Entdecker des Blutkreislaufs, schon 1628 erkannt: »Jede Gemütserregung, die entweder von Schmerz oder Lust, Hoffnung oder Furcht begleitet wird, ist die Ursache einer Erregung, deren Einfluss sich bis auf das Herz erstreckt.«[181] Diese Einsicht wird heute von der sogenannten *Mind-Body*-Medicine auf vielfache Weise bestätigt.

Die enge Verbindung von Geist, Gefühl und Körper zeigt sich nicht nur bei schmerzhaften Trennungen, sondern genauso im umgekehrten Fall: Kaum etwas ist der Gesundheit zuträglicher als das freudvolle Zusammensein mit anderen Menschen. Wer etwa frisch verliebt ist, fühlt sich in der Regel nicht nur emotional, sondern auch körperlich grandios. Und auf lange Sicht sind es vor allem stabile Beziehungen und enge Freundschaften, die uns guttun.

Diesen gesundheitsfördernden Effekt des Zusammenseins belegen heute zahlreiche medizinische Untersuchungen. In einer großen Meta-Analyse verglichen Forscher 148 solcher Studien und gelangten zu dem Schluss, ein Gefühl enger sozialer Verbundenheit reduziere das Sterblichkeitsrisiko durchschnittlich um 50 Prozent.[182] Damit ist der positive Einfluss der Nähe deutlich größer als jener, der durch sportliche Aktivität oder das Einhalten eines gesunden Gewichts erreicht wird und entspricht etwa jenem Gesundheitseffekt, den ein starker Raucher erzielt, wenn er seine Nikotinsucht aufgibt.

Insbesondere in schwierigen Lebenssituationen erweist sich der Rückhalt durch Partner, Angehörige oder Freunde als unschätzbar wertvoll. In einer Studie zum Beispiel wurden Männer mittleren Alters untersucht, die innerhalb eines Jahres drei oder mehr starke Stresssituationen zu bewältigen hatten (Entlassung, Scheidung, finanzielle Probleme o. ä.). Bei alleinlebenden Männern, die *keine* Unterstützung durch Familie oder Freunde hatten, verdreifachte sich danach die Todesrate! Bei denjenigen, die ihre Sorgen mit anderen teilen konnte, war dagegen kein Anstieg zu verzeichnen. Fazit der Forscher: »Männer mit adäquater emotionaler Unterstützung scheinen geschützt«.[183]

Was als »adäquate« emotionale Unterstützung erfahren wird, kann dabei natürlich individuell stark variieren.* Die

---

* Ein indischer Freund erzählte mir einmal, wie er in einem internationalen Team auf einer Bohrinsel arbeitete und ein Norweger wegen einer Verletzung ins Krankenhaus musste. »Der Arme«, dachte mein Freund, »nun liegt er da ganz alleine, fernab von seiner Familie« – für einen Inder, der Großfamilien gewöhnt ist, ein schrecklicher Gedanke. Daher besuchte er den Kranken jeden Tag – solange bis ihn der verschlossene Norweger genervt fragte, warum er denn nicht, bitte, endlich seine Ruhe haben könne!

eine muss allabendlich stundenlang mit ihrem Partner reden, dem anderen genügt es, alle paar Tage mit einem Freund zu telefonieren. Entscheidend ist aber das subjektive Gefühl: Wer sich selbst als sozial gut eingebunden erlebt, ist zum Beispiel weniger anfällig für Herz-Kreislauf-Erkrankungen, für bestimmte Krebsarten[184] oder Infektionen. Und falls man doch krank wird, hat man deutlich bessere Heilungschancen, wenn man von Partnern oder engen Freunden versorgt wird.[185]

Einsamkeit hingegen macht im wahrsten Sinne des Wortes krank. Nicht nur, dass Singles ein deutlich höheres Herzinfarktrisiko haben als Menschen in einer Beziehung.[186] Auch im Hinblick auf viele andere Faktoren wirkt sich Einsamkeit negativ aus, wie die Forschung mittlerweile zeigt: Einsame Menschen leiden in der Regel häufiger unter Depressionen, Schlafstörungen, schnellerem Gehirnabbau, Kreislaufproblemen, Störungen des Immunsystems et cetera. Kein Wunder, dass sie insgesamt früher sterben als Menschen mit sozialem Rückhalt.[187]

Angesichts solcher Resultate müsste man eigentlich Zuwendung als hocheffektives Therapeutikum verschreiben. Vielen Ärzten ist das auch durchaus bewusst; gerade bei alleinstehenden älteren Leuten ist oft die wirksamste medizinische Maßnahme nicht das verordnete Medikament, sondern das verständnisvolle Gespräch und die Anteilnahme im Sprechzimmer, die dem Ausstellen eines Rezeptes vorausgeht. Dennoch wird der heilsame Effekt von Beziehungen in unserem westlichen Medizinsystem kaum gewürdigt.

Zum Glück braucht es nicht erst einen Arzt, um einfühlsame Begegnungen zu vermitteln. Um diese Art des Heilmittels kann sich auch jedermann selbst kümmern. Doch wie schafft man tragfähige Beziehungen? Wie erzeugt man Verbundenheit?

Und welche weiteren Möglichkeiten gibt es, jenes Gefühl von »Resonanz« zu erzeugen, das wir als menschliche Wesen so dringend benötigen – vom ersten Lebenstag bis zu unserem letzten Atemzug? Um solche Fragen geht es in dem letzten, dritten Teil dieses Buches.

Vor der Verbundenheit steht allerdings die Auseinandersetzung – im täglichen Leben wie in der Wissenschaft. Denn auch Gefühlsforscher sind nicht immer einer Meinung; in einer Frage sind sie sogar so uneins, dass ein tiefer Graben durch ihre Disziplin verläuft. Und weil es dabei nicht um wissenschaftliche Spitzfindigkeiten, sondern um unser ganz grundlegendes Verständnis von Emotionen und Gefühlen geht, muss am Ende dieses Teils auch davon noch die Rede sein.

6   SIND UNSERE GEFÜHLE UNIVERSELL?

Für jedes Problem gibt es eine Lösung, die einfach,
klar und falsch ist.

Henry Louis Mencken

Für gewöhnlich beginnen Bücher über Gefühle mit der Feststellung, es gebe sechs (manchmal sieben) Universalemotionen, die überall auf der Welt gleich verstanden würden und die jeweils am Gesichtsausdruck erkannt werden könnten – was der Psychologe Paul Ekman zweifelsfrei nachgewiesen habe. Diese Überzeugung gehört mittlerweile zu den Grundpfeilern der Psychologie, die in unzähligen Lehrbüchern wiederholt wird und die heute so selbstverständlich scheint wie das Periodensystem der chemischen Elemente. Daraus wird dann unter anderem die These abgeleitet, dass sich all diese elementaren Gesichtsausdrücke eindeutig voneinander unterscheiden ließen und dass man die wahren inneren Beweggründe eines Menschen anhand seiner Mimik entschlüsseln könne – eine Ansicht, die mittlerweile sogar Eingang gefunden hat in das Training von Geheimagenten und Sicherheitspersonal.[188]

Doch so schön die These von den Universalemotionen auch klingt – vermutlich ist sie falsch. Zumindest ist sie längst nicht so eindeutig belegt, wie es den Anschein hat, und gerade in jüngster Zeit haben Forscher einige gewichtige Belege angeführt, die ihr entgegenstehen. Und weil diese Frage unser grundsätzliches Verständnis der Gefühle betrifft, lohnt es sich, darauf näher einzugehen.

Im Zentrum des Streits steht der Psychologe Paul Ekman, einer der bekanntesten Emotionsforscher der Gegenwart. Er bietet mit seiner Firma *Paul Ekman International* heute weltweit Kurse im Gesichterlesen und Emotionenerkennen an[189], gilt als Spiritus Rector eines Anti-Terror-Programms, das helfen soll, gefährliche Passagiere an Flughäfen zu erkennen[190], diente als Vorbild für die Hauptfigur der Fernsehserie *Lie to me* (Belüge mich), und hat, neben zahlreichen eigenen Büchern, auch eines mit dem Dalai Lama verfasst.[191] Auf seiner Homepage beschreibt er sich – frei von jeder falschen Bescheidenheit – als *pre-eminent psychologist,* als »herausragenden Psychologen«.[192]

Sein Ruhm gründet sich vor allem auf eine Serie von Experimenten, die er Ende der Sechzigerjahre durchführte und die bis heute als Beleg für die Universalität der Emotionen gelten: Dabei reiste Ekman bis ins südöstliche Bergland von Papua-Neuguinea, um dort das Volk der Fore zu besuchen, die noch weitgehend in der Steinzeit lebten, fast ohne jeden Kontakt mit der westlichen Zivilisation. Im Gepäck hatte Ekman zahlreiche Fotos mit unterschiedlichen Gesichtsausdrücken und die Frage: Würden die Steinzeitmenschen dieselben Emotionen erkennen wie wir? Oder würden sie aufgrund ihrer radikal anderen Kultur die Fotos ganz anders interpretieren? Anders gefragt: Ist die menschliche Wahrnehmung von Emotionen angeboren oder kulturell geprägt?

Für Ekman lautete das Ergebnis eindeutig: angeboren. Denn die Gesichtsausdrücke für Freude, Ärger, Ekel und Trauer hätten die Fore klar identifiziert. Ängstliche und überraschte Mienen hingegen konnten sie nicht unterscheiden, was Ekman heute damit erklärt, dass diese beiden Gefühle vielleicht im Leben dieser Menschen so oft miteinander verknüpft seien,

»dass sie sie kaum voneinander unterscheiden können.«[193] Doch einmal abgesehen von dieser kleinen Irritation hätten die Steinzeitler dasselbe Verständnis von Gefühlsausdrücken wie wir moderne Menschen – ein klarer Beleg dafür, dass Emotionen universell geteilt würden.

Körperkarten und Gesichtsvermessung

Ekmans Studie war der Startschuss zu einer wahren Flut ähnlicher Versuche. Hunderte von kulturübergreifenden Studien in allen möglichen Ländern wurden seither durchgeführt,[194] Tausende von Probanden mussten ähnliche Beispielfotos betrachten und ihnen entsprechende Emotionen zuordnen – und immer wieder, so heißt es, würden die universellen Gesichtsausdrücke auch universell erkannt.

Manche Forscher haben Ekmans Ansatz mittlerweile sogar schon dahingehend erweitert, dass sie nicht nur Gesichtsausdrücke, sondern die gesamtkörperliche Signatur der Emotionen zu bestimmen suchten. Finnische Forscher haben etwa bei Versuchspersonen verschiedene Emotionen ausgelöst (durch entsprechende Geschichten, Gesichter oder Filme) und sie dann gebeten, jene Körperpartien einzufärben, in denen sie »eine zunehmende oder abnehmende Aktivität spürten«. Auf diese Weise entstand eine Art Körperkarte der Emotionen (siehe Grafik S. 172).[195]

So illustrativ das Ergebnis auch aussieht, muss man doch zwei Einschränkungen machen: Erstens beruht das bunte Muster nur auf der subjektiven Selbsteinschätzung der Teilnehmer und repräsentiert keine objektiv gemessenen Parameter. Zum Zweiten haben längst nicht alle Teilnehmer dieselben Bilder gemalt; die Karte repräsentiert lediglich die Mittelwerte, die (zum Teil) großen individuellen Abweichungen fallen dabei unter den Tisch.

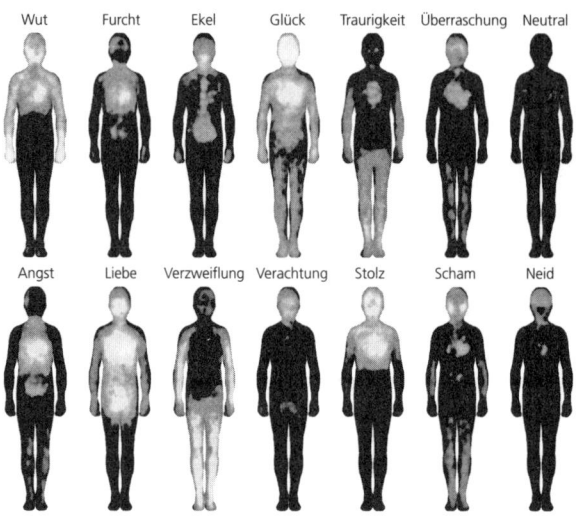

Wut　Furcht　Ekel　Glück　Traurigkeit　Überraschung　Neutral

Angst　Liebe　Verzweiflung　Verachtung　Stolz　Scham　Neid

Die Topografie zeigt, welche Körperpartien von den grundlegenden Emotionen und den »höheren Emotionen« (untere Reihe) betroffen sind. Helligkeit zeigt erhöhte Aktivität an

Ekman selbst hat sich seit seinen ersten Studien weiter minutiös der Erforschung der mimischen Expression gewidmet und nach eigenen Angaben über 10 000 verschiedene Gesichtsausdrücke entdeckt. 1978 stellte er die *Facial Action Scoring Technique* (FAST)* vor, eine Methode zur Messung von Gesichtsbewegungen, die mittlerweile auch von automatisierten Systemen benutzt wird. Dabei werden unter anderem sogenannte Mikroausdrücke analysiert, extrem rasche Gesichtsbewegungen, die weniger als eine fünftel Sekunde in Anspruch nehmen und die Ekman zufolge »zutiefst verräterisch« sind. Mit ihrer Hilfe, so seine Verheißung, könne er zum Beispiel »Gesichtsregungen identifizieren, die eine Lüge entlarven« – kein Wunder, dass er damit bei Polizisten, Richtern und Geheimdienstlern auf ebenso großes Interesse stößt wie in den Medien.

---

* Später »Facial Action Coding System«, kurz FACS, genannt.

Experimente in der Steinzeit

In der Wissenschaft schlägt ihm dagegen nicht überall Begeisterung entgegen. Viele halten seine Thesen der universellen Emotionen für weit überzogen.[196] Schließlich impliziert Ekmans Ansatz, dass Emotionen so eindeutig unterscheidbar wären wie, sagen wir, chemische Elemente – und dass man nur das richtige Untersuchungsgerät (d. h. Ekmans FAST) brauche, um die diversen »Elemente« unmissverständlich und objektiv bestimmen zu können.

Das allerdings, so halten ihm seine Kontrahenten entgegen, kollidiere schon mit unserer Alltagserfahrung, dass unsere Gefühle selten klar und eindeutig sind, sondern dass sie sich je nach Situation und Umständen mal so und mal anders anfühlen, dass sie sich vermischen und letztlich auch von jedem Menschen ganz individuell empfunden würden. Ja, nicht einmal sein ursprüngliches Experiment im Bergland von Neuguinea sei wirklich aussagekräftig, sondern beruhe letztlich auf einer falschen Interpretation.

Dieser Ansicht ist etwa die Psychologin Lisa Feldman Barrett, die das *Interdisciplinary Affective Science Laboratory* an der Northeastern University im amerikanischen Boston leitet[197] und eine der heftigsten Widersacherinnen von Ekman ist. Sie bemängelt, dass die These von der Universalität der Emotionen letztlich nur auf »einer Handvoll Studien« beruhe. Es gäbe zwar Hunderte von kulturübergreifenden Untersuchungen zu dem Thema; doch die allermeisten seien in Ländern wie Japan, Brasilien, Finnland oder Chile durchgeführt wurden, die von der westlichen Kultur, von westlichen Bildern und Filmen bereits durchdrungen waren. Einen wirklichen Test, ob unsere emotionalen Gesichtsausdrücke angeboren oder kulturell geprägt sind, könnten nur Recherchen an abgelegenen Kulturen liefern, die noch keinen Kontakt zum Westen hatten; und davon gebe es gerade einmal sechs Studien, die allesamt über vierzig Jahre alt seien und zum Teil widersprüchliche Ergebnisse lieferten. Auch Ekmans berühmte Untersuchung der Steinzeitkultur der Fore sei nicht überzeugend, kritisiert Feldman Barrett. Dem Forscher sei dabei nämlich ein grober Schnitzer unterlaufen: Indem er die Teilnehmer bat, einem emotionalen Begriff oder einer Geschichte jeweils einen bestimmten Gesichtsausdruck zuzuordnen, habe der Psychologe unbeabsichtigt seinen eigenen kulturellen Hintergrund mit ins Spiel gebracht. Denn *er* war es, der zunächst einmal definierte, welche Emotionen und Gesichtsausdrücke überhaupt zur Wahl standen; er strukturierte also das Experiment nach seinen westlichen Vorstellungen vor und ließ die Steinzeitler dann nur noch dieses vorgefertigte Koordinatensystem ausfüllen.

Um etwa seine Beispielfotos zusammenzustellen, hatte Ekman zunächst Probanden fotografieren lassen, die man gebeten hatte, eine bestimmte Emotion zu zeigen. Sodann wählte er selbst aus über 3 000 Fotos diejenigen aus, »die eine einzelne Emotion in Reinform darstellten« – schon in die Bewertung von »reinen« und »unreinen« Emotionen floß also sein eigenes Urteil ein.

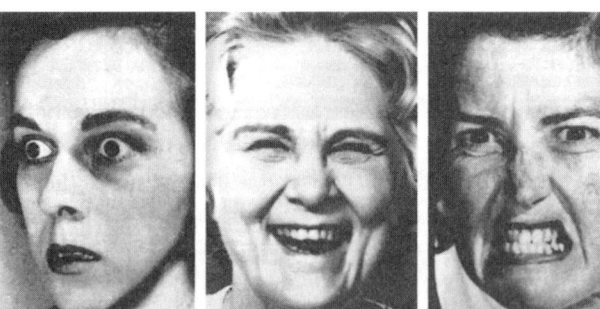

Beispielgesichter von Ekman

Später, in Neuguinea, ließ er seinen Testpersonen jeweils kleine emotionale Szenen vorlesen – zum Beispiel: »Seine Freunde sind gekommen und er freut sich darüber«, oder »ihr Kind ist gestorben« oder »er sieht etwas, das schlecht riecht« – und zeigte ihnen dazu eine Auswahl von drei unterschiedlichen Beispielgesichtern, aus denen sie jeweils das passende heraussuchen sollten.

Durch diese Art der Präsentation habe er nicht nur die Auswahl stark eingeschränkt, sondern in gewisser Weise auch das Ergebnis mit bestimmt, kritisiert Feldman Barrett. Um zu beweisen, wie falsch Ekman ihrer Ansicht nach liegt, hat die amerikanische Psychologin selbst eine Studie mit einem archaisch lebenden Volk durchgeführt, den Himba im nordwestlichen Bergland von Namibia. Auch diese sollten Beispielfotos beurteilen, die jeweils eine der sechs »Universalemotionen« zeigten, ganz ähnlich wie in Ekmans Studie – allerdings mit einem wichtigen Unterschied: Die Himba durften zum Teil selbst entscheiden, wie sie die Gesichtsausdrücke sortieren wollten.

Denn Feldman Barrett teilte ihre Probanden in zwei Gruppen. Die eine Hälfte bekam, wie bei Ekman, verschiedene emotionale Begriffe vorgelesen und sollte dazu die Bilder passend ordnen. Die andere Hälfte wurde lediglich gebeten, die Bilder in verschiedene Stapel zu sortieren und zwar so, dass jeder Stapel dieselben emotionalen Ausdrücke enthielt. *Welche* und *wie viele* Stapel sie dabei bildeten, blieb ihnen überlassen. Ergebnis: Während sich die erste Gruppe wie in Ekmans Versuch verhielt, scherten sich die Teilnehmer der zweiten Gruppe nicht groß um die vermeintlichen Universalemotionen. Manche bildeten mehr, manche weniger Stapel, und statt Begriffe wie Freude, Trauer, Angst oder Wut benutzten sie eigene, zum Teil sehr fantasievolle Kategorien wie »lachen« oder »nach etwas schauen«. Das zeigt, dass unsere übliche Einteilung keinesfalls zwingend ist und dass andere Kulturen Gesichtsausdrücke möglicherweise ganz anders interpretieren. Als Feldman Barrett diese Studie 2014 veröffentlichte, war schon der Titel eine Kampfansage an Ekman:»Erkennen von Emotionen aufgrund von Gesichtsausdrücken ist nicht universell in jeder Kultur.«[198]

Die Angsttherapie der Maori

Und so tobt der Kampf um die Frage, ob Emotionen nun angeboren oder doch kulturabhängig sind, unverändert heftig unter den Forschern. Die einen beharren auf weltweit einheitlichen Universalemotionen, die klar bestimm- und unterscheidbar seien und gewissermaßen die diskreten Elemente unseres Gefühlslebens darstellten. Die anderen halten das für eine unzulässige Simplifizierung, die der Vielfalt und Veränderlichkeit der Gefühle in keiner Weise gerecht werde, und betonen stattdessen den starken Einfluss der jeweiligen Kultur und Gesellschaft. Die Wahrheit liegt wohl, wie so oft, in der Mitte.

Einerseits gibt es durchaus basale Regungen, die bei allen Menschen (und Tieren) ähnlich ablaufen und zentral für das Überleben sind: Eine Urform der Angst, die lehrt, vor Bedrohungen zu flüchten; Wut, die in die Lage versetzt, sich und die eigenen Interessen aggressiv zu verteidigen; sowie Lust (oder Freude) angesichts von Futter oder einem Partner für die Fortpflanzung.

Diese basalen oder»primären« Emotionssysteme aktivieren dabei stets ein ganzes»Handlungspaket« von körperlichen Reaktionen: Angst etwa drückt sich dadurch aus, dass man vor Schreck die Augen aufreisst (um das Gesichtsfeld zu vergrößern), Mund und Nase öffnet (um besser atmen zu können), dass der Puls in die Höhe geht und Blut in die Muskeln gepumpt wird (um schnell davon laufen zu können) und dass sich eventuell die Haare aufrichten (ein Überbleibsel aus fernen Urzeiten, als unsere Vorvorvorfahren noch Fell trugen und durch das Aufrichten der Haare größer und furchterregender aussahen). Angesichts von etwas Ekligem hingegen rümpfen wir automatisch die Nase, kneifen die Augen zusammen und drücken die Lippen fest aufeinander – um so wenig wie möglich von dem Objekt des Ekels mitzubekommen.[199]

Andererseits sind solch deutliche Unterschiede eben nur bei einigen wenigen grundlegenden Emotionen zu erkennen, die sich direkt auf biologische Überlebensmechanismen zurückführen lassen. All die ausdifferenzierten Gefühle hingegen, die für uns Menschen so typisch sind, lassen sich sehr viel weniger klar unterscheiden. Denn sie bleiben nicht nur auf der Ebene des spontanen Erlebens, sondern werden zusätzlich beeinflusst durch gedankliche Prozesse, durch individuelle Bewertungen ebenso wie durch soziale Regeln und kulturelle Normen – was sich zum Beispiel bei Gefühlen wie Scham, Stolz oder Ehre deutlich zeigt. Im Europa des 18. Jahrhunderts etwa hatte das Ehrgefühl einen völlig anderen Stellenwert als heute; mitunter wurde es sogar höher bewertet als das Interesse an der eigenen Existenz – wenn man in einem Duell sein Leben aufs Spiel setzte, um seine Ehre zu verteidigen.

Auch das Studium fremder Kulturen macht die Bedeutung des sozialen Kontextes unmissverständlich klar. Ethnologen stoßen immer wieder auf seltsame Rituale, die aus westlicher Perspektive verstörend wirken. So beschreibt der Emotionshistoriker Jan Plamper in seinem Buch *Geschichte und Gefühl* – neben vielen anderen merkwürdigen Ritualen fremder Völker – den erstaunlichen Umgang der Maori mit Angst.

Diese Ureinwohner Neuseelands führten traditionell häufig Krieg gegen andere Stämme und gingen offenbar davon aus, dass man dabei völlig angstfrei zu sein hatte. Zeigte ein Maori-Krieger vor einer Schlacht doch einmal körperliche Anzeichen von Furcht wie etwa Zittern, »so hieß es, er sei von *atua,* einer Art Geist besessen, der durch die Verletzung von *tapu,* einem Kanon sozialer Regeln, verärgert worden sei«, berichtet Plamper. Erscheint uns schon diese Vorstellung merkwürdig, so mutet uns die »Angsttherapie« noch absurder an. Zur Befreiung von *atua* praktizierten die Maori nämlich folgendes Ritual: »Der Maori-Krieger musste zwischen den gespreizten Beinen einer stehenden Maori-Frau, die ihm vom sozialen Status her überlegen war, hindurchkriechen.« Denn den Geschlechtsorganen der Frau, besonders der Vagina, wurde »*atua*-befreiende Kraft« zugeschrieben. Kroch der Krieger ohne Zittern zwischen den Beinen der Frau hervor, so ging er *atua*-befreit, also furchtlos, in den Kampf. Zitterte er allerdings immer noch, galt die rituelle Reinigung als fehlgeschlagen, und der Krieger durfte ungestraft zu Hause bleiben.[200]

Solche ethnologischen Berichte belegen, wie sehr Gefühle nicht nur durch individuelle Überlegungen geprägt sind, sondern stets auch durch ihren kulturellen Rahmen und die soziale Bedeutung, die ihnen zugeschrieben wird. Bizarr erscheint dieses Verständnis jeweils nur von außen betrachtet; sobald man selbst Teil einer Gemeinschaft wird und deren Normen und Rituale übernimmt, gewöhnt man sich daran und hält diesen Umgang alsbald für selbstverständlich.

Lauter Definitionsfragen

Bereits auf der sprachlichen Ebene wird diese Kulturabhängigkeit der Gefühlswelt deutlich. Denn unser Verständnis von Emotionen und Gefühlen hängt immer auch davon ab, *wie* wir darüber reden. Einen Beleg dafür liefert ausgerechnet Paul Ekmans Buch *Emotions revealed,* das in zahlreiche Sprachen übersetzt wurde. In der deutschen Fassung – *Gefühle lesen* – findet sich eingangs eine lange Anmerkung des Übersetzers, der um Verständnis dafür wirbt, dass »die in unterschiedlichen Sprachen üblichen Bezeichnungen für verschiedenartige Emotionen oftmals nicht 1:1 übertragbar« seien. Denn einzelne Begriffe würden »sich zum Teil in ihren Bedeutungen überlappen oder je nach Sprach- oder Kulturraum jeweils andere Assoziationen wecken.«[201] So ließe sich etwa das englische *anger* »sowohl als Ärger wie auch als Zorn oder Wut übersetzen« – was aber im Deutschen durchaus unterschiedliche Gefühle bezeichnet. Auch die »allgemein für Freude- oder Glücksgefühle stehenden englischen Bezeichnungen *joy, enjoyment* und *happiness*« ließen sich »in der deutschen Übersetzung nicht immer eindeutig differenzieren.« So liefert gerade Paul Ekman, der doch von der Universalität der Emotionen überzeugt ist, unfreiwillig ein gewichtiges Argument für den starken Einfluss von Sprache, Kultur und Gesellschaft auf unser Gefühlsleben.

Auch im modernen Geschäftsleben zeigt sich diese Kulturabhängigkeit von Emotionen. So kommt es in global operierenden Firmen immer wieder zu Problemen, weil Emotionen in verschiedenen Kulturkreisen so unterschiedlich interpretiert werden. In einem Unternehmen in den USA ist etwa das Zurschaustellen von Enthusiasmus und Begeisterung ausdrücklich erwünscht; in Japan oder China hingegen ist das eher verpönt und kann sogar als Affront gewertet werden.[202]

In der Wissenschaft hat es sich daher eingebürgert, strikt zwischen biologisch geprägten Affekten und kulturell beeinflussten Emotionen oder Gefühlen zu unterscheiden. Zwar ist die Fachwelt in der Frage der Definition, wie in so vielen Punkten, nicht immer einer Meinung: Die einen verknüpfen Gefühle mit autobiografischen Erfahrungen und Emotionen nicht, andere sehen es genau umgekehrt. Am gängigsten sind aber folgende Definitionen:

Ein Affekt ist eine (unbewusste) Reaktion des Körpers auf ein äußeres Ereignis, die weitgehend automatisiert und unreflektiert abläuft und nur kurze Zeit dauert; der Affekt wird nicht versprachlicht und unterliegt keiner Bewertung.

Von Emotionen hingegen sprechen wir, wenn ein emotionales Ereignis mit einer bewussten Einordnung und Bewertung verknüpft wird. Dabei gibt es sehr basale (primäre) Emotionen und solche, die stärker kognitiv geprägt sind, bei denen also der autobiografische und soziale Zusammenhang eine wichtige Rolle spielt. Diese »höheren« Emotionen bezeichnen manche Forscher als Gefühle.

Einen lang andauernden Gefühlszustand, der Stunden oder gar Tage währen kann, nennt man wiederum eine Stimmung. Diese beeinflusst in der Regel unsere geistigen Prozesse wie unsere Wahrnehmung – weshalb dem Verliebten plötzlich alle Welt zuzulächeln scheint, während der Depressive überall nur mürrische Gesichter und weitere Gründe für seine Depression sieht.

Wer etwa beim Überqueren einer Straße ein Auto auf sich zurasen sieht und plötzlich Herzflattern und Adrenalinschübe bekommt, erfährt demnach als Erstes eine rein affekthafte Angst. Die unbewusst ablaufenden chemisch-biologischen Reaktionen in dieser Situation dienen der puren Lebenserhaltung des Organismus. Zugleich registriert jedoch das Gehirn sehr genau diese körperlichen Vorgänge. Das heißt, es entsteht ein neuronales Muster dieser Angst, und wir werden uns der Veränderungen im Körper mental bewusst – es entsteht eine Emotion. Dieses wiederum wirkt auf den Körper und unser Verhalten zurück und gewinnt dadurch erst ihre volle Gestalt (Gefühl). Dabei kann es sein, dass sich die ursprüngliche Angst noch verstärkt; möglicherweise schwächt sie sich auch ab (weil uns klar wird, dass wir noch rechtzeitig die andere Straßenseite erreichen); außerdem kann die Bewusstwerdung noch weitere Gefühle entstehen lassen (Wut auf den Autofahrer, Scham über die eigene Unaufmerksamkeit, Sorge um mögliche Folgen ...).

Affekte führen also in der Regel zu körperlichen Reaktionen, die zwar nach außen hin sichtbar sind, von uns aber nicht bewusst kontrolliert werden (wir springen angesichts des Autos automatisch zur Seite). Gefühle hingegen sind eher nach innen gewandt und nur uns selbst vollständig bekannt (so können wir nach außen den coolen Helden spielen, selbst wenn wir innerlich vor Angst zittern). Natürlich wäre in diesem Sinne auch die Liebe ein Gefühl und kein Affekt – sie hängt von unserer Bewertung ab und ist nur uns selbst vollständig bekannt.

Von Emotion zu »Cogmotion«

Auch wenn diese Art der Definition nun das wissenschaftliche Ordnungsbedürfnis befriedigen mag, muss man ehrlicherweise eingestehen, dass diese Aufspaltung und Unterscheidung der Begriffe nicht unbedingt der Lebendigkeit unseres Alltags entspricht. Denn im realen Leben lassen sich die einzelnen Affekte, Emotionen und Gefühle nicht immer so haarscharf voneinander trennen, sondern gehen oft ineinander über, vermischen sich und beeinflussen und verändern sich gegenseitig. Man erinnere sich an Robert Musils Vergleich des

Gefühlslebens mit dem Wachsen und Werden eines Waldes: Was anfangs als eindeutiges Gefühl (quasi einem Wald mit nur einer Sorte Bäumen) beginnt, kann sich nach und nach zu einem recht komplexen Gefühlsmix (Mischwald) entwickeln – und umgekehrt. Denn die Eigenart der Gefühle ändert sich, wie Musil erkannte, »mit allem, was in sie hineinspielt«. Und die Kulturwissenschaftlerin Monique Scheer meint gar: »Wie die Schneeflocke ist jede Emotion einzigartig und wird erst in eine Kategorie eingepasst – wird typisiert – durch den Akt des Benennens«.[203]

Am Ende lässt sich der Streit der Emotionsforscher salomonisch so auflösen: Einerseits sind wir biologische Wesen, die viele grundsätzliche Impulse mit anderen Tieren teilen; andererseits sind wir aber auch Kulturwesen, die massiv geprägt sind von unserem jeweiligen sozialen Umfeld. Denn der biologischen Evolution, die in früheren Jahrmillionen für die Entwicklung der Arten ausschlaggebend war, folgt nun schon seit Jahrtausenden eine nicht minder einflussreiche kulturelle Evolution. Selbst Paul Ekman räumt mittlerweile ein: »Nicht alles, was unsere Emotionen auslöst, ist angeboren – nein, vieles, sogar das meiste, ist erlernt und baut auf einer Basis auf, einer Basis, die die Menschen vererbt bekommen.«[204]

Und weil dieses »Erlernen« von emotionalen Reaktionen stets von unserem kulturellen und sozialen Umfeld abhängt, lässt sich unser komplexes modernes Gefühlsleben auch nicht einfach aus »Elementaremotionen« wie Angst, Wut, Freude oder Ekel zusammensetzen. Anhand welcher Elemente würde man etwa Stolz oder Demut erklären? Aus welchen Bausteinen bestünde die merkwürdige Empfindung des Überdrusses, über den der portugiesische Dichter Fernando Pessoa einst schrieb, diesen habe noch niemand »in einer für jene, die ihn nicht kennen, verständlichen Sprache beschrieben«? Für die einen sei der Überdruss »nichts anderes als Langeweile, für die anderen schlichtes Unbehagen und wieder andere betrachten ihn als ein Müdesein«, notierte Pessoa. »Doch auch wenn Überdruss mit Ermüdung, Unbehagen und Langeweile zu tun hat, hat er mit ihnen nur so viel zu tun wie Wasser mit Wasser- und Sauerstoff, aus denen es sich zusammensetzt. Es schließt sie ein und bleibt doch es selbst.«[205]

So sind all die gefühlsmäßigen Regungen, die wir verspüren, nicht allein durch äußere Umstände erklärbar, sondern verweisen immer auch auf eine komplizierte innere Entstehungsgeschichte. Und darin sind alle möglichen Erwägungen eingeflossen – ist das normal oder verrückt, erlaubt oder verboten, hilfreich oder schädlich …? Je nachdem, wie wir (oder unser Umfeld) eine bestimmte Situation bewerten, kann ein Gefühl sich verstärken, sich abschwächen oder im Nu umschlagen. Diesen Effekt erklärt der Gefühlsforscher Aaron Ben-Ze'ev am Beispiel einer Frau, die nackt für einen Maler Modell steht und plötzlich merkt, dass der Künstler sie nicht nur unter künstlerischen, sondern auch unter erotischen Gesichtspunkten betrachtet. Obwohl die Situation rein äußerlich dieselbe geblieben ist, verspürt die Frau vermutlich unwillkürlich ein Gefühl der Scham. Das zeige wie »Emotionen ohne erkennbaren Unterschied der »objektiven« Umstände erzeugt« werden könnten, erklärt Ben-Ze'ev: die Scham entstehe alleine dadurch, dass sich »die subjektive Bewertung der subjektiven Haltung des anderen« ändere.[206]

Gefühle, so kann man abschließend sagen, sind daher immer auch ein »bewusstes Konstrukt« und werden von rationalen Erwägungen mit gesteuert. Deshalb gehen heute manche Forscher sogar so weit, die althergebrachte Unterscheidung von Denken und Fühlen generell infrage zu stellen.

Zwar würde man in der westlichen Tradition seit 2500 Jahren Begriffe wie Gefühl, Bewusstsein oder Intelligenz verwenden, sagt etwa der Hirnforscher Ernst Pöppel,»aber diese Begriffe verschleiern, dass es diese Funktionen unabhängig voneinander überhaupt nicht gibt. Es gibt kein Gefühl an sich, keine Wahrnehmung an sich, keine Erinnerung an sich, das ergibt sich aus der Anatomie des Gehirns: Es ist unglaublich eng vernetzt. Jedes Gefühl ist auch Wahrnehmung und Erinnerung, jeder rationale Prozess ist eingebettet in emotionale Bewertung.«[207]

Ähnlich sieht es der amerikanische Hirnforscher Richard Davidson: Eine der »sieben Sünden der Emotionsforschung« ist ihm zufolge die Ansicht, Denken und Fühlen ließen sich auf unabhängige neuronale Mechanismen in unserem Gehirn zurückführen.[208] Und die Psychologin Lisa Feldman Barrett erklärt rundheraus:»Kognition und Emotion werden immer noch als unterschiedliche Prozesse in Geist und Gehirn angesehen, doch es mehren sich die Belege dafür, dass das Gehirn diese Unterscheidung nicht respektiert. Das bedeutet, dass jede psychologische Theorie, in der Gefühle und Gedanken sich gegenüber stehen oder in der kognitive Prozesse die Emotionen regulieren, falsch ist.«[209]

Manche Psychologen haben daher bereits den Begriff *cogmotion* vorgeschlagen, um die enge Verbindung von Kognition und Emotion zu betonen[210] − ein reizvoller Vorschlag, der mit einem Schlag den alten Gegensatz zwischen Kultur und Biologie auflösen würde und damit auch den Streit um Ekmans »Universalemotionen« überflüssig machen würde.

Wie allerdings die Geschichte der Emotionsforschung lehrt, ist eine schnelle Einigung auch in diesem Fall kaum zu erwarten: Schließlich wird die Wissenschaft, wie alle menschlichen Unternehmungen, nicht nur von rationalen Erwägungen, sondern mindestens ebenso sehr von Stolz, Eitelkeiten und persönlichem Geltungsbedürfnis angetrieben. Und diese Emotionen sorgen garantiert dafür, dass sich die Forscher noch lange um die richtigen Begriffe streiten werden.

Liebe, Arbeit, Mitgefühl

Hier geht es um die emotionalen Fallen des modernen Arbeits- und Liebeslebens und darum, wie man sie meidet. Darin ist, unter anderem, die Rede von der Erfindung der Sexyness, vom erstaunlichen Wandel unseres Arbeitsverständnisses und von der Erfahrung der Resonanz. Auch wird berichtet von den zwei Arten des Mitgefühls, die uns entweder belasten oder stärken. Und für Romantiker wird ein modernes Liebesmärchen erzählt, das dort beginnt, wo andere Märchen enden: mit dem Happy End.

7 DAS DREHBUCH UNSERER LIEBE

Es kommt nicht auf die Männer in meinem Leben an,
sondern auf das Leben in meinen Männern.

Mae West

Aus Sicht der Braut war alles bereit für den schönsten Tag ihres Lebens. Sie hatte den Hochzeitsablauf genau durchdacht, sämtliche organisatorischen Details geregelt, ihre Freunde instruiert und das eigene Herz auf Hochstimmung programmiert.

»Unglücklicherweise übten wir die Zeremonie noch einmal am Morgen des Hochzeitstages um acht Uhr«, erzählt die junge Frau. »Ich war davon ausgegangen, dass jeder wusste, was er zu tun hatte. Das war aber nicht der Fall.« Nichts lief zusammen. Weder half jemand der Braut beim Ankleiden, noch wurden ihr – morgens um acht – die erhofften Komplimente gemacht. Stattdessen verbreitete sich Nervosität. Sie als Hauptperson fühlte sich zunehmend niedergeschlagen. Dabei hatte sie sich eigentlich auf ganz andere Gefühle eingestellt.

»Ich wollte doch an unserem Hochzeitstag so glücklich sein«, sagt sie, denn jeder wisse, dass dies der »glücklichste Tag im Leben eines Menschen« sei. Sie habe sich »nicht einmal im Traum vorstellen können, wie jemand bei seiner eigenen Hochzeit weinen könnte.« Doch genauso kam es. Auf dem Weg zur Kirche musste die aufgeregte Braut ständig an die vielen Kleinigkeiten denken, die bei der Feier schiefgehen könnten, und spürte, wie sie sich immer mehr verkrampfte. Schließlich wurde der Druck zu groß: »Ich brach zusammen und heulte.« Am Ende blieb ihr die Hochzeit vor allem als »Chaos« in Erinnerung, als »unwirkliche« Veranstaltung, die »vollkommen anders ablief, als ich sie mir vorgestellt hatte.«

Wer kennt solche Szenen nicht? Man malt sich eine Situation aus, stellt sich die dazugehörigen Gefühle vor – und muss dann entsetzt erleben, dass sich die Realität einfach nicht an unser Drehbuch hält. Die enttäuschte Braut, die der Soziologin Arlie Hochschild so freimütig ihr Unglück schilderte,[211] ist beileibe kein Einzelfall. Wie viele Hochzeiten können dem immensen Glücks-anspruch nicht standhalten? Wie oft sind Brautpaare den Tränen nahe und verzweifeln an der Diskrepanz zwischen den allseitigen Erwartungen und ihren tatsächlichen Gefühlen der Nervosität, Angst und Überforderung?

Es gibt zwar keine Statistik zur Häufigkeit missglückter Hochzeiten. Doch schon eine kleine Umfrage im Bekanntenkreis fördert genügend Material zutage, das zeigt, wie leicht sich der angeblich schönste Tag im Leben in den schrecklichsten verkehren kann. Bei der einen Hochzeitsfeier zerstreiten sich die alten Schulfreunde so über den Text ihres selbst gedichteten Hochzeitslieds, dass das geplante Ständchen (und die Freundschaft) in einer allgemeinen Schlägerei endet; bei der anderen erweist sich das aufwändige, teure Essen als Reinfall; bei der dritten stellen die Verwandten von Braut und Bräutigam nicht nur fest, dass sie sich nichts zu sagen haben, sondern dass sie sich geradezu gegenseitig hassen. Und bei der vierten flüstert die weiß verschleierte Braut ihrem künftigen Gatten noch auf den Stufen der Kirchentreppe ins Ohr, dass sie schwanger sei – nur leider von einem anderen.

Zugegeben: Diese letzte (wahre!) Geschichte ist ein extremes Beispiel. (Ebenso extrem übrigens wie die Tatsache, dass der arme, betrogene Bräutigam aus lauter Schamgefühl Ja und

Amen sagte). Doch auch bei weniger delikaten Eheschließungen geht häufig vieles schief, und bei den wenigsten passt jenes Klischee vom perfekten Hochzeitsglück, das wir aus Märchen kennen und das von Filmen und Werbespots tausendfach reproduziert wird.

Die Norm der Gefühle

Denn es geht ja bei diesem Klischee nicht allein um die perfekten Umstände der Hochzeit – das atemberaubend schöne Brautkleid, die ausgefallen-stilvolle Location, das exquisite Essen, die mitreißende Musik – die sich mit einigem Aufwand und unter Einsatz professioneller *wedding planner* zumindest theoretisch herstellen lassen. Nein, das Hochzeitsideal erstreckt sich auch auf die »passenden« Gefühle, die selbstverständlich alle am oberen Anschlag der kollektiven Glücksskala zu rangieren haben. An diesem schönsten aller Tage, so will es der moderne Mythos, hat man innerlich zu jubilieren und vor Freude regelrecht überzuschäumen. Wer sich nicht so fühlt, sondern vielleicht gestresst, besorgt oder gar entnervt ist, bekommt leicht den Eindruck, etwas falsch zu machen.

Die Soziologin Arlie Hochschild hat dazu schon vor Jahren den Begriff der »Gefühlsnorm« geprägt: In jeder Kultur gibt es allgemein akzeptierte Vorstellungen vom »richtigen« oder angemessenen Gefühlsverhalten, denen wir unbewusst zu entsprechen suchen. »Der Partybesucher bemüht sich nach Kräften um die dem Gastgeber geschuldete Fröhlichkeit, wie der Trauergast um angemessene Gefühle der Trauer beim Begräbnis«, schreibt Hochschild. »Jeder präsentiert seine Gefühle als situationsangemessenen Beitrag zum Gelingen des gemeinsamen Ziels.«[212]

Dabei geht es nicht nur um passende Worte und einen angemessenen Gesichtsausdruck, sondern auch um ein möglichst authentisches Fühlen. Denn Menschen haben in der Regel ein sehr feines Gespür für die Echtheit von Gefühlen. Eine Braut etwa, die mit falschem Lächeln und erzwungener Freude versichert, wie glücklich sie sei, käme bei den Festgästen ebenso schlecht an wie ein Trauergast, dem man seine klammheimliche Befriedigung über das Ableben des Verstorbenen anmerkt.

Das angemessene *Fühlen* ist allerdings ungleich schwieriger als die Auswahl des passenden Anzugs oder das Üben von Beileidsfloskeln. Denn Gefühle führen nun mal ein Eigenleben, sie sind widerborstig und entziehen sich unserem bewussten Zugriff. Je mehr wir sie zu erzwingen versuchen, desto unberechenbarer reagieren sie – wie störrische Kinder, die stets das Gegenteil dessen tun, was von ihnen erwartet wird. Oft genug bringen sie sogar verborgene Wahrheiten zum Ausdruck, die wir gar zu gern unter dem Deckel gehalten hätten. Und so gibt es Leute, die seit Jahren nur deshalb vor einer Hochzeit zurückschrecken, weil sie insgeheim befürchten, dass ihre Gefühle nicht so mitspielen, wie es allseits erwartet wird.

Die stumme Sprache

Zur unterschwelligen Wirkung dieser Gefühlsnormen gehört, dass sie kaum jemals offen ausgesprochen werden. Niemand wird einer Braut die Vorschrift machen, sie habe sich gefälligst zu freuen, genauso wenig wie man die Gäste einer Trauerfeier offiziell um Trauer bittet. Alle wissen: *Das versteht sich doch von selbst.* Dabei ist dieses Wissen um das »Selbstverständliche« häufig gar nicht selbstverständlich, sondern Ausdruck einer gesellschaftlichen Übereinkunft, die sich über Jahrhunderte in Form von Traditionen und Erwartungen verfestigt hat, die aber von Kultur zu Kultur durchaus variieren kann.

Längst nicht überall wird etwa von Bräuten erwartet, dass sie ihr Glück expressiv zur Schau stellen; im Gegenteil, in Indien etwa gilt es als sittsam, dass sich das junge Mädchen zurückhält, den Blick scheu nach unten richtet und ihrem Mann nicht einmal in die Augen schaut. Auch das »angemessene« Verhalten bei einem Begräbnis variiert von Kultur zu Kultur. Mancherorts ist es normal, den Tod mit lautem Wehklagen zu betrauern, andernorts ziemt sich eher eine ruhige, ernsthafte Betroffenheit.

Was die »richtigen« und angemessenen Gefühle in einer bestimmten Situation sind, wird uns schon im Kindesalter auf vielfältige Weise vermittelt – durch Erziehung, das Vorbild unserer Eltern oder durch Märchen, Bücher und Filme –, sodass wir diese Normen allmählich für ganz natürlich halten und kaum je hinterfragen. Kulturelle Gewohnheiten gleichen daher einer »stummen Sprache«,[213] die zwar nicht lautstark artikuliert, aber dennoch von allen verstanden und respektiert wird. Und genau das macht ihre Macht aus.

Tränen zum Beispiel gelten unserer Norm zufolge als ehrlicher Ausdruck von Trauer und Verzweiflung. In bestimmten Situationen *nicht* zu weinen, erscheint dagegen leicht als Ausweis mangelnder Betroffenheit, was die Umgebung meist mit subtilen aber unmissverständlichen Hinweisen kommentiert. »Als ich erfuhr, dass mein Vater gestorben war, stellte ich fest, dass ich über diesen Verlust nicht weinen konnte«, berichtet etwa eine Frau in Arlie Hochschilds Buch. »Natürlich erwartete das jeder von mir und Bemerkungen wie ›es ist schon in Ordnung, wenn die Tränen kommen‹, brachten mich allein wegen ihres Aufforderungscharakters zum Heulen.«[214]

Doch gerade in solchen Situationen, in denen alle Welt eine »passende« Trauerreaktion erwartet, bleibt diese oft aus. »Der Schmerz über den Tod meiner Familie wollte sich leider gar nicht an gewohnte Vorstellungen und Erwartungen halten«, berichtet auch Barbara Pachl-Eberhardt nach dem Unfall ihres Mannes und ihrer zwei Kinder. So seien ihr zum Beispiel vor anderen Menschen einfach keine Tränen gekommen, was ihre Freunde tief verunsicherte. »Sie wollten wissen, wie es mir geht und bekamen keine Antwort. Sie sehnten sich nach meinen Tränen und wurden ihre Taschentücher nicht los.«[215] Dafür aber kam der Schmerz dann zu Besuch, wenn Pachl-Eberhardt alleine war, wenn sie Zeit hatte, sich ihrem Gefühlsleben zu widmen und es sich erlaubte, innerlich loszulassen.

Unser persönliches Liebesskript

Nun ist die Existenz solcher Gefühlsnormen unvermeidlich, wenn Menschen in Gesellschaften zusammenleben. Denn jede Art von Kommunikation ist auf Normen angewiesen. Problematisch allerdings wird es, wenn wir uns ihres Vorhandenseins nicht bewusst sind und es zum Konflikt zwischen inneren und äußeren Vorstellungen kommt. Dann erleben wir uns als emotional zerrissen und leiden darunter, dass Anspruch und Realität unseres Gefühlslebens massiv auseinander klaffen.

Nirgendwo wird das deutlicher als in der Liebe, die als Herzens- oder Himmelsmacht hochgehalten wird und von Klischees, Vorstellungen und Idealen nur so umstellt ist. Wir alle stehen unter dem Einfluss jener Bilder und Geschichten, die unser kollektives Gedächtnis dazu gesammelt hat: Romeo und Julia, Aschenputtel und der Märchenprinz, Humphrey Bogart und Ingrid Bergman in *Casablanca* ...

Glaubt man dem Psychologen Robert Sternberg, dann folgen wir sogar regelrechten Liebes-»Drehbüchern«. Nachdem er Hunderte von Paaren befragt hatte, kam Sternberg zu dem Schluss, dass sich die jeweiligen Liebesvorstellungen in typische Genres einordnen ließen: Die einen verstünden die Liebe als Märchen, in der ein edler Prinz auf eine edle Prinzessin trifft; andere begriffen die Liebe eher als Geschäftsbeziehung, in der Aufwand und Ertrag verrechnet würden; wieder andere versuchten das Paarleben als Theaterstück, als romantische Schnulze oder als ästhetisches Gesamtkunstwerk zu gestalten. Denn aus all den Geschichten, Filmen und Büchern, die wir hören, sehen und lesen, destillieren wir Sternberg zufolge im Laufe der Zeit unser eigenes Liebesskript, das wir dann möglichst perfekt umzusetzen versuchen. Und je besser die jeweiligen »Drehbücher« zweier Partner zusammen passten, umso größer seien die Chancen auf eine dauerhafte Beziehung.

Der Soziologe und Journalist Christian Schuldt geht gar soweit, den Massenmedien einen »regelrechten Bildungsauftrag« in Sachen Liebe zuzuschreiben. Ebenso wie die Medien über die aktuelle Nachrichtenlage informieren, würden sie uns auch »die aktuelle Liebeslage vor Augen« führen und »Standards schaffen, an denen sich Liebende orientieren können – und müssen«.[216] Serien wie *Sex and the City* oder *The Bachelor* sowie die Talk- und Kuppelshows, in denen heute alle Facetten des Liebeslebens bis zum letzten Schamhaar (das in der Regel nicht mehr vorhanden ist) diskutiert werden, vermitteln jene Normen und Vorbilder, an denen sich viele Menschen in Bett und Beziehung orientieren.

Dabei ist das Thema »Liebe« in der Realität viel facettenreicher, als es die mediale Zurichtung glauben macht. Unter dem Stichwort Liebe versammeln sich schließlich alle möglichen Gefühlsregungen: vom schwärmerischen Verliebtsein bis zum platonischen Gleichklang, von der rasenden Leidenschaft bis zum ruhigen Glück eines alten Paares – gar nicht zu reden von all den Zwischenstufen, die das Leben mit sich bringt, von der mit Zweifeln durchsetzten Leidenschaft, dem unglücklichen Verliebtsein oder der Langeweile in der Vertrautheit.

Angesichts dieser vielgestaltigen Realität erleiden wir mit unseren ambitionierten Liebesdrehbüchern häufig Schiffbruch. Spätestens wenn sich der Alltag einstellt und wir den Spagat zwischen heißer Erotik und gleichberechtigtem Putzplan proben, tritt an die Stelle eines großen Liebesideals häufig Enttäuschung, Frust und Streit. Am Ende steht dann das Gefühl, einfach nicht den »richtigen Partner« gefunden zu haben und sich nach einem anderen, passenderen umsehen zu müssen – mit dem dieselbe Achterbahnfahrt von aufregender Verliebtheit, idealisierter Erwartung, desillusionierendem Alltag und allmählichem Auseinanderleben von vorne beginnt.

Dabei könnte man doch denken, wir seien in Liebesdingen so aufgeklärt und frei wie nie zuvor. Wir haben das verzopfte Rollenverständnis unserer Großeltern hinter uns gelassen, bemühen uns um Verständnis und Gleichberechtigung in der Partnerschaft, genießen die Errungenschaften von sexueller Revolution oder Speeddating und lassen uns von Singlebörsen im Internet bei der Partnersuche helfen. Warum gibt es dennoch häufig mehr Frust als Lust, warum erleben so viele Menschen eine Enttäuschung nach der anderen in der Liebe?

Die Pyramide der Bedürfnisse

Eine mögliche Antwort liefert die berühmte »Bedürfnispyramide«, die auf den Psychologen Abraham Maslow zurückgeht.[*] Ihr zufolge gibt es verschiedene Hierarchiestufen menschlicher Bedürfnisse, und in der Regel tendieren wir dazu, immer weiter an die Spitze zu gelangen.

Die Pyramide der Bedürfnisse

So geht es zunächst erst einmal darum, die biologischen Grundbedürfnisse (wie Essen, Trinken, Schlafen) zu sichern, sowie für eine gewisse materielle Stabilität zu sorgen (Dach über dem

---

[*] Tatsächlich stammt von Maslow zwar die zugrunde liegende Theorie, die simple Darstellung in Form einer Pyramide lieferten aber später andere.

Kopf, Einkommen). Ist das gewährleistet, tritt der Wunsch nach Zugehörigkeit, nach Liebe und Freundschaft in den Vordergrund. Ist auch dieser erfüllt, beginnt man nach Anerkennung und Status zu streben, definiert sich über gesellschaftlichen Erfolg und materielle Unabhängigkeit. Kaum sind diese Ziele erreicht, treten neue an deren Stelle: persönliche Selbstverwirklichung, Glück und »Erfüllung« – sei es im Beruf, im Hobby oder in der Partnerschaft.[*]

Das ist zwar nur ein grobes Modell, und die einzelnen Stufen sind nicht streng getrennt, sondern gehen dynamisch ineinander über. (Manche Menschen überspringen auch eine Stufe, indem sie zum Beispiel auf gesellschaftliche Anerkennung pfeifen und sich gleich der Selbstverwirklichung widmen.) Dennoch lässt sich mithilfe dieses Schemas nicht nur die persönliche Entwicklung, sondern auch der historische Verlauf unserer Vorstellungen von Ehe und Partnerschaft gut beschreiben.

Denn bis weit ins Mittelalter hinein ging es bei der Partnerwahl vorwiegend um die Sicherstellung grundlegender Bedürfnisse. Existenzerhalt und die Wahrung der Generationenabfolge standen jahrhundertelang bei Heirat und Ehe im Vordergrund. Für einen mittelalterlichen Bauern etwa lag das »Liebesglück« im Wesentlichen darin, eine Frau zu heiraten, mit der er arbeiten konnte, die ihm gesunde Kinder gebar und ihn durch ihre Mitgift vor Schulden bewahrte. Nach dem individuellen Zusammenpassen (oder Nicht-Zusammenpassen) der künftigen Eheleute wurde wenig gefragt. »Unsere Vorfahren wären nie auf den absurden Gedanken gekommen, etwas so Wichtiges wie Ehe und Familie auf etwas so Unzuverlässiges

---

[*] Kurz vor seinem Tod 1970 hat Maslow diese Pyramide noch um eine Stufe erweitert: Ganz oben steht nun die Transzendenz, die Erfahrung einer (religiösen) Dimension, die das individuelle Selbst überschreitet.

wie das Gefühl persönlicher Zuneigung und Liebe zu gründen«, erklärt der amerikanische Historiker John R. Gillis.[217]

Erst mit dem Aufkommen der bürgerlichen Familie Ende des 18. Jahrhunderts wurde aus der Arbeits- eine Gefühlsgemeinschaft. Die Ehe transfomierte sich allmählich in eine Institution, in der es nicht nur um Existenzsicherung, sondern auch um die Befriedigung sozialer Bedürfnisse wie Liebe, Fürsorge und Freundschaft ging. Heute wiederum ist das den meisten Paaren zu wenig. Dank wachsendem Wohlstand und Gleichberechtigung brauchen viele keinen Partner mehr, um materielle Sicherheit oder gesellschaftliches Ansehen zu erlangen; stattdessen ist nun die »erfüllende« Partnerschaft gefragt. Von der Ehe erwarteten heutzutage die meisten, »dass sie ihnen hilft, sich ›selbst zu finden‹ und ihre Karriere oder andere Aktivitäten zu verfolgen, die ihr wahres Selbst ausdrücken«, diagnostiziert der US-Psychologe Eli Finkel, der die typischen amerikanischen Ehevorstellungen untersucht hat.[218]

Um den modernen Ansprüchen zu genügen, müsse man allerdings »viel Zeit und psychologisches Feingefühl in die Ehe investieren, nicht zu reden von Beziehungs- und Kommunikationsgeschick«, sagt Finkel. Wenn das gelinge, dann könnten Ehen sehr glücklich werden, glücklicher sogar als frühere Ehen jemals waren. Aber viele Beziehungen scheiterten, weil die Partner nicht bereit (oder in der Lage) seien, genügend Zeit und Engagement dafür aufzubringen. Oft versuchten die Ehepartner, so zieht Finkel einen Vergleich zum Alpinismus, »den Maslow'schen Gipfel ohne genügend Sauerstoff zu erklimmen«.[219] Kein Wunder, dass das häufig schiefgehe.

Für gewöhnlich gelten dann dergleichen Probleme als Fall für die Psychologie, die sich mit den seelischen Nöten und Schwächen des Einzelnen beschäftigt. Aus diesem Blickwinkel wäre

das Scheitern an der Liebe dann beim einen auf eine unglückliche Kindheit zurückzuführen, bei der anderen auf ein gestör-
tes Verhältnis zu Vater oder Mutter und beim Dritten vielleicht
auf ein traumatisierendes Erlebnis in der Pubertät. In jedem
Fall erscheint die mangelnde Liebesfähigkeit als *individuelles*
Problem, das durch entsprechende Beratung oder Therapie zu
lösen ist.

Diese Art von psychologischer Liebeskunde füllt heute
zahllose Frauenzeitschriften, Illustrierte und Bücher. Überall
bekommt man Tipps und Hinweise, wie man seine Liebesblo-
ckade überwindet, die oder den Richtige(n) fürs Leben findet
und für immer verliebt bleibt. Allerdings hat man nicht den
Eindruck, dass die Probleme mit der Liebe dadurch kleiner
würden; im Gegenteil, die Ratgeberflut erzeugt eher denselben
Effekt wie die populärpsychologische Glückspropaganda: Wer
es trotz all der Tipps und Strategien nicht schafft, die große
Liebe zu leben, fühlt sich leicht doppelt als Versager.

Man kann allerdings auch die Perspektive wechseln und unser Leiden an der Liebe einmal nicht von der individuellen Warte
aus, sondern im sozialen Zusammenhang betrachten. Dann
zeigt sich nämlich: Was das moderne Beziehungsleben so mühsam macht, sind nicht allein unsere psychologischen Verkorks-
theiten, sondern auch die sozialen Umstände und gesellschaftlichen Erwartungen an die Liebe in Zeiten des real existierenden
Kapitalismus.

Tradition und Drama

»Wen wir lieben, wie oft wir lieben, ob wir heiraten, ob wir uns trennen, all das ist nicht nur individuell, sondern stark von der Gesellschaft geprägt«, stellt die Soziologin Elisabeth Beck-Gernsheim fest.[220] Der englische Prinz William und die bürgerliche Kate Middleton wären zum Beispiel noch vor hundert Jahren *kein* Paar geworden. Erst heute haben sich die Standesunterschiede so weit verwischt, dass eine solche Liebe überhaupt denkbar wird. Doch bei allen Freiheiten, die die moderne Gesellschaft bietet: Die Freizügigkeit in Sachen Liebe hat ihren Preis; erst sie sorgt nämlich für all den Liebeskampf und -krampf, mit dem sich das moderne Subjekt herumschlägt. Soziologen wie Beck-Gernsheim richten daher ihren Blick nicht auf das Individuum, sondern auf die großen zeitgeschichtlichen Veränderungen.[221]

So war die Beziehung zum anderen Geschlecht noch bis weit ins 19. Jahrhundert hinein durch eine Vielzahl rigoroser Verhaltensregeln und Vorschriften geregelt, was Stoff für große epische Dramen abgab. Die Romane dieser Zeit waren voll von Geschichten über den Zwiespalt zwischen Gefühl und gesellschaftlicher Pflicht. Und häufig blieb den Liebenden – in der Literatur wie im echten Leben – nichts anderes übrig, als sich entweder mit einem ungeliebten Partner abzufinden, ins Kloster zu gehen oder sich – wie Anna Karenina oder der junge Werther – in den Selbstmord zu stürzen.

Heute käme niemand mehr auf die Idee, sich umzubringen oder ins Kloster zu gehen, wenn es mit einer gewünschten Beziehung nicht klappt. Man ginge wohl eher zum Therapeuten oder würde bei einer Partnervermittlung im Internet nach einem neuen Glück suchen. Und niemand müsste mehr damit rechnen, seiner Gefühle wegen gesellschaftlich geächtet zu werden. Der jahrhundertelang empfundene Widerspruch zwischen Liebe und sozialer Pflicht, zwischen Gefühl und Tradition – er hat sich einfach aufgelöst, ist verschwunden und für uns Heutige kaum mehr vorstellbar.

Denn mit dem Beginn des modernen Zeitalters im 18. Jahrhundert, mit Aufklärung, Französischer Revolution und wissenschaftlich-technischem Fortschritt, begannen die alten traditionellen Regeln zu verblassen. »Selbstbestimmung« war das zentrale Projekt der Moderne, das Grundversprechen der Aufklärung. Nicht länger sollte der Mensch von Geburt an durch Stand und Konvention festgelegt sein, sondern frei entscheiden dürfen über seine Lebensführung. Privilegien, Anerkennung und Status galten fortan nicht mehr als »gottgegeben« und vorherbestimmt, sondern sollten jedermann zugänglich sein durch entsprechende Leistung, Talent und harte Arbeit.

Leider haben diese freiheitlichen Errungenschaften, wie so vieles Positive, auch ihre Nebenwirkungen; und manche davon bekommen wir erst heute, rund 250 Jahre nach Beginn der Aufklärung, mit voller Wucht zu spüren. So trat beispielsweise an die Stelle der alten feudalen Ordnung die Logik des Wettbewerbs. Nicht nur Wirtschaftsunternehmen stehen seither im permanenten Wettstreit miteinander, auch wir als Individuen konkurrieren mit anderen um die besten Studienplätze, die begehrtesten Jobs, die günstigsten Wohnungen oder die attraktivsten Liebespartner.

Und anders als unsere Vorvorfahren leiden wir nicht mehr unter einem Übermaß an Regeln, Traditionen und Vorschriften, sondern eher unter einer weitgehenden Bindungslosigkeit und Beliebigkeit. Theoretisch steht uns die ganze Welt offen, wir können den Beruf ebenso frei wählen wie unseren Lebenspartner, können reisen, essen oder denken, wie es uns beliebt. Praktisch aber schlagen wir uns mit einem kaum zu bewältigenden Angebot an Wahlmöglichkeiten herum und fühlen uns nirgendwo automatisch zugehörig. Dieser Job oder doch eher ein anderer? Eine feste Beziehung oder lieber eine unverbindliche Affäre? Zusammenziehen oder getrennt wohnen? Kinder oder nicht? Lauter Entscheidungen, die uns unter Druck setzen.

Stets droht die Gefahr, dass wir die falsche Entscheidung treffen, dass sich das gewählte Studium als Sackgasse erweist, dass sich die vermeintlich große Liebe als Illusion herausstellt und die feste Beziehung plötzlich wie ein Kartenhaus in sich zusammenfällt. Und der einzig Verantwortliche dafür ist man selbst, es gibt keine Tradition, Zunft oder Dorfgemeinschaft, die wir verantwortlich machen oder die uns auffangen könnte.

Aus der Möglichkeit zur Selbstbestimmung wird so der Zwang zur Optimierung des eigenen Ich. Und das aufklärerische Versprechen der Selbstentwicklung bedeutet unter den Bedingungen der kapitalistischen Moderne, dass man sich eben auch in Konkurrenz zu allen anderen entwickeln *muss*. Ständig gilt es, sich in bestmöglichem Licht zu präsentieren, die eigene Haut zu Markte zu tragen und den individuellen Erfolg in Rivalität zu anderen zu erringen.

So bringt die moderne Freiheit ein Gefühl großer Verlassenheit mit sich. Wir fühlen uns als losgelöste Elementarteilchen und erleben kaum noch jene Zugehörigkeit zu einer größeren Gemeinschaft, derer wir Menschen eigentlich so sehr bedürfen. Und weil die moderne Einsamkeit so schwer auszuhalten ist, überhöhen wir die Liebe umso mehr, muss der Partner all das auffangen und ausfüllen, was uns an Zugehörigkeitsgefühl fehlt.

Liebe in Zeiten des Kapitalismus

Was das für die moderne Liebe bedeutet, beschreibt kaum jemand scharfsichtiger als die Soziologin Eva Illouz. Die in Marokko geborene Französin wuchs als Jüdin in einer muslimischen Gesellschaft auf, studierte später in Paris sowie in den USA und lehrt heute als Professorin für Soziologie und Anthropologie an der Hebräischen Universität Jerusalem. All diese Einflüsse haben ihren Blick geschärft und sie gelehrt, nichts für selbstverständlich zu nehmen – auch nicht in Bezug auf die Liebe.

So fiel ihr mit etwa zwanzig Jahren auf, dass alle Frauen um sie herum, sie selbst eingeschlossen, über Liebesdinge vor allem in psychologischen Begriffen sprachen und dass diese Redeweise ebenso viel enthüllte wie verbarg. »Irgendwann«, so berichtet Illouz, »habe ich dieser Sprache kein Wort mehr geglaubt.«[222] Stattdessen begann sie, die Liebe aus der Perspektive der Soziologie zu betrachten.

Dabei bleibt sie nicht abstrakt, sondern geht ins Konkrete: Sie befragt Menschen, durchforstet die Anzeigen in digitalen Kontaktbörsen, analysiert Romane ebenso wie Frauenzeitschriften, Werbeblätter und Fernsehshows – und kommt zu dem Schluss, dass die »Suche nach Liebe für die allermeisten modernen Männer und Frauen eine quälend schwierige Erfahrung ist«. Wer all die Stimmen der Menschen hören könnte, die nach Liebe suchen, würde »eine lange und laute Litanei des Jammerns und Stöhnens« vernehmen.

Zwar hätten auch frühere Generationen ihre Not mit der Liebe gehabt, gehörte zur Liebe immer auch das Liebesleid. Heute jedoch gebe es »etwas qualitativ Neues in der *modernen* Erfahrung des Liebeskummers«, stellt Illouz fest, und dieses Neue habe damit zu tun, dass »die kulturelle Grammatik des

Kapitalismus mit Macht in den Bereich heterosexueller romantischer Beziehungen eingedrungen ist«.[223]

So sind etwa mit dem Wegfall der traditionellen Regeln und Begrenzungen die Ansprüche an das eigene Gefühl massiv gestiegen. Während man früher davon ausging, dass sich die Liebe erst allmählich im Laufe der Annäherung einstellte[*], gilt heute einzig und allein das »richtige« Gefühl als Richtschnur unseres Verhaltens. Das setzt voraus, dass wir stets um unser »wahres« Gefühl wissen und dass es dauerhaft als Fundament einer Beziehung bestehen bleibt. Wir unterlägen einem »Regime emotionaler Authentizität«, schreibt Eva Illouz, einem Regime, das uns mit den typischen Fragen der modernen Liebenden quält: »Ist es nur Lust oder liebe ich ihn *wirklich?*« – »Wie stark und tief ist meine Liebe?« – »Werde ich ebenso wiedergeliebt?«

Hinzu kommen die Fülle der Optionen und die Qual der Wahl. In Zeiten der Dating-Portale steht uns eine unerschöpfliche Zahl von Kandidat(inn)en zur Verfügung, was zugleich bedeutet, dass man auch selbst für andere nur *eine* mögliche Option unter vielen ist. Die Partnerwahl wird damit ähnlichen ökonomischen Regeln unterworfen wie andere Konsumartikel.

---

[*] So beschreibt die Historikerin Ellen K. Rothman, dass das hochgradig ritualisierte Liebeswerben im 19. Jahrhundert auch dazu diente, insbesondere die Frauen vor falschen oder verletzenden Gefühlen zu schützen. »Eine Frau wartete, um sicher zu sein, dass ihre Gefühle erwidert wurden, bevor sie sich auch nur sich selbst eingestand«.

Die Erfindung des Sex-Appeals

»Ich klick die Beste!« Dieser schon zitierte Werbespruch einer Krankenkasse könnte auch gut als Motto über manchen Liebesportalen im Internet stehen. Dass Menschen, ähnlich wie Automodelle, nach ihren Eigenschaften und ihrem Aussehen beurteilt werden, dass es bessere und schlechtere gibt, begehrenswerte und unattraktive – dieses Denken ist so tief in unsere Köpfe eingedrungen, dass die meisten es kaum noch infrage stellen. Ebenso allgemein akzeptiert scheint die Ansicht, dass man die Attraktivität der eigenen Person erst durch entsprechendes Outfit und Styling herzustellen habe. Von diesem Denken leben große Teile unserer Wirtschaft: nicht nur die Illustrierten, die uns »die unwiderstehlichsten Frisuren«, »die zehn besten Schminktipps« und – endlich! – das perfekte Liebesglück versprechen, sondern auch die Hersteller von Kleidung, Schmuck oder Kosmetik, die Schönheitsindustrie, Mediziner, Berater und Therapeuten und nicht zuletzt alle Firmen, die uns Statussymbole wie Autos, Uhren oder Handys zur Profilierung andienen.

»Mach etwas aus deinem Typ!«, lautet der Imperativ der Moderne. Und die Konsumwirtschaft hat es geschafft, diesen Gedanken auf die sexuelle Attraktivität auszudehnen. Zwar galten Schönheit und erotische Anziehung schon immer als wichtige Kriterien für die Liebe. Doch Schönheit verstand man in früheren Zeiten eher als ganzheitliche Eigenschaft, als Verbindung körperlicher, geistiger und moralischer Merkmale. Deshalb trugen »anständige« Frauen im 19. Jahrhundert auch keine Schminke, diese war Schauspielerinnen oder käuflichen Damen vorbehalten. Kosmetika wurden mit Argwohn betrachtet, als illegitimer Ersatz für die »wirkliche« innere moralische Schönheit. Die Idee, die sexuelle Attraktivität isoliert zu betrachten, abgelöst von den übrigen Charaktereigenschaften einer Person, wäre unseren Vorfahren sicher merkwürdig vorgekommen.

Doch als im 20. Jahrhundert – zunächst in den USA – eine kapitalistische Massenkultur entstand, brauchte die Wirtschaft konsumfreudige Käufer, die möglichst viele Wünsche und Begierden hatten. Und so scheuten die Unternehmen keine Mühen, um ihre neuen Parfums, Puder, Kosmetika und Cremes *allen* Frauen unentbehrlich erscheinen zu lassen.

Die amerikanische Historikerin Kathy Peiss hat minutiös nachgezeichnet, wie die Firmen dazu strategische Allianzen mit der damals populären Filmindustrie eingingen. So ließ der Kosmetikhersteller Max Factor in seinen Kampagnen Filmstars auftreten, die von ihren Studios verpflichtet wurden, sich positiv über Max Factor zu äußern.[224] Ebenso trafen die Filmstudios Absprachen mit Bekleidungsfirmen, um neue Modestile hervorzuheben. »Wenn den Kinogängerinnen ein Kleid besonders auffiel – wie das, das Joan Crawford in *Der letzte Schritt* trug – wurde es schnell zu erschwinglichen Preisen massengefertigt und in die Kaufhäuser gebracht«, erklärt Peiss.[225] Gleichzeitig trugen die neuen Massenmedien das Ideal der erotisierten, körperbetonten Frau in jeden Haushalt. Auf Werbebildern wurden geschminkte Frauen beim Schwimmen, Sonnenbaden, Tanzen oder Autofahren gezeigt – als neue Ideale von »gesunder, sportlicher und lebenslustiger Weiblichkeit«.

So trug eine ganze Phalanx von Industriezweigen dazu bei, die »Sexyness« von Frauen (und später auch von Männern) zu propagieren. Es entstand ein neues Körperbild, das mit sinnlicher Befriedigung, Vergnügen und Sexualität assoziiert wurde und das im Laufe des 20. Jahrhunderts – nicht zuletzt dank der sexuellen Revolution – eine hemmungslose Kommerzialisierung aller sexuellen Bedürfnisse ermöglichte.

Aus Sicht der Soziologin Illouz ist es damit der Konsumkultur »mit beträchtlichem Erfolg« gelungen, eine »gewaltige Aufgabe« zu lösen, nämlich die Herausforderung, »die traditionellen sexuellen Normen und Verbote über den Haufen zu werfen«. Attraktivität und »Sexyness« wurden im 20. Jahrhundert zu »positiven kulturellen Kategorien« und die Sexualität wurde »in ein Merkmal und eine Erfahrung« verwandelt, »die zunehmend von Fortpflanzung, Ehe, langfristigen Bindungen und selbst dem Gefühlsleben abgesondert war«.[226]

Wie selbstverständlich uns diese Verwandlung der Sexualität in ein Konsumprodukt heute geworden ist, zeigt sich beispielsweise in der Vorstellung, dass gut aussehende Menschen ein »erotisches Kapital« besitzen, das sie gewinnbringend vermarkten können. Es zeigt sich in der ansteigenden Zahl von Schönheitsoperationen ebenso wie in der Akzeptanz von Pornografie, Swinger-Clubs und Seitensprung-Agenturen. Denn auf dem öffentlichen Erotikmarkt bemisst sich das Selbstwertgefühl vieler Menschen danach, eine möglichst große Zahl von Sexualpartnern vorweisen zu können. »Wenn ich viele Geliebte hatte, dann fühlte ich mich als ein qualitativ anderer, erfolgreicherer Typ Mann«, bekennt etwa ein französischer Journalist, die Autorin Greta Christina schreibt, es sei für sie »die Quelle einer gewissen Form von Stolz oder jedenfalls Identität«, zu zählen, »mit wie vielen Menschen in meinem Leben ich Sex gehabt hatte«.[227]

Einer, der diese Haltung ins Extrem treibt, ist der britische Dandy, Schauspieler und (Skandal-)Autor Rupert Everett, der sagt, Sex sei für ihn nur noch »der Weg, Leute kennenzulernen«. Er könne jedenfalls nicht verstehen, dass ein Paar dreißig Jahre zusammenbleibe und dabei noch Spaß am Sex habe. Das sei geradezu »eine grauenerregende Vorstellung«, die er »unnatürlich« und »ekelhaft« finde. Sex sei doch nur dann interessant, »wenn man jemand noch nicht kennt.«[228]

Die Aporie des Begehrens

Ist unter solchen Bedingungen so etwas wie dauerhafte Liebe oder Partnerschaft überhaupt noch möglich? Oder ist das Paarleben überholt, ist eine Beziehung heute nur noch eine Zweckgemeinschaft, die nicht mehr durch moralische Pflichten oder gesellschaftliche Konventionen begründet wird, sondern durch das Streben zweier Individuen nach Genussmaximierung?

Man kann es auch anders sehen. Denn gerade in der Liebe und der Paarbeziehung ist etwas erlebbar, das die moderne Konsumgesellschaft standhaft leugnet: die Erfahrung, dass Leben eben keine Frage der Glücksmaximierung ist, sondern dass unsere Existenz unausweichlich durch Aporien gekennzeichnet ist, durch Widersprüche und Begrenzungen, die sich nicht auflösen sondern allenfalls aushalten oder transzendieren lassen.

Eine dieser Aporien ist etwa das sexuelle Begehren, zu dem gut ein Satz passt, der der heiligen Teresa von Avila zugeschrieben wird: »Es werden mehr Tränen über erhörte Gebete vergossen als über nicht erhörte.« Tatsächlich haftet dem sexuellen Begehren von seiner Natur her stets etwas Widersprüchliches, Unauflösbares an: Solange es unerfüllt bleibt, leiden wir. Wird es aber erfüllt, resultiert daraus in der Regel keine dauerhafte Befriedigung, sondern neues Verlangen und neues Leid.

Diese Unauflösbarkeit ist seit jeher Stoff für große Literatur und Geschichten. In Platons *Gastmahl* beispielsweise wird der Eros damit erklärt, dass er ein Wesen zwischen Reichtum und Mangel sei – gezeugt von seinem Vater, dem findigen Poros, der weiß, wie man sich Wünsche erfüllt und zum Erfolg kommt, und seiner Mutter Penia, der personifizierten Armut, die das Prinzip der Entbehrungen verkörpert. Ihr Kind verbinde daher beides: Eros sei arm und obdachlos und werde zugleich von einer starken Neigung zum Schönen und Guten angetrieben. »Das Gewonnene jedoch rinnt ihm immer wieder von dannen, so dass Eros weder Mangel leidet noch auch Reichtum besitzt und also vielmehr zwischen Weisheit und Unwissenheit in der Mitte steht.«[229]

Auch in den griechischen Sagen von König Midas und von Tantalos kommt die Zwiespältigkeit des Begehrens zum Ausdruck. Tantalos etwa frevelt gegen die Götter und muss deshalb die sprichwörtlichen Tantalusqualen erleiden: Er wird verbannt in einen Garten, in dem sich ihm zwar Bäume »voll balsamischer Birnen, Granaten und grüner Oliven« entgegen neigen – doch sobald er die Früchte pflücken will, »wirbelt plötzlich der Sturm sie empor zu den schattigen Wolken«, heißt es in Homers *Odyssee*.[230] Zum ungestillten Hunger kommt peinigender Durst. Tantalos steht zwar in einem See, doch »so oft sich der Greis hinbückte, die Zunge zu kühlen; schwand das versiegende Wasser hinweg.« Damit wird Tantalos zum Sinnbild des ewig unerfüllten Begehrens.

König Midas hingegen leidet am Gegenteil: Ihm wird sein größter Wunsch erfüllt. Alles wird zu Gold, was er berührt. Doch bald merkt Midas, dass die Erfüllung seines Begehrens ein Fluch ist. Als er seine geliebte Tochter umarmt, wird sie zu einer leblosen goldenen Statue, selbst das Essen, das er zum Mund führen will, verwandelt sich in ungenießbares Gold.

Somit verweisen beide Sagen auf das Unmögliche am Begehren: Egal ob es befriedigt wird oder unerfüllt bleibt, führt es zu Enttäuschung. Denn das Wesen des Begehrens bestehe »in dem Versuch, etwas zu erlangen, das in unserer Reichweite liegt, sich aber entzieht«, erklärt Eva Illouz. Damit sei das Begehren ein Quell unaufhörlichen Leides: »Bleibt es ohne Erfüllung, macht es uns unglücklich, und wird es erfüllt, so versperrt es uns den Zugang zu dem, was in unserem Leben wesentlich ist.«[231]

Die Sehnsucht genießen lernen

Aus Sicht des modernen Selbstverständnisses ist diese Aporie des Begehrens natürlich ein Skandal. Zwingt sie uns doch zu der Einsicht, dass Leben nicht beliebig optimierbar ist. Während uns Werbung und (Konsum-)Kultur suggerieren, das Glück bestünde in der Erfüllung all unserer Begehren – möglichst subito! –, lehrt uns die Liebe das Gegenteil: Mitunter besteht das Glück eher im Aushalten und Spüren einer Sehnsucht als in ihrer prompten Befriedigung. Denn gerade in dieser Lücke zwischen Auftreten und Erfüllung einer Sehnsucht wird jene Spannung spürbar, die das Leben ausmacht.

Auf märchenhafte Weise bringt das beispielsweise die Geschichte vom *Mann, der nicht warten wollte* zum Ausdruck, die Heinrich Spoerl erzählt:[232] Ein junger Bursche sitzt im Frühling unter einem Baum und wartet ungeduldig auf seine Geliebte – als plötzlich ein graues Männlein vor ihm steht und ihm einen Zauberknopf anbietet. »Wenn dir die Zeit zu langsam geht, brauchst du nur den Knopf nach rechts zu drehen, und du springst über die Zeit hinweg bis dahin, wo du willst«, verspricht das Männlein, was der junge Mann sofort erprobt. Er dreht den Knopf und schon steht die Liebste vor ihm. Schön und gut, denkt der Bursche, aber noch lieber wäre mir, wenn schon Hochzeit wäre. Er dreht abermals und sitzt prompt mit ihr beim Hochzeitsschmaus. »Wenn wir doch schon allein wären«, wünscht sich der Bursche und dreht erneut an dem Knopf. Und so geht es immer weiter – wenn unser neues Haus erst fertig wäre, wenn schon die Kinder da wären – und ehe er sich's versieht, ist er ein alter Mann und liegt auf dem Sterbebett und wünscht sich nun, die Zeit rückwärts schrauben zu können. Zum Glück erlöst ihn Spoerl: »Da tat es einen Ruck, er wachte auf und lag noch immer unter dem blühenden Baum und wartete auf seine Liebste.«

So kann uns gerade die Liebe das Warten lehren und damit zum Gegenpol einer modernen Beschleunigungskultur werden, die auf sofortige Erfüllung aller Wünsche drängt. Ebenso erfordern dauerhafte Beziehungen lauter Tugenden, die nicht dem herrschenden Zeitgeist entsprechen: Paare benötigen einen langen Atem, müssen individuelle Interessen zugunsten gemeinsamer zurückstellen und sich vom üblichen Prinzip der steten Optimierung verabschieden. Statt ständig nach etwas Besserem Ausschau zu halten – wie etwa bei der Suche nach dem günstigsten Handytarif – gilt es, sich mit dem Vorhandenen zufriedenzugeben und sich mit den guten (und schlechten) Seiten zu arrangieren, die der Partner nun einmal hat.

Selbst Eva Illouz, die unsere Liebesmythen so schonungslos zerpflückt, verteidigt daher das Leben in Beziehungen. Die Institution des Paares sei »vielleicht die letzte soziale Einheit, deren Funktionsprinzipien denen der kapitalistischen Kultur zuwiderlaufen«, schreibt sie. Denn dauerhaftes Zusammenleben erfordere die Fähigkeit, »einander als einzig zu betrachten, nicht zu berechnen, Langeweile zu dulden, Selbstentwicklung aufzuhalten, mit einer oft mittelprächtigen Sexualität auszukommen und echte Hingabe einer vertraglichen Unsicherheit vorzuziehen.« In all seiner Konventionalität repräsentiere damit das Paar »zunehmend Werte, die sich als wahre Alternative zu denen des Marktes erweisen.«[233]

Das Geheimnis des Zusammenbleibens

Um sich vom westlichen Konsumbild der Liebe zu lösen, tut es gut, sich immer wieder bewusst zu machen, wie bunt die Welt der Liebe ist und wie viele möglichen Modelle und Vorstellungen des Zusammenlebens es gibt. Diese Erfahrung hat auch die Journalistin Wlada Kolosowa gemacht, die rund um die Welt reiste, um mit Paaren über die Liebe zu sprechen.[234] Dabei sammelte sie alle möglichen Geschichten, die oft so gar nicht unserem üblichen Klischee entsprechen – wie etwa jene von ihrer russischen Oma in St. Petersburg, die ihre ganz eigene Art der Liebe gelebt hat.

Denn von Romantik hält diese ältere Dame wenig, von Pragmatik umso mehr. Und statt von Gefühlen spricht sie lieber von konkreten Dingen, die man anfassen oder, noch besser, verspeisen kann. »Wenn ich frage, ob Opa sie liebte, erzählt sie von Rubin-Ohrringen, die er ihr schenkte. Auf die Frage nach ihren eigenen Gefühlen spricht sie von Torten, die sie ihm buk«, schreibt Kolosowa halb amüsiert, halb irritiert.[235]

Schon der Zauber der ersten Begegnung fällt eher spröde aus. Beim Tanz habe man sich kennengelernt, ein halbes Jahr später sei man verheiratet gewesen, berichtet die Großmutter trocken. Ob er denn ein guter Tänzer gewesen sei, will die Enkelin wissen. »Furchtbar, ganz furchtbar«, antwortet die Oma. Fand sie ihn schön? »Er trug ein sauberes Hemd.« War er ein guter Mann? »Er war *mein* Mann«, sagt Oma schlicht.

Nein, Sonnenuntergänge, schmalzige Liebesbriefe und durchgeschwitzte Bettlaken kommen in dieser Liebesgeschichte nicht vor. Dafür quälte sich die Oma auch nie mit Zweifeln, unklaren Gefühlen oder Beziehungskrisen, sondern akzeptierte das Zusammensein, wie es war: »Ehe, das war nicht Widerspiegelung des einen im anderen. Ehe, das war nicht Arbeit. Die Ehe war.«

Ihre Oma habe nie nach einem besseren Leben gesucht, nie ein Fragezeichen hinter ihren Ehestatus gesetzt, sondern einfach versucht, das Beste daraus zu machen, berichtet Kolosowa, »trotz Krisen und Routine und dick werdenden Bäuchen«. Und alle Fragen nach liebevollen Gefühlen kontert die Oma mit einer russischen Weisheit: »Die Liebe kommt und geht, doch essen will man immer.« Tatsächlich sei für sie das wichtigste Liebesorgan der Bauch – allerdings nicht als Platz für Schmetterlinge, »sondern für Borschtsch und Koteletts.«

Und so sehr die Enkelin über die Abwesenheit jeglicher Romantik staunt, so muss sie doch zugleich neidvoll konstatieren: »Omas Liebe hatte etwas, womit sich nur die Hälfte der heutigen Liebesbeziehungen in Deutschland rühmen kann: ein lebenslanges Haltbarkeitsdatum.« Sie habe mit ihrem Opa auf der Straße immer Händchen gehalten, mit ihm gemeinsam hinter dem Polarkreis Erdbeeren angebaut und bis zu seinem letzten Tag mit ihm im selben Bett geschlafen.

Und ganz offensichtlich hat diese Oma auch das große Geheimnis des Zusammenbleibens entdeckt, das hierzulande von so vielen Paaren, Therapeuten, Forschern und Liebesberatern verzweifelt gesucht wird. Denn als die Enkelin abschließend wissen will, wie man es denn bloß schaffe, über 40 Jahre mit demselben Mann zusammenzubleiben, sagt die Oma: »Ganz einfach: Wir haben uns nicht scheiden lassen.«

BESSER FÜHLEN (4):
EINE MÄRCHENHAFTE BEZIEHUNG

Es war einmal vor langer Zeit, da lebten ein Prinz und eine Prinzessin, die sehnten sich beide nach der großen Liebe. Ohne voneinander zu wissen, machten sie sich auf und reisten in das ferne Land Internet. Denn dort residierte ein mächtiges Orakel, von dem man sagte, dass es zu jedem Menschen den idealen Traumpartner kenne. Nach langem Suchen fanden Prinz und Prinzessin das Orakel, bestanden die Prüfung der Aufnahmegebühr und flüsterten dem Bildschirmspiegel ihre geheimsten Wünsche zu. Alsbald verkündete das Orakel: Ihr zwei seid füreinander bestimmt! Die Prinzessin ist schön und klug und meistert jede Herausforderung, der Prinz ist kreativ und entspannt und damit das perfekte Gegenstück. Da freuten sich beide sehr, verliebten sich ineinander, und schon bald wurde eine prunkvolle Hochzeit gefeiert.

Die Braut trug das allerschönste Designerkleid, der Bräutigam einen würdigen Anzug; edelste Speisen und feinste Getränke wurden gereicht, dazu erklang muntere Musik – die Agentur für Hochzeitszeremonien hatte einfach an alles gedacht. Und die Gäste waren sich einig: Eine solch glänzende Hochzeit hatte es im ganzen Königreich noch nicht gegeben. Erschöpft, aber froh, reisten die frisch vermählten Brautleute in die Flitterwochen, um danach – wie in jedem Märchen – glücklich bis ans Ende ihrer Tage zu leben.

So war es zumindest geplant.

Als die Prinzessin jedoch schon nach vier Wochen auf eine Geschäftsreise musste, maulte der Prinz. So habe er sich das nicht vorgestellt, sagte er; er habe gedacht, er würde abends nun nicht mehr alleine vor dem – wenn auch sehr schönen – Flachbildschirm sitzen. Da lachte die Prinzessin und sprach, er habe sich doch eine kluge und erfolgreiche Frau gewünscht und ob er wolle, dass sie nun ihre Karriere vernachlässige und ein Hausmütterchen werde? Worauf der Prinz eilig versicherte, das wolle er natürlich keineswegs, er unterstütze sie gerne und freue sich schon darauf, wenn sie wieder zurück sei.

Als die Prinzessin nach zehn Tagen ebenso müde wie aufgedreht landete, holte sie der Prinz mit einer Rose am Flughafen ab und fuhr mit ihr froh nach Hause, wo er ihr Lieblingsessen zubereitet hatte. Die Prinzessin erzählte lange von ihrer Reise, von ihrem Erfolg und den interessanten Fürsten, die sie kennengelernt hatte. Das wollte der Prinz zwar nicht so ausführlich hören, dennoch lauschte er ihr verliebt, servierte den Nachtisch und trug sie dann mit leichtem Ächzen im Kreuz ins Ehebeet, wo sie sich den Wonnen der Liebe hingaben.

Als er ihr am nächsten Morgen den Kaffee ans Bett brachte, sagte sie seufzend, sie habe ja wohl den besten Mann aller Zeiten geheiratet und wie froh sie sei, ihn zu haben. Da liebten sie sich gleich noch einmal, frühstückten im Bett und beschlossen, dass heute der richtige Tag für den Kauf der neuen Couchgarnitur sei. Der Prinz, der als Freiberufler wenig beschäftigt war, hatte schon Kataloge gewälzt und schlug zwei Modelle vor: meerblaue Gemütlichkeit oder bordeauxrote Extravaganz. »Du bist süß«, sagte die Prinzessin, »aber solche Farben hat man nach kurzer Zeit über.« Man besitze so eine Couch ja schließlich lange – »bis ans Ende unserer Tage«, warf der Prinz fröhlich ein – daher müsse man etwas Neutrales nehmen, hellgrau oder cremeweiß. Sie stritten im Spass ein wenig hin und her, bis der Prinz schließlich einsah, dass das cremeweiße Ledersofa viel besser zum Rest der Einrichtung passte, und zustimmte.

Die Prinzessin wiederum sah großzügig darüber hinweg, dass die Wohnung ziemlich chaotisch aussah und er in ihrer

Abwesenheit kaum aufgeräumt hatte. »Er ist eben ein kreativer Chaot«, dachte sie verliebt, als sie den großen Haufen abgelegter Kleider betrachtete, der im Badezimmer auf dem Boden lag, »gerade das macht ja seinen Charme aus.« Aber im Laufe der Zeit, so nahm sie sich insgeheim vor, werde sie ihn schon noch zur Ordnung erziehen.

So gingen die Tage ins Land. Der Prinz gewöhnte sich an die neue Couchgarnitur und trauerte nur noch heimlich dem Meerblau hinterher, die Prinzessin hingegen fand wenig Zeit, sich an der neuen Einrichtung zu erfreuen, weil sie sich im königlichen Betrieb einarbeiten musste und abends oft spät nach Hause kam. »Das ist nur in der Anfangsphase so«, erklärte sie entschuldigend, wenn ihr Mann wieder einmal den halben Abend frustriert im Nachtgemach auf sie gewartet hatte.

Dass er ihr morgens den Kaffee ans Bett brachte, wurde bald zur festen Einrichtung. Nach einigen Monaten war sie sogar irritiert, wenn morgens *kein* Kaffee am Bett stand. »Dabei hast du doch wirklich nicht viel zu tun«, sagte sie neckisch, worauf der Prinz etwas ungehalten antwortete, auch kreatives Nachdenken sei schließlich Arbeit, und nur weil er nicht jeden Tag ins Büro renne, heiße das nicht, dass er untätig sei. Nun solle er sich mal nicht gleich so aufregen, erwiderte die Prinzessin verschnupft, die am Tag zuvor einen langen Arbeitstag gehabt hatte und sich etwas erschöpft fühlte.

Wenig später stolperte sie im Badezimmer über einen Haufen dreckiger Wäsche und spürte, wie leichter Unmut in ihr hochstieg. »Mein Lieber«, versuchte sie ihre Kritik heiter zu formulieren, »ich finde deine Prinzenklamotten wunderbar, aber vielleicht könntest du sie künftig in den Wäschesack werfen, wenn sie schmutzig sind?« Mmmja, brummelte der Prinz, der schon am Schreibtisch saß und ein neues Logo für einen Auftraggeber entwarf (er arbeitete nämlich in der Werbebranche).

Als die Prinzessin am Abend von der Arbeit kam, lagen die Gewänder ihres Mannes immer noch auf dem Boden des Badezimmers. »Ich hab den ganzen Tag gearbeitet«, erklärte der Prinz und schob für seine Frau eine Fertigpizza in den Ofen, »ich brauche diesen Auftrag, um mal wieder richtig gut ins Geschäft zu kommen.« »Ich glaube an dich«, verkündete die Prinzessin tröstend, kochte sich einen Glückstee und fläzte sich auf das cremeweiße Sofa, »und wenn es nicht klappt, geht das Königreich auch nicht unter: Ich habe heute eine Gehaltserhöhung bekommen.«

Sechs Monate später feierte die Prinzessin ihre Ernennung zur Abteilungsleiterin mit einer Büroparty und kam erst kurz vor Mitternacht nach Hause. Der Prinz war nicht da. »Ausgegangen?«, wunderte sie sich und legte die müden Füße hoch, um zu warten. Als er um drei angetrunken nach Hause kam, war sie auf dem Sofa längst eingeschlafen. Der Prinz, der seinen Frust über den entgangenen Auftrag (und einen gewissen Neid auf den Erfolg seiner Frau) in Alkohol ertränkt hatte, stolperte ins Badezimmer, schmiss seine Kleider auf den Boden und wankte ins Bett.

Am nächsten Morgen wachten beide verkatert auf. »Oje, so spät«, jammerte die Prinzessin und flitzte ins Bad, um sich schnell frisch zu machen. Als sie sich dabei mit den Füßen in der prinzlichen Unterhose verfing, platzte ihr der Kragen. »Kannst du nicht endlich einmal dieses Chaos wegräumen«, pampte sie den Prinzen an, der mit müdem Gesicht in der Tür stand, »ich hab dir schon hundertmal gesagt, dass mich das nervt.«

»Ach, leck mich doch«, grummelte der Prinz reichlich unmajestätisch, drehte sich um und verzog sich wieder ins Bett, »das kann ich nun gar nicht gebrauchen.«

Am Abend versöhnten sie sich zwar wieder, aber leider kamen solche Streitigkeiten immer öfter vor. Die Prinzessin fand die Unordnung zu Hause gar nicht mehr kreativ, sondern nur noch ärgerlich. Sie sehe nicht ein, dass sie neben ihrem Job auch noch wie eine Mutter ständig hinter ihm aufräumen müsse, sagte sie spitz, was dem Prinzen wiederum gehörig auf die Nerven ging. *Er* wolle ja schließlich nicht in einem Haus wohnen, das so steril wie ein OP-Saal sei. Er brauche nun mal Leben und Farbe, um sich wohlzufühlen, und nicht nur kalten, cremeweißen Designerscheiß.

Diese Bemerkung traf die Prinzessin tief. Hatte sie nicht alles versucht, es zu Hause schön zu gestalten?, klagte sie am nächsten Tag ihr Leid der alten Köchin, die im elterlichen Schloss schon immer ihre Vertraute gewesen war. Hatte sie sich nicht bemüht, ein bisschen Struktur und Linie in das chaotische Prinzenleben zu bringen und ihm gezeigt, was guter Geschmack ist? Und all das neben ihrer anstrengenden Arbeit! Und was tue der Herr? Hänge zu Hause herum, bemitleide sich selbst und bringe noch nicht einmal ein ordentliches Abendessen zustande. Jeden dritten Tag Fertigpizza! Die habe sie mittlerweile so satt, dass sie lieber öfter mit den Kollegen essen gehe.

Die alte Köchin schaute betrübt auf das Huhn, das sie gerade rupfte. Ja, so sei das eben mit den Männern, seufzte sie, ihr Verflossener sei auch nicht viel besser gewesen. Aber man müsse sich arrangieren und versuchen, das Beste draus zu machen und den Traum von der dauerhaften Glückseligkeit vergessen. Eine Ehe sei nun einmal harte Arbeit. Sie machte eine kurze Pause und packte das Huhn zusammen mit Knoblauch und Zwiebeln in einen großen Topf. Wie es denn überhaupt mit Kindern stünde?, fuhr sie in fröhlicherem Ton fort. Das würde doch so langsam Zeit!

Ach, sagte die Prinzessin düster, wie solle man das denn auch noch schaffen? Momentan habe sie ohnehin so viel zu tun. Und sie wisse schon, dass am Ende wieder alles an ihr hänge; er kriege ja nichts auf die Reihe. Außerdem sei die Liebe in letzter Zeit ziemlich eingeschlafen. Anfangs sei der Versöhnungssex nach ihren Streits ja aufregend gewesen; aber in letzter Zeit gebe es mehr Streit als Versöhnung, und nach Sex sei ihr schon länger nicht mehr zumute.

Der Prinz saß derweil mit einem Bier in der Hand im Tonstudio seines besten Freundes, der Musiker war, und hörte sich dessen neueste Songs an. »Läuft grad nicht so, was?«, sagte der Musiker, als der Prinz auch das dritte Stück nur mit einem lahmen Kopfnicken quittierte und weiter das Etikett seiner Flasche anstierte. »Nee«, sagte der endlich, »Prinzessin nervt.« Der Musiker nickte wissend. »So ist das mit den Frauen. Am Anfang zuckersüß und dann wollen sie Dich gängeln.« Er wisse, wovon er spreche. Habe schließlich auch mal an diesen Romantikschmu geglaubt. Und dann? Kleine Affäre, Riesenstreit, Vorwürfe ohne Ende, Trennung. Immerhin habe er jetzt seine Freiheit, könne Musik machen, wann und wie er wolle und müsse mit niemand über Hausarbeit streiten. Und das Kind sehe er regelmäßig jedes zweite Wochenende. Eigentlich gar nicht so schlecht.

Wer weiß, sinnierte derweil der Prinz. Vielleicht war der Orakelcomputer ja falsch programmiert? Vielleicht ist es einfach die falsche Prinzessin? Irgendwo muss sie doch existieren, die wahre Liebe! »Unverbesserlicher Romantiker«, lachte der Musiker und begann, in einem Bücherstapel herum zu kramen. »Hier, vielleicht hilft dir ja das weiter«, sagte er und warf dem Prinzen zwei Bücher zu. Das eine war himmelblau, das andere cremeweiß, beide mit roter Schrift. *Verliebt machen,* stand auf dem einen. *Für immer verliebt* auf dem anderen. »Kannst du gerne mitnehmen«, meinte der Musiker, »ich bin damit durch, in jeder Hinsicht.«

Als die Prinzessin am nächsten Abend mal wieder länger arbeitete, setzte sich der Prinz auf das Sofa und klappte das erste Buch auf. Immerhin versprach es »die effektivsten Strategien, jemand in sich verliebt zu machen«, und war von einem Franzosen geschrieben, die ja bekanntlich besonders viel von der Liebe verstehen. Doch schon auf der ersten Seite stutzte er. Als »Methode, um im Herzen einer Frau das Interesse für einen Mann zu wecken«, wurde da Folgendes empfohlen: »Man nehme eine Schwalbe und einen Wiedehopf, beide lebendig. Um sie einzusalben: Eselsblut und das Blut einer schwarzen Kuh.« Das fängt ja gut an, dachte der Prinz. Doch es wurde noch besser. Man müsse den Vögeln bei Sonnenaufgang den Kopf abschneiden, ihnen das Herz entfernen, sie mit Eselsblut tränken, vier Tage in der Sonne trocknen und am Ende alles in eine Schachtel füllen.«[236]

Definitiv nichts für mich!, dachte der Prinz und entdeckte, dass die magische Formel von einem Papyrusmanuskript aus dem dritten Jahrhundert stammte. Irritiert blätterte der Prinz weiter und hoffte auf zeitgenössischere Liebesrezepte. Vergeblich. Der Autor des Buches, ein Kulturwissenschaftler, hatte zwar viele bizarre Bräuche und Rituale gesammelt, mit denen man in verschiedenen Zeiten und Kulturen versucht hatte, Liebe zu erzeugen. Doch die meisten erschienen selbst dem Prinzen zu märchenhaft.

Das zweite Buch traf mehr seine Wellenlänge. »Nur zur Information: Die Prinzessin hat den Frosch nie geküsst. Sie warf ihn an die Wand!«, lautete der erste Satz. Das fand der Prinz zumindest amüsant. Zwei Absätze weiter las er: »Kein Märchen berichtet, was passiert, wenn der Prinz nie die Zahnpastatube zuschraubt oder die Prinzessin ihre Klamotten herumliegen lässt.« Ha!, dachte der Prinz, und erst recht kein Märchen erzählt von gestressten Prinzessinnen, die zu viel arbeiten und einen Ordnungsfimmel haben. Dieses Buch schien eher etwas für ihn zu sein. Hier erzählte ein Paar, wie es sich mächtig verliebt hatte und nun mit dem Alltag zurechtzukommen versuchte.[237]

Am Anfang sei man nämlich »nicht ganz zurechnungsfähig«, wurde da erklärt. Im Rausch der ersten Verliebtheit würden diverse Glückshormone ausgeschüttet, die alle kritischen Gedanken geradezu hinwegspülten und dazu führten, dass man die Macken des künftigen Partners entweder übersehe oder eher liebenswert finde – »selbst wenn es sich möglicherweise um Dinge handelt, die einen später den letzten Nerv kosten.« Stimmt, dachte der Prinz, meine kreativen Kleiderberge fand die Prinzessin doch am Anfang ganz lustig, und jetzt macht sie darum so ein Tamtam.

Dann stolperte er über einen fett gedruckten Absatz: »Man kann Liebe nicht messen, nicht wiegen, nicht sehen oder hören. Wir können Liebe nur spüren. Und auch da können wir nicht die Liebe einer anderen Person spüren, sondern nur unsere eigene.« Zweimal musste er diese Passage lesen. Wieso spürt man die Liebe einer anderen Person nicht? Gerade darum geht es doch immer in den Liebesfilmen und -büchern! Die Liebe des anderen spüren, abheben, fliegen … Und das sollte gar nicht stimmen? Es sei immer nur die eigene Liebe, die man da spüre? Kopfschüttelnd legte der Prinz das Buch zur Seite.

Als die Prinzessin eine halbe Stunde später müde nach Hause kam, fand sie den Prinzen mit einem merkwürdigen Blick auf dem Sofa sitzen. »Alles okay?«, fragte sie leicht besorgt. »Ja ja, alles okay«, sagte der Prinz und schaute sie versonnen an. »Na, du Heldin des Alltags. Guten Tag gehabt?« Überrascht stellte die Prinzessin ihre Tasche ab. Das hatte er schon lange nicht mehr gefragt. Meist hatte er in letzter Zeit abends vor dem Fernseher gesessen und kaum richtig aufgeschaut, wenn sie die

Tür aufschloss. »Ja, ging so«, sagte sie zögernd, »dieses neue Projekt ist echt mühsam …« Sie machte eine Pause, denn sie wusste, dass der Prinz ihre Berufsberichte eigentlich ziemlich satt hatte. Doch der lächelte. »Erzähl. Ich bin stolz auf dich.«

Von diesem Tag an änderte sich etwas im royalen Haushalt. Abends hatten Prinz und Prinzessin noch lange geredet und sich gegenseitig eingestanden, dass sie beide ziemlich unglücklich mit ihrer Liebe waren. Halb unter Tränen, halb im Lachen, waren sie sich einig geworden, dass das ja nicht so bleiben müsse. »Liebe ist wie ein lebendiges Wesen, das gepflegt werden möchte. Sie braucht Zuwendung und Aufmerksamkeit, damit sie wachsen und gedeihen kann«, hatte der Prinz ihr aus dem Buch vorgelesen, worauf die Prinzessin gelacht und gefragt hatte, ob er ihr jetzt öfter eine Gießkanne über den Kopf kippen wolle. Wenn sie wolle, mache er das gerne, hatte der Prinz ebenso lachend geantwortet, ihr dann aber lieber vorgeschlagen, man könne sich ja vielleicht auch einmal beraten lassen von jemandem, der wisse, wie man die Liebe am besten zum Gedeihen bringe.

Und so saßen sie einige Tage später beim königlichen Therapeuten, einem weißhaarigen, alten Mann, der schon viel im Königreich herumgekommen war. Er hörte sich eine Weile lang die Aufzählung all ihrer Schwierigkeiten und Probleme an und sagte dann sanft: »Lassen wir's damit gut sein. Nur im Märchen ist die Liebe immer rosarot.« Im wahren Leben, so erklärte er ihnen, würden die meisten Menschen die Liebe viel zu sehr mit Erwartungen überfrachten – und diesen Erwartungen könne kaum ein Mensch standhalten. Außerdem tendiere man dazu, die guten Seiten des anderen nach einiger Zeit für selbstverständlich zu nehmen und nur noch seine Fehler zu sehen. Statt ihn so anzunehmen, wie er sei, versuche man, den Partner zu erziehen und rege sich dann auf, wenn er sich nicht ändere.

Als der Therapeut die schuldbewussten Gesichter von Prinz und Prinzessin sah, musste er lachen. »Liebe ist auch eine Frage der Aufmerksamkeit und Wertschätzung«, sagte er, »hier habe ich eine kleine Hausaufgabe für Euch.« Mit diesen Worten drückte er jedem von ihnen ein Pergament in die Hand.

Als die beiden zu Hause das Blatt näher in Augenschein nahmen, stellten sie fest, dass auf dem Pergament lauter Eigenschaften standen – von »aktiv«, »aufgeschlossen«, »aufmerksam« über »fröhlich«, »fürsorglich« bis hin zu »verschmitzt«, »vorausschauend«, »zärtlich« oder »zupackend«. Fast hundert Adjektive waren es, allesamt positiv besetzt und oben drüber stand: »Kreuzen Sie an, was auf Ihren Partner zutrifft.«

Hm, dachte der Prinz, aktiv ist sie, ohne Zweifel, aufgeschlossen auch, ja, und aufmerksam sowieso, manchmal fast ein bisschen zu viel, wenn es um die Ordnung im Badezimmer geht. Er grinste in sich hinein und kreuzte munter an. Am Ende hatte er mehrere Dutzend Adjektive markiert und wunderte sich selbst, wie viel Positives er an seiner Frau doch fand. Der ging es umgekehrt ähnlich. Statt den Prinzen, wie sonst, als chaotisch, bequem oder antriebslos zu charakterisieren, fand sie nun Begriffe wie fantasievoll, unkompliziert oder gelassen, die ihn in einem ganz anderen Licht erscheinen ließen.

Nicht, dass damit alle Schwierigkeiten behoben gewesen wären. Aber die kleine Übung führte dazu, dass sich die beiden in den kommenden Tagen schon etwas freundlicher betrachteten. Dadurch wurde es auch leichter, Probleme zu besprechen. In ruhigen Worten konnte ihm die Prinzessin sagen, wie sehr sie sich über ein aufgeräumtes Badezimmer freuen würde, während der Prinz ihr ohne Vorwürfe erklären konnte, dass er sich über ihren beruflichen Erfolg zwar freue, aber sich zugleich auch vernachlässigt und ein wenig minderwertig fühle – worauf ihm die Prinzessin einen Kuss gab und lachend sagte, dass sie ohne ihn das alles gar nicht schaffen würde und im Übrigen froh sei, dass *er* nicht ständig ins Büro renne, weil sie sich sonst vermutlich überhaupt nicht mehr sähen.

»Zuneigung zeigt sich vor allem in kleinen Dingen«, erklärte der königliche Therapeut, als sie ihn das nächste Mal besuchten. »Ihr habt schon einen guten Anfang gemacht. Jetzt gilt es, daraus eine Gewohnheit zu machen.« Dann erzählte er ihnen von der Fünf-zu-eins-Regel: Um einen Streit oder ein negatives Beziehungserlebnis auszugleichen, brauche es mindestens fünf positive Erlebnisse – ein Lächeln, eine liebevolle Geste, ein ehrliches Kompliment.[238] »Nur wenn das Beziehungskonto im Plusbereich ist, fühlt sich die Beziehung gut an«, erklärte der weise Mann im Stil eines Bankberaters und fügte lächelnd hinzu, diese Art der Investition sei auf lange Sicht gewinnbringender als jedes Aktiendepot.

Das gefiel der Prinzessin, die gerne praktisch dachte, und sie fragte, ob er noch weitere Anlagetipps habe. Gewinnbringende Investitionen, dass habe sie von ihrem Vater gelernt, seien nie zu verachten; sonst werde einem der ganze Reichtum eines Tages zwischen den Fingern zerrinnen. Da schmunzelte der Therapeut und sagte, es gebe noch viele Anlagetipps, aber es bringe nichts, diese alle auf einmal auszuplaudern. Anders als den Kontostand könne man das eigene Verhalten nur sehr langsam verändern, das brauche viel Aufmerksamkeit und fortwährendes Üben.

Aber wenn Sie sich gemeinsam auf den Weg begeben wollten, sagte der Alte, könne er ihnen ein paar gute Bücher empfehlen.[239] Wichtig sei allerdings nicht so sehr das Lesen, sondern das gemeinsame Tun. Sie könnten zum Beispiel einen Abend für sich als Paar reservieren und etwas Schönes zusammen unternehmen oder ein beziehungsförderndes Zwiegespräch führen.[240] Und weil auch andere festgestellt hätten, dass das Zusammen*bleiben* in der Regel viel schwieriger sei als das Zusammen*finden,* gebe es mittlerweile sogar ein passendes Portal im Internet – nicht für Singles, die Anschluss suchen, sondern für Paare, die ihrer Beziehung etwas Gutes tun wollen. Dort könne man einen regelrechten Kurs machen, mit Lehrfilmen, Übungen und Hausaufgaben, die dafür sorgen sollen, dass die Liebe wächst und nicht verkümmert.[*]

Da blickten sich Prinzessin und Prinz freudig in die Augen und fragten zugleich: »Und? Wollen wir sie zum Wachsen bringen?« Und dann lachten sie und küssten sich und nahmen sich vor, die Liebe künftig nicht für selbstverständlich zu nehmen, sondern sie zu hegen und zu pflegen und sich darin immer besser zu üben.

Und wenn sie nicht gestorben sind, dann üben sie noch heute …

---

[*] Ein solches, wissenschaftlich fundiertes, »Beziehungsportal« gibt es tatsächlich seit Herbst 2015: www.paarbalance.de

8 ARBEITSGEFÜHLE UND GEFÜHLSARBEIT

Eines der Symptome eines herannahenden Nerven-
zusammenbruchs ist der Glaube, die eigene Arbeit
sei von furchterregender Wichtigkeit.

Bertrand Russell

Wer denkt, nur die Liebe stelle unseren Gefühlshaushalt auf die Probe, irrt. Auch im Arbeits- und Geschäftsleben warten heutzutage zahlreiche emotionale Herausforderungen. Schon das Betreten eines modernen Kaufhauses ähnelt dem Eintauchen in ein sorgfältig temperiertes Bad der Emotionen, das einen wärmend umhüllt und zielgerichtet umschmeichelt. Angenehm plätschernde Hintergrundmusik, appetitlich aufgebaute Waren, einladend lächelnde Mitarbeiter – die Kunden sollen sich wohl und geborgen fühlen und den Wunsch entwickeln, möglichst viel von dieser Stimmung in bezahlter Form mit nach Hause zu nehmen.

Doch nicht bei allen Kunden verfängt die Strategie. Die Philosophin Heidemarie Bennent-Vahle zum Beispiel fühlt sich beim Eintritt in manche Läden geradezu »von einer Art Stimmungstyrannei« überwältigt, die in ihr die wehmütige Erinnerung an frühere Zeiten weckt. »Es fehlen mir dann regelrecht jene mürrischen, eigenbrötlerischen Angestellten, denen man erst mit viel Geschick und offensiver Freundlichkeit ein Lächeln entlocken musste.« Denn der heute gängige Höflichkeitsterror geht ihr deutlich zu weit. »Fünfzehn mal ›gerne‹ in einem kleinen Verkaufsgespräch, Formeln wie ›Kann ich noch etwas für Sie tun?‹ oder sogar ›Kann ich Ihnen noch einen Wunsch erfüllen?‹ wiederholt und mit breitem Strahlen gefragt, schließlich dann beim Hinausgehen – durch die selbstverständlich offen gehaltene Tür – der begeisterte Ausruf ›Einen wunderschönen Wochenanfang!‹ von der ganzen Belegschaft im Chor. Das ist mir einfach zu viel!«, stöhnt Bennent-Vahle. Sie habe dann den Eindruck, »in eine Meute perfekt programmierter Roboter geraten zu sein, die mindestens jedes zweite Wochenende eine Neujustierung im Lächelcamp erhalten.«[241]

Was die Philosophin da mit feinem Gespür beschreibt, zielt mitten ins Herz der modernen Arbeitswelt: Kein Geschäft kommt heute ohne Emotionen aus. Wer erfolgreich sein will, muss vielmehr das Spiel auf der Klaviatur der Gefühle beherrschen, und zwar sowohl auf der eigenen wie auf der des Gegenübers. Mit geschmeidiger Freundlichkeit gilt es, Kunden und Kollegen zu umgarnen und auch zum bösesten Spiel noch ein gut gelauntes Gesicht zu machen. Und selbst jene, die eine öde, reizlose Arbeit zu verrichten haben, bemühen sich noch, »den Enthusiasmus mehrfacher Olympiasieger« zu versprühen, wie Bennent-Vahle ironisch kommentiert. In ihrem Buch *Mit Gefühl denken* analysiert sie daher unter anderem »die Zurichtung der Emotionen« im Arbeitsleben, in der sogar »das Innerste der Persönlichkeit« dem Zweck der Profitmaximierung unterworfen sei. Denn: »Die neue Arbeitswelt fordert mehr denn je den ganzen Menschen und macht sich vor allem das Gefühlsleben zu Nutze, um Produktion und Verkauf anzukurbeln«.

Die Gefühlsarbeit

Tatsächlich geht es heute in den allermeisten Berufen nicht einfach nur um das Erledigen von Sachaufgaben, sondern vor allem um *emotionale* Leistungen: Die Empfangsdame an der Hotelrezeption muss dem Gast das Gefühl vermitteln, willkommen zu sein, der Auto- oder Hosenverkäufer dient sich als vertrauensvoller Berater an (»Sie haben einen ausgesucht guten Geschmack«), die Animateurin im Urlaubsclub wird für das Hervorrufen von Begeisterung bezahlt und der Versicherungsvertreter dafür, dass er mit der Angst (»... und wenn die Wasserleitung bricht?«) sogleich die Beruhigung verkauft (»wir haben da einen speziellen Leitungsschutz«). Ja, selbst Politiker und Kanzler(innen) müssen sich stets bemühen, den Gestus unbestechlicher Sachlichkeit mit jenem menschlicher Anteilnahme zu verbinden.

So leisten die meisten von uns, auf die eine oder andere Weise, stets »Gefühlsarbeit« – eine Arbeit, die in den seltensten Fällen als solche wahrgenommen wird und die doch das Schmiermittel unserer Gesellschaft ist, unabdingbar für das Funktionieren vieler Geschäfte und Berufe. Dabei verlangt nicht nur der Umgang mit Kunden und Geschäftspartnern heute psychologisches Feingefühl, auch das Miteinander mit den »lieben Kollegen« und ihren jeweiligen Macken erfordert oft mehr emotionale Anstrengung als die eigentliche Arbeit. Und für unser Gefühlsleben sind die Anforderungen der modernen Emotionsarbeit mindestens so prägend wie unsere Erfahrungen in der Liebe. Einen Einblick in die eigene, ganz persönliche Gefühlsarbeit ermöglicht das kleine Quiz auf der folgenden Seite.

Welche Gefühle verbinden Sie mit der Arbeit?

1. Wenn ich am Sonntagabend an meine Arbeit denke ...

   A ... freue ich mich: endlich Schluss mit der Langeweile und zurück zum Wesentlichen!

   B ... fällt mir mit Schrecken all das ein, was noch zu erledigen ist.

   C ... überfällt mich bleierne Müdigkeit.

   D ... schalte ich schnell den *Tatort* ein.

2. Meine Kollegen erlebe ich in erster Linie als ...

   A ... freundschaftlich und unterstützend.

   B ... gefährliche Konkurrenz.

   C ... nett, aber zuweilen auch nervtötend.

   D ... meinen persönlichen Albtraum.

3. Zu mir passt am besten ein T-Shirt mit der Aufschrift ...

   A ... »Mitarbeiter des Monats«.

   B ... »Thank God, it's Friday«.

   C ... »Ich kann, weil ich will, was ich muss«.

   D ... »Grüße jeden Trottel. Morgen könnte er dein Chef sein«.

4. Nach der Arbeit würde ich am liebsten ...

   A ... mit meinen Kollegen feiern.

   B ... bloß schnell nach Hause.

   C ... noch mal alles in Ruhe besprechen.

   D ... die Sau rauslassen.

5. Mein Chef ...

   A ... inspiriert mich.

   B ... nervt mich.

   C ... ist extrem fordernd.

   D ... bin ich selbst.

6. Bei der Arbeit fühle ich mich ...

   A ... ganz in meinem Element.

   B ... ständig unter Druck.

   C ... genervt und gelangweilt.

   D ... wie ferngesteuert, nicht mehr ich selbst.

Wie immer Sie antworten: Wichtig ist, überhaupt einmal die emotionalen Anforderungen und Belastungen in den Blick zu bekommen, die das Berufsleben mit sich bringt. Denn oft erschöpft uns diese Art von Gefühlsarbeit viel mehr als unsere eigentliche Tätigkeit. Das verbreitete Phänomen des *Burn-out* beispielsweise hat mindestens ebenso viel mit mangelnder Anerkennung und fehlender emotionaler Belohnung zu tun wie mit der Anzahl tatsächlich geleisteter Arbeitsstunden.

Dennoch verhält es sich mit der Gefühlsarbeit ähnlich wie mit der Arbeit im Haushalt: Sie ist eine »Schattenarbeit«[242], eine Anstrengung, die im Dunkeln bleibt und nicht als wirkliche Arbeit angesehen wird; obwohl sie für das Gelingen des Ganzen unabdingbar ist. Und es ist kein Wunder, dass insbesondere Frauen für diesen Aspekt des Arbeitslebens besonders sensibilisiert sind; schließlich stand die weibliche Arbeit jahrhundertelang im Schatten der vermeintlich »bedeutsamen«, männlichen Tätigkeiten. Nicht von ungefähr sind es daher gerade Forscherinnen wie Eva Illouz, Heidemarie Bennent-Vahle oder Arlie Hochschild, die diese Form von Schattenarbeit gezielt ausleuchten.

Lächeln als Kapital

Vor allem Arlie Hochschild, heute emeritierte Professorin für Soziologie der University of Berkeley in California[243], machte Anfang der 1980er Jahre den Begriff der »Gefühlsarbeit« bekannt. In ihrem Buch *Das gekaufte Herz* beschrieb sie diese Art von Arbeit am Beispiel amerikanischer Stewardessen, die in ihrer Ausbildung regelrecht darauf gedrillt wurden, sich nicht nur freundlich zu *verhalten,* sondern sich auch entsprechend zu *fühlen.*

So wurden sie etwa bei der *Delta Airlines* angehalten, sich die Flugzeugkabine nicht als Arbeitsplatz, sondern als ihr privates Zuhause auszumalen; die Passagiere sollten sie sich als persönlich eingeladene Gäste in den eigenen vier Wänden vorstellen und entsprechend wie gute Bekannte behandeln. »Du siehst die Augen Deiner Schwester im Gesicht des Passagiers, der vor Dir sitzt«, beschrieb eine der Stewardessen diese Technik. »Diese Vorstellung ruft den Wunsch nach freundlicher Bedienung wach. Wenn jemand bei mir zu Hause hereinschaut, biete ich ihm ja auch etwas an, auch wenn ich ihn noch nicht kenne. Wenn ich diese Situation auf eine große Gesellschaft – auf die 36 Passagiere, für die eine Flugbegleiterin zuständig ist – übertrage, bleiben meine Gefühle doch die gleichen.«[244]

Zugleich mussten die Stewardessen üben, auf Kommando möglichst natürlich zu lächeln. »Euer Lächeln ist euer größtes Kapital«, lautete die Devise. Denn eine möglichst authentische Freundlichkeit sei nicht nur das Markenzeichen der Fluggesellschaft, sondern stelle gewissermaßen die Garantie für einen entspannten, ungefährlichen Flug dar. Natürlich durften sie auch nicht aus der Rolle fallen, wenn die Passagiere sich einmal nicht wie wohlerzogene Gäste verhielten, sondern zu viel tranken, unfreundlich oder gar anzüglich wurden. »Hunderte, vielleicht Tausende von Dollar hängen von Ihrer Höflichkeit ab«, wurde den Stewardessen eingeschärft. In solchen Fällen sollten sie sich vorstellen, dass der rüpelige Passagier Angst vor dem Fliegen habe und sich deshalb wie ein trotziges Kind verhalte. »Und wenn ich ihn vor diesem Hintergrund sehe, werde ich nicht verrückt, wenn er mich laut anmacht«, erklärte eine Stewardess. »Er ist dann einfach ein Kind, das mich anfleht«.

Diese Gefühlstechniken funktionierten offenbar so erfolgreich, dass die Fluggesellschaften explizit damit warben. »Bei der Pacific Southwest Airline gibt es keine aufgesetzte Freundlichkeit. Freuen Sie sich mit uns auf Ihren Flug von Los Angeles nach San Francisco«, hieß es etwa in einem Radiowerbespot.[245] Während also die Company an den »natürlichen« Gefühlen ihrer Angestellten verdiente, blieben die psychologischen Folgen dieses Trainings den Stewardessen selbst überlassen. Nach einem langen Flug sei sie völlig fertig, könne sich aber nicht entspannen, verriet eine der Stewardessen der Soziologin. »Es ist, als ob ich mich von einer künstlich erzeugten Hochstimmung, die mich während des Fluges oben hielt, nicht befreien könnte.«[246]

Wie jede Arbeit verursacht also auch die »Gefühlsarbeit« bestimmte Kosten. Sie berge das Risiko, analysiert Hochschild, dass »der oder die Arbeitende von dem Teil seines Selbst entfernt oder entfremdet werden [kann], der für die Arbeit benutzt wird – egal ob es sich um seinen/ihren Körper oder die Psyche handelt.«[247] Mit anderen Worten: Wer seine Gefühle auf diese Weise manipuliert und zweckentfremdet, läuft Gefahr, den natürlichen Zugang zu seinen Emotionen zu verlieren, die doch das innerste Wesen einer Person ausmachen. Noch kürzer gesagt: Wer seine Gefühle verkauft, verliert irgendwann sein Herz.

Die emotional intelligente Führung

Was Hochschild vor dreißig Jahren beschrieb, betrifft heute längst nicht mehr nur Stewardessen. Das richtige Gefühlsmanagement hat, dank des Einsatzes von Arbeitspsychologen, in nahezu jeder Branche Einzug gehalten. Allerorten sind *soft skills* gefragt, kommunikative Fähigkeiten, einfühlsames Denken und Begeisterungsvermögen, nicht nur gegenüber Kunden sondern auch und innerhalb eines Unternehmens. Insbesondere in den Vorstandsetagen pflegt man einen modernen emotionalen

Stil. Mitarbeiter werden heute nicht mehr angebrüllt, sondern »motiviert«; die polternden Chefs von einst, die ihr Unternehmen mit harter Hand und lautstarker Autorität führten, gehören zunehmend der Vergangenheit an. Die modernen Manager haben gelernt, »mit Empathie zu führen«. Sie sagen öfter »wir« als »ich«, verstehen sich nicht mehr als Antreiber, als allmächtige *Chief Executive Officer,* sondern buchstabieren ihren CEO-Titel bescheiden als *Chief Enabling Officer,* als »oberster Ermöglicher«, der fürsorglich dafür zuständig ist, dass andere ihren Job erledigen können.[248] Und statt auf den Tisch zu hauen und ihre Macht spielen zu lassen, bevorzugen moderne Chefs leise Töne und verwenden am liebsten Wörter, die mit Team beginnen: Teamgeist, Teamwork, Teamerfolg …

Die moderne Nettigkeit darf allerdings nicht darüber hinwegtäuschen, dass auch die neuen Chefs in der Regel genau um ihre Macht innerhalb der Unternehmenshierarchie wissen. Sie stellen vielleicht ihre Machtinsignien nicht mehr zur Schau, tragen keine Siegelringe und rauchen keine dicken Zigarren mehr, sondern ernähren sich gesund, laufen Marathon und kommen mit dem Rucksack zur Arbeit; doch wenn es darauf ankommt, können sie Mitarbeiter ebenso kaltblütig entlassen wie ihre Vorgänger – nur diesmal eben mit einem netten Lächeln und warmen Worten.

»Personalführung«, so lautet eine gern zitierte Büroweisheit, »ist die Kunst, den Mitarbeiter so schnell über den Tisch zu ziehen, dass er die Reibungshitze als Nestwärme empfindet« – eine durchaus zutreffende Beschreibung des modernen Managementstils. Es gilt zwar, jeden Eindruck von Zwang und Gewaltsamkeit zu vermeiden, aber eben doch zum vorher anvisierten Ziel zu kommen.

Das verdeutlichen die Propagandisten der »emotional intelligenten Führung«, wie etwa der amerikanische Erfolgsautor

Daniel Goleman, gerne mit Beispielen wie dem folgenden: Bei der britischen Medienagentur BBC musste einst ein Manager 200 Journalisten nahebringen, dass ihre Abteilung aufgelöst wird. Wie bewältigte der Mann die schwierige Aufgabe? Zuerst, so berichtet Goleman, sprach er »mit spürbarer Überzeugung« von der Bedeutung des Journalismus für die Gesellschaft und erinnerte die Leute daran, »dass niemand Journalist wird, weil er einen sicheren, gut bezahlten Arbeitsplatz anstrebt«. Dann appellierte er an »die Leidenschaft, ja die Hingabe«, die Journalisten für ihren Beruf empfinden – und wünschte zum Schluss »allen das Beste für ihre weitere Karriere«. Ergebnis? Am Ende der Ansprache (die ihre eigene Kündigung bedeutete) applaudierten die Leute begeistert! »Die Kunst der emotionalen Führung besteht darin, Forderungen durchzusetzen, ohne die Leute aus dem Gleichgewicht zu bringen«, fasst Goleman zusammen.[249]

Diese Strategie, die auch George Clooney als abgebrühter Kündiger in dem Film *Up in the air* aufs Schönste vorführt, ist zum einen eine direkte Folge der Herausforderungen der modernen Wirtschaftswelt. In einer globalisierten Ökonomie, in der große Unternehmen weltweit tätig sind und unvorsichtige Äußerungen sofort getwittert, gepostet und gegoogelt werden, müssen die Chefs sich möglichst nach allen Seiten absichern. Ihnen ist klar, dass sie angesichts der komplexen Anforderungen einer sich ständig verändernden Umwelt vorsichtig agieren müssen, dass es riskant ist, mit einsamen Entscheidungen vorzupreschen, sondern dass sie sich absichern müssen, dass sie eine gut funktionierende Kommunikation brauchen und möglichst viel Unterstützung innerhalb und außerhalb des Unternehmens.

Die Historie des Gefühlsmanagements

Der moderne emotionale Führungsstil ist aber auch das folgerichtige Ergebnis einer historischen Entwicklung, die bereits vor über hundert Jahren begann. Schon vor dem Ersten Weltkrieg forderten Managementexperten den Einsatz emotionaler Führungstechniken anstelle der bis dahin üblichen Disziplinarmaßnahmen. So wurde in der Zeitschrift *Organisation* den Chefs ein »leutseliges Wesen« und die »achtungsvolle Behandlung« des Personals empfohlen. Statt die Mitarbeiter durch Befehle und Androhungen zu gängeln, solle man sie lieber durch »aufmunternde Worte und gelegentliche Anerkennung« motivieren. Das wirke auf lange Sicht erheblich besser als »das beliebte Straffspannen der Zügel«. Außerdem, so konnte man da Anfang des 20. Jahrhunderts lesen, sei es für den Unternehmenserfolg wichtig, das »Interesse der Angestellten am Geschäft« und ihre »Liebe zum Beruf« zu fördern. Im Idealfall sollten sich die Arbeitnehmer »durch Bande, wie sie langjährige Beziehungen herausbilden, mit dem Unternehmen eng verknüpft fühlen«.[250]

Die freundlichen Empfehlungen kamen damals nicht von ungefähr. Sie waren vielmehr eine Reaktion auf den zunehmenden Widerstand der Arbeiterschaft und deren Unmut über ausbeuterische Arbeitsbedingungen. Nachdem Mitte des 19. Jahrhunderts Marx und Engels die Parole »Proletarier aller Länder, vereinigt euch!« ausgegeben hatten, waren allerorten Parteien, Gewerkschaften und Arbeitervereine entstanden, die für die Belange der Industriearbeiter kämpften. Streiks wurden zum beliebten Druckmittel, mitunter legten die Arbeiter durch Sabotage ganze Betriebe lahm. Den Bossen wurde allmählich klar, dass es auf Dauer zu kostspielig und ineffizient war, darauf immer nur mit Druck und Polizeigewalt zu reagieren. Neue Methoden waren gefragt.

Damals begann jene Art von Gefühlsmanagement, die im Laufe des 20. Jahrhunderts immer mehr perfektioniert wurde. Dabei stand hinter dieser Entwicklung von Anfang an die Erkenntnis, dass ressentimentgeladene, streikende Arbeiter die Produktion behindern und den Gewinn schmälern, während zufriedene Beschäftigte nicht nur einen reibungslosen Ablauf garantieren, sondern durch Einsatz, Engagement und eigene Ideen auch noch aktiv zum Unternehmenserfolg beitragen. »Der Arbeiter wurde zunehmend als ein sensibles Gefühlswesen betrachtet«, schreibt die Historikerin Sabine Donauer, »auf dessen emotionales Gleichgewicht geachtet werden musste, wenn man erfolgreich mit seinem Personal ›wirtschaften‹ wollte.«[251]

Schon in ihrer Dissertation über *Die Geschichte der Arbeitsgefühle**[*] hat Donauer diese Konjunktur des psychologischen Personalmanagements minutiös nachgezeichnet. So bürgerte es sich etwa ab den 1920er Jahren ein, die Arbeiter als »Mitarbeiter« zu bezeichnen, um ihnen das Gefühl der Wertschätzung zu geben und ihren Beitrag zum Firmenerfolg zu würdigen. Zugleich bemühte man sich, Betriebe von einem »Zweckraum« in einen »Lebensraum« zu verwandeln, in dem sich die Arbeitnehmer wohl und als Teil der »Betriebsfamilie« gleichsam geborgen fühlen sollten. Es entstanden behagliche Kantinenräume, betriebseigene Kaufhäuser und Erholungsanlagen, mitunter wurden die Produktionsräume sogar durch Blumen und Musik verschönert.

Welch großes Potenzial dieser neue emotionale Stil barg, erkannten insbesondere die Nationalsozialisten. Sie intensivierten das Wohlfühlmanagement und gaben Parolen aus wie »Gutes Licht, gute Arbeit«, um die Arbeitgeber für Hygienemaß-

---

[*] Die Arbeit wurde übrigens 2014 mit dem Deutschen Studienpreis ausgezeichnet.

nahmen oder für Freizeit- und Sportmöglichkeiten in ihren Firmen zu gewinnen. Dahinter stand nicht nur die Vorstellung, dass gesunde und zufriedene Arbeiter produktiver seien, sondern auch die Idee, mithilfe von Betriebssportgruppen das Gefühl der Loyalität zur eigenen Firma zu stärken und damit im Gegenzug den Zusammenhalt der gewerkschaftlich oder politisch organisierten Arbeiterschaft zu schwächen.

Tanz im Rahmen einer »Kraft-durch-Freude«-Aktion, 1933

Das Ganze wurde dabei unter Leitsprüche wie »Schönheit der Arbeit« oder »Kraft durch Freude« gestellt – Begriffe, die heute so niemand mehr in den Mund nehmen würde, deren Gehalt aber in modifizierter Form fortlebt.

Schöne neue Arbeitswelt

Dass Erwerbsarbeit mehr ist als reiner Broterwerb, dass sie begeistern, Sinn stiften und der Selbstverwirklichung dienen soll – all das scheint uns heute selbstverständlich. Vor hundert Jahren hätte die meisten Arbeiter darüber vermutlich gelacht, doch heute werden solche Ideale in jeder Stellenanzeige formuliert: Da ist dann nicht nur von anspruchsvollen Aufgaben die Rede, sondern auch von den »vielfältigen Chancen für berufliche *und* persönliche Weiterentwicklung«. Die angebotenen Jobs werden als Möglichkeit präsentiert, das eigene »Potenzial auszuschöpfen«, »jeden Tag an seinen Aufgaben zu wachsen«, »Grenzen zu überwinden« und sich immer wieder »selbst neu zu definieren«.

Solche Anzeigen sind nicht einfach nur pathetisch formuliert. Dahinter steht das wohlkalkulierte Denken des *Human Ressource Management*. Diese Strategie der Personalführung versteht den einzelnen Mitarbeiter heute nicht mehr nur als Produktions- oder Kostenfaktor, sondern als wertvolle menschliche Ressource. Dementsprechend gelten die Qualifikation und Motivation des »Humankapitals« als entscheidend für die Wettbewerbsfähigkeit eines Unternehmens. Und das Ziel der modernen Personalführung besteht im Wesentlichen darin, die individuelle Leistungsfähigkeit der Angestellten so zu maximieren, dass sie genau den Zielen der Firma dient.

Das aber, so haben die Personalexperten im Laufe der Zeit erkannt, gelingt nicht unbedingt durch eine höhere Entlohnung, sondern viel eher durch emotionale Anreize: Wer sich etwa mit den Zielen seiner Arbeit identifiziert und seine Schufterei als »persönliche Weiterentwicklung« versteht, wer die Firma als eine Art große Familie betrachtet, für den wird der Firmenerfolg zum ureigenen Anliegen. Damit aber strebt er von selbst Höchstleistung an, sieht Überstunden gern als das »Überwinden von Grenzen« und wird sich mit so viel Freude selbst ausbeuten, dass das niemand anderer mehr für ihn erledigen muss.

In ihrem eindrücklichen Dokumentarfilm *Work Hard, Play Hard* hat die Regisseurin Carmen Losmann die zum Teil beklemmend-skurrilen Auswirkungen dieses Denkens sichtbar gemacht.[252] Moderne Büroräume, so zeigt dieser Film, werden heutzutage so konzipiert, dass die Mitarbeiter darin »auf keinen Fall daran erinnert werden, dass sie arbeiten«, wie es ein Planer der neuen Unilever-Firmenzentrale in Hamburg formuliert. Von hochbezahlten Architektenteams werden vielmehr Zimmer, Erholungszonen und *meeting points* entworfen, die »eher einem Wohnraum« gleichen und in denen sich die Arbeitskollegen im Idealfall »wie Nachbarn« begegnen. Schließlich sei »zufällige, ungeplante Kommunikation« für »achtzig Prozent« der Kreativität eines Unternehmens verantwortlich, erklärt einer der Designer. Also plant man nun eben das Unplanbare.

In dieser schönen neuen Arbeitswelt laden dann Sitzgruppen im Ikea-Stil zum (hoffentlich kreativen!) Gespräch ein, über große Flachbildschirme flimmern inspirierende Landschaftsaufnahmen und Lampen in organischen Formen signalisieren ebenso Gemütlichkeit wie das Mobiliar in der Kuschelfarbe Orange. (Brauntöne hingegen sind verpönt, weil diese »zu sehr an zu Hause erinnern« und zum Faulenzen verleiten könnten.) Alles ist darauf angelegt, dass die Mitarbeiter sich bei der kreativen Höchstleistung auch wohl fühlen – aber eben nicht *zu* wohl, so dass die Arbeit darunter leiden könnte.

Und natürlich geht es in Losmanns Film auch um die berühmten »Teambildungsskills«: Man sieht etwa Manager beim *Outdoortraining* in einem Hochseilgarten in der Lüneburger Heide, wie sie mit verbundenen Augen durch den Wald kriechen oder

sich aus Bäumen abseilen; man erlebt angehende Führungskräfte, die sich durch gemeinsame »Super!«-Rufe gegenseitig
motivieren und begeistert erzählen: »Es ist ein wahnsinnig tolles Gefühl, mich einfach in die Arme meiner Kollegen fallen zu
lassen« – so als ob es echte Freunde oder Bergkameraden wären, mit denen man zum Vergnügen unterwegs ist und nicht
Arbeitskollegen, mit denen man am nächsten Tag möglicherweise wieder um die Karriere konkurriert.

»Fast scheinen es Karikaturen zu sein«, schrieb die *Süddeutsche
Zeitung* bedauernd über die robbenden und kletternden Manager, »aber man muss sie ernst nehmen, denn es ist unsere eigene
Angst vor dem Verlust des Arbeitsplatzes, die ihre lächerlichen
Anstrengungen spiegeln.«[253] Und selbst die – ansonsten unternehmerfreundliche – *Frankfurter Allgemeine* folgerte erschrocken: »Tatsächlich haben moderne Unternehmen mit Sekten
und politischen Religionen mindestens eines gemeinsam: Die
Disziplinierung geschieht nicht durch Zwang, sondern durch
verinnerlichte Werte, salopp gesagt: Gehirnwäsche.«[254]

Gänzlich ungefiltert kommt dies in den Worten einer kühlen
blonden Personaltrainerin zum Ausdruck, die vor Losmanns
Kamera ungerührt erklärt: »Meine Vision ist, dafür zu sorgen,
dass das auch was Bleibendes ist; dass wir diesen kulturellen
Wandel wirklich nachhaltig in die DNA jedes einzelnen Mitarbeiters bei uns verpflanzen.«

Vom Klassenkampf zum Individualismus

Den »kulturellen Wandel in das Erbgut der Mitarbeiter zu verpflanzen« – wenn das tatsächlich ginge, würden moderne Firmen vermutlich auch davor nicht zurückschrecken. Doch in
der Regel sind solche grobschlächtigen biologischen Eingriffe

gar nicht nötig. Denn die subtile Beeinflussung des Gefühlslebens hat sich in den vergangenen Jahrzehnten als derart erfolgreich erwiesen, dass es komplizierte genetische Methoden
ohnehin nicht braucht.

Während man früher wie selbstverständlich annahm, dass
anstrengende Arbeitsbedingungen durch ein erholsames Privatleben kompensiert werden müssten (Arbeitswissenschaftler
sprechen vom ›Kompensationsmodell‹), dominiert heute das
›Verstärkungsmodell‹: Nur wer sich in der Arbeit richtig ›entfalten‹ kann, wird auch im Privatleben glücklich. Für Sabine Donauer hat damit die Erwerbsarbeit »eine enorme Aufwertung
erfahren, was ihre Prägekraft für individuelle Biographien und
Glückserwartungen angeht: Sie ist nicht mehr nur notwendiges
Mittel zum Broterwerb, sondern ›Seelenbrot‹ – der Ort, an dem
ein Arbeitnehmer auch als Mensch zu Sinn und Glück finden
soll.«

Im selben Maße, wie die Arbeit ideell aufgewertet wurde,
nahm allerdings zugleich die Bedeutung der finanziellen Entlohnung ab. Hieß es um 1900 noch, dass die Mühen der Arbeit
durch angemessene Löhne zu kompensieren seien, setzte sich
ab den 1970er-Jahren mehr und mehr die Ansicht durch, dass
Gehalt alleine keine ausreichende Motivationsquelle darstelle:
Vielmehr ließen sich Menschen ja vor allem durch die positiven
Gefühle motivieren, die sie mit ihrer Arbeit verbänden. So
führte nicht zuletzt das *Human Ressource Management* dazu, dass
die Reallöhne in den vergangenen Jahrzehnten weitgehend sta-
gnierten, obwohl die Produktivität der Arbeitnehmer ständig
wuchs.

Eine interessante Ausnahme von diesem Trend gibt es jedoch: Die Gehälter der Topmanager stiegen in den vergangenen Jahrzehnten überproportional an. Denn sie verstanden es,
für sich eine andere emotionale Logik geltend zu machen. Sie

argumentierten, dass angesichts ihrer hohen Verantwortung auch ein exorbitantes Gehalt gerechtfertigt sei. (Während bei normalen Arbeitnehmern der Zuwachs von Verantwortung als Belohnung und Chance zur Persönlichkeitsentwicklung interpretiert wurde.) So entfernten sich die Gehälter der Chefs immer weiter von den üblichen Löhnen: Während 1985 die Relation zwischen einem durchschnittlichen Gehalt und dem eines Topmanagers noch bei 1:20 lag, hat sich dieses Verhältnis knapp dreißig Jahre später auf 1:200 verzehnfacht![255] Besonders extrem ist der Unterschied in den USA: Dort verdient, wie eine Studie der Harvard Business School zeigte, ein CEO heute sogar rund 354mal so viel wie ein einfacher Arbeiter![256] (In Deutschland streichen die Vorstände das 147-fache eines Arbeitergehalts ein.) Als geradezu rührend naiv erweisen sich demgegenüber die Vorstellungen der Arbeiterschaft: Als sie im Rahmen der Harvard-Studie gebeten wurden zu schätzen, was ihre Chefs wohl verdienen, gaben sie gerade das Zehnfache ihres eigenen Gehalts an. Als »ideal« fanden sie sogar nur ein Verhältnis von etwa 5 zu 1 – was im Vergleich zur Realität geradezu lachhaft ist.

Dass sich gegen dieses Missverhältnis erstaunlicherweise kaum nennenswerter Widerstand formiert, hat unter anderem damit zu tun, dass sich die frühere Frontstellung zwischen Arbeitnehmern und -gebern weitgehend aufgelöst hat. Der Kampf um bessere Arbeitsbedingungen wird heute nicht mehr als gemeinsames Anliegen einer bestimmen »Klasse« oder Gruppe verstanden, sondern weitgehend als *individuelle* Aufgabe. Plakativ formuliert: Wer mit seiner Arbeit unzufrieden ist, sich frustriert oder überlastet fühlt, macht dafür nicht den Vorgesetzten, die Umstände oder gar das kapitalistische System verantwortlich, sondern in der Regel nur eine Person –

sich selbst. Denn ganz offensichtlich hat man es dann nicht geschafft, die Arbeit mit Sinn zu füllen, hat nicht positiv genug gedacht, nicht tagtäglich seine eigenen Grenzen überwunden und sich in der beruflichen Tätigkeit nicht ständig selbst verwirklicht. Selbst schuld!

Die Ökonomisierung des Sozialen

Selbst schuld? Was klingt wie eine Persiflage, ist durchaus real. In Umfragen zeigen sich insbesondere jüngere Arbeitnehmer davon überzeugt, dass sie für die Zufriedenheit mit ihrer Arbeitssituation selbst verantwortlich seien und dementsprechend Stress und Probleme allein bewältigen müssten. Bei einer Befragung[257] gaben etwa junge Arbeitnehmer zwischen 25 und 35 Jahren mehrheitlich zu Protokoll, dass sie sich stark mit ihrer Arbeit identifizieren, gerne eigenverantwortlich arbeiten und in problematischen beruflichen Situationen individuelle Lösungen suchen, statt sich mit Kollegen zu verbünden. »Mit dem Begriff ›Solidarität‹ können Beschäftigte dieser Altersgruppe oft wenig anfangen«, resümierten die Forscher.[258] Das erkläre auch, warum sich so wenige für die Mitbestimmung in Betriebs- oder Personalräten gewinnen ließen. Wer dafür wirbt, sich gegen schlechte Arbeitsbedingungen *gemeinsam* zu wehren, sich mit den Kollegen zu solidarisieren oder gar gewerkschaftlich zu organisieren, der muss sich heute schnell den Vorwurf der Vorgestrigkeit gefallen lassen.

Wie wenig gesellschaftliche Solidarität heute noch zählt, erfahren insbesondere die Angehörigen von sozialen oder helfenden Berufen, also all jene, die in Krankenhäusern und Pflegeheimen, aber auch in Kindergärten, Sozialdienststellen, Behindertenwerkstätten oder Familieneinrichtungen tätig sind.

Obwohl ihre Tätigkeit für das Gemeinwohl von enormem Wert ist, werden sie in der Regel – verglichen mit anderen Berufen – miserabel bezahlt. Und statt öffentlicher Wertschätzung schlägt ihnen zunehmend die Frage entgegen, ob sich ihre Arbeit nicht auch wirtschaftlicher und effizienter erledigen lasse und welcher Mehrwert denn bitte damit verbunden sei.

Diese »Ökonomisierung des Sozialen« habe in den vergangenen Jahren mehr und mehr dazu geführt, dass sich jahrhundertelange Tugenden ins Gegenteil verkehrt hätten, klagt etwa Ulrich Schneider, Geschäftsführer des Paritätischen Wohlfahrtsverbands. »Wem die Nöte von Menschen am Herzen lagen, wer Empathie zeigte, wer das menschliche Einzelschicksal bei all den Umwälzungen nicht aus dem Blick verlieren wollte oder wer gütig war, der sah sich plötzlich als hoffnungsloser ›Gutmensch‹ vorgeführt – nette Leute, aber leider absolut aus der Zeit gefallen und nicht mehr brauchbar.«[259]

So gerät zum Beispiel das Pflegepersonal in Krankenhäusern leicht unter doppelten Druck: Einerseits ist menschliche Anteilnahme und Einfühlung mit den Patienten gefragt. Andererseits klagen die Krankenschwestern (und die wenigen männlichen Pfleger) seit Jahren über unhaltbare Zustände, über Stress und Hetze am Krankenbett, mangelnde Wertschätzung und Erschöpfung. Dabei, sollte man meinen, wäre es in unser aller Interesse, dass sich das änderte. Wer will schon im Krankenhaus von frustriertem und ausgebranntem Pflegepersonal betreut werden, das Fehler macht und schwierige Patienten zur Not auch einmal mit Beruhigungsmitteln vollpumpt? Doch trotz aller Demonstrationen und öffentlichen Aktionen[260] ändert sich am viel beklagten Pflegenotstand nichts.

Warum? Vielleicht hängt es auch damit zusammen, dass die Krankenschwestern noch nie einen echten Arbeitskampf geführt haben. »Denn deutsches Pflegepersonal streikt nicht.

Das Idealbild der deutschen Krankenschwester leitet sich von der christlichen Ordensschwester her, und die rackert aus Nächstenliebe und für Gotteslohn«, heißt es sarkastisch in einem Artikel zum Thema[261]. Selbst wenn alle anderen streikten – Eisenbahner, Piloten, Beamte, Ärzte –, die deutsche Schwester harre am Krankenbett aus; und wenn sie doch einmal auf eine Demo gehe, dann sorge sie zuvor selbst für eine Vertretung.

Das Ergebnis von so viel Pflichtbewusstsein? Krankenschwestern werden in Deutschland wohl auch weiterhin unter miserablen Bedingungen arbeiten; dafür erreichen sie regelmäßig Spitzenplätze in den Burn-out-Statistiken[262].

Die Firma als Familienersatz

Die schwach ausgeprägte Streikbereitschaft zeigt aber nicht nur die Vereinzelung der ehemals geschlossenen »Arbeiterschaft«, sondern ist auch ein Spiegelbild der Ängstlichkeit. Denn Streik bedeutet immer Konfrontation, und vor der scheuen heute offenbar viele zurück. Dabei ist es nicht nur die Angst vor einer konkreten Entlassung; häufig reicht schon die diffuse Sorge vor dem Verlust an sozialer Anerkennung, die Angst, sich im Unternehmen oder dem eigenen »Team« unbeliebt zu machen und als Störenfried oder »Minderleister« abgestempelt zu werden.

Denn auch das ist eine Folge des neuen emotionalen Stils: Es gibt zwar kaum noch lautstarke Kritik, dafür aber sind die Sanktionen subtiler geworden und werden mehr auf der psychologisch-emotionalen Ebene ausgetragen. Mitunter reicht schon eine ironische Bemerkung hier, ein abfälliges Wort da, um dem oder der Betreffenden das Gefühl zu geben, dass er oder sie nicht mehr geschätzt werde oder gar den Ausschluss aus der verschworenen Firmengemeinschaft riskiere. Denn auch wenn

Chefs sich heute als mütterliche Coachs geben und allerorten den Wert der Teamarbeit beschwören, dann gibt es doch auch in vielen Firmen jene perfiden Bewertungssysteme, denen zufolge stets ein bestimmter Prozentsatz als *high* und *low performer* eingestuft werden müssen. Und wer würde es sich da mit dem Chef oder der Chefin verscherzen wollen? Wer würde den heimeligen Ton des Einvernehmens in einer wichtigen Sitzung durch kritisch-bohrende Nachfragen stören? Wer könnte angesichts lächelnder Vorgesetzter und Kollegen ernsthaft wütend über seine Arbeitsbelastung werden (auch wenn das völlig berechtigt wäre)?

»Sehr viel in der Mitarbeiterführung läuft über Scham oder Angst, also über Sanktionen, die auf den Kern der Persönlichkeit zielen«, hat die Darmstädter Soziologin Cornelia Koppetsch beobachtet. In der modernden Arbeitswelt würden Gefühl und emotionale Bindung als »strategische und ökonomische Ressourcen« eingesetzt, der Einzelne werde dadurch viel stärker emotional vereinnahmt: Er gerate mit seiner ganzen Persönlichkeit »in den Sog einer Anerkennungsdynamik«, schreibt Koppetsch.[263]

Dass in der Tat heute nicht wenige Arbeitnehmer ihre Firma als eine Art Familien- oder Gruppenersatz betrachten, hat auch mit der modernen Ungebundenheit zu tun. Denn dem modernen Individuum, das sich von allen traditionellen Banden gelöst hat, fehlt schließlich das Gefühl der Zugehörigkeit und des Aufgehobenseins. Und genau dieses »Wir-Gefühl«, das mit dem Bedeutungsverlust von Großfamilien, Parteien, Vereinen oder Kirchen schwindet, pflegen nun Firmen und multinationale Konzerne. Sie kommen nicht mehr als herzlose Betriebe daher, sondern präsentieren sich als beseelte Unternehmen, die mit ihren geschätzten und geliebten Mitarbeitern gleichsam eine ideelle Mission verfolgen. Und wer will diese Mission schon sabotieren, wer will gegenüber seinen Firmenfreunden als Nestbeschmutzer dastehen?

Deshalb verändert die Arbeit heute nicht nur das Verhalten, sondern auch das Gefühlsleben der Menschen stärker, als sich die meisten je bewusst sind. Und meist merken die Betroffenen gar nicht, welch allmähliche Veränderung da mit ihnen vorgeht. Nur Außenstehenden fällt das auf, und irgendwann sagen die Freunde: Er ist nicht mehr der Alte. »Vormals linksradikale Doktoranden arbeiten wenige Monate in der Bank und singen plötzlich im Freundeskreis das Lied von freien Märkten. Lehrer sind irgendwann von ihrem Besser-Wissen so sehr überzeugt, dass sie auch mit Erwachsenen wie mit Kindern reden. Juristen sehen Streitfälle und Schadensersatzansprüche, wo andere Blumen, Gemälde oder Sportverletzungen sehen«, beschreibt der Wirtschaftsjournalist Jan Grossarth treffend dieses Phänomen.[264]

Solche Veränderungen haben nicht nur mit der üblichen *deformation professionelle* zu tun, sondern auch mit dem Versuch, das eigene Handeln und die innere Überzeugung in Einklang zu bringen. Denn wenn beides nicht zusammenpasst, entsteht leicht ein Gefühl innerlicher Zerrissenheit, eine »emotionale Dissonanz«, die auf Dauer sogar krank machen kann. Um ihr zu entgehen, gibt es im Wesentlichen zwei Möglichkeiten: Entweder man folgt seinem Gefühl und verlässt die Gruppe (was im Extremfall bedeutet zu kündigen), oder man passt sein inneres Erleben nach und nach unbewusst dem äußeren Handeln an, um die Diskrepanz zwischen Wollen und Können zu verringern. Anders gesagt: Man legt sich die Realität allmählich so zurecht, dass sie zum eigenen Weltbild passt – und merkt gar nicht, wie sehr sich dabei das eigene Weltbild verändert.[*]

---

[*] Manche finden allerdings auch einen dritten Weg: Wer etwa über eine spezielle Qualifikation verfügt, kann sich oft eine Nische schaffen, in die einem niemand hineinredet. Ähnliches gilt für jene, die sich vom Karrieredruck frei machen und sich mit einer niedrigen Position in der Firmenhierarchie zufrieden geben. Sie sind in der Regel vom Konformitätsdruck in einem Unternehmen kaum betroffen und können ihren Überzeugungen treu bleiben.

So entstehe eine »neue Konformität« diagnostiziert die Soziologin Koppetsch, eine Konformität allerdings, die nicht mehr wie früher duckmäuserisch und pedantisch daherkomme, sondern »von Teamgeist und der Bereitschaft zur permanenten Optimierung getragen wird«.[265] Dabei ist eine allzu große Gleichförmigkeit weder für den Einzelnen noch für das Unternehmen wirklich wünschenswert. Denn in einer Gemeinschaft von Jasagern wagt oft niemand mehr, dem Chef zu widersprechen oder vor Fehlentwicklungen zu warnen – auch dann nicht, wenn das eigentlich dringend nötig wäre.

Wirklich souveräne Chefs fördern daher nicht die Konformität unter ihren Mitarbeitern, sondern ihre Eigenständigkeit und ihr kritisches Denken, so wie es der frühere Präsident von General Motors, Alfred P. Sloan, einst vormachte. Sloan, der von 1923 bis 1937 den legendären Autokonzern führte, konstatierte einmal in einer Sitzung eine allgemeine Zustimmung zu einer wichtigen Entscheidung. Daraufhin vergewisserte er sich nochmals, dass bezüglich dieser Frage offenbar alle einer Meinung waren. Wiederum allgemeines Kopfnicken. Daraufhin sagte Sloan sinngemäß: »Wenn das so ist, dann schlage ich vor, dass wir die Sitzung hier unterbrechen – und uns Zeit nehmen, zu unterschiedlichen Meinungen zu gelangen ...!«[266]

BESSER FÜHLEN (5):
WIE WIR IN EINKLANG KOMMEN

Ein Gespräch mit dem Resonanztheoretiker Hartmut Rosa

Hartmut Rosa

Mit Hartmut Rosa zu reden, ist stets ein Vergnügen. Nicht nur, weil der Soziologe der Universität Jena eine Begeisterungsfähigkeit besitzt, die unwillkürlich mitreißt, sondern auch, weil er immer wieder kreative Antworten auf die drängenden Fragen der Gegenwart sucht, Antworten, die weit über sein Fach hinaus von Bedeutung sind und letztlich uns alle betreffen. Was macht ein gutes, gelingendes Leben aus? Welche Bedingungen braucht es dafür? Und woran können wir im Alltag unsere Lebensführung orientieren?

Schon in seiner Habilitationsschrift über *Soziale Beschleunigung* hat sich Rosa mit solchen Fragen auseinandergesetzt.[267] Darin analysierte er die »Veränderungen der Zeitstrukturen in der Moderne« und beschrieb eindrucksvoll, woher das Gefühl des Gehetztseins kommt und weshalb wir heute alle über mangelnde Zeit klagen. Nun, knapp zehn Jahre später, thematisiert er den Gegenpol zu den hektischen Mechanismen der Beschleunigungsgesellschaft und erforscht die Frage, wie wir in Einklang mit uns und der Welt kommen – genauer gesagt: in Resonanz.[*]

---

[*] Das neue Buch von Hartmut Rosa mit dem Titel *Resonanz. Eine Soziologie der Weltbeziehung* erscheint im Januar 2016 im Suhrkamp-Verlag.

Und wer mit ihm darüber spricht, spürt bald, welche Resonanz diese Gedanken auslösen.

Herr Rosa, wie kommen Sie auf das Thema Resonanz?
Ich habe mich gefragt: Was sind eigentlich die sozialen Bedingungen dafür, dass wir uns in der Welt getragen und gehalten fühlen und uns nicht nur als ausgesetzt oder »in die Welt geworfen«?

Sie meinen jenen Zustand, in dem wir intuitiv das Gefühl haben, ganz in Einklang mit uns selbst zu sein? So nach dem berühmten Goethe-Motto »Hier bin ich Mensch, hier darf ich's sein«.
Ja, das drückt es gut aus. Getragen fühle ich mich da, wo ich mich mit meiner Umgebung, mit Menschen, der Natur oder auch einer bestimmten Ästhetik lebendig verbunden fühle, und diese Verbindung hat immer zwei Seiten: Zum einen spricht mich etwas an, es »sagt mir etwas«; zum anderen muss ich aber auch das Gefühl haben, dass ich da draußen etwas erreichen kann, dass ich mich selbst als wirksam und nicht als ohnmächtig erlebe. Es muss also ein Antwortverhältnis zwischen mir und der Welt geben, und das bezeichne ich als Resonanz.

Man spürt eine Art Widerhall der Welt?
Ja, aber nicht im Sinne eines Echos, sondern einer Antwort. Das ist wie bei einer Stimmgabel: Wenn sie mit dem rechten Ton angeregt wird, beginnt sie automatisch mitzuschwingen. Und ich meine, das gibt es auch im Sozialen. Was uns als Spezies auszeichnet, ist ja unser sozialer Sinn und unsere Fähigkeit, uns in die Gedankenwelt anderer hineinzuversetzen. Und am beglückendsten ist es, wenn wir das Gefühl haben: Da antwortet mir etwas, wir schwingen sozusagen auf derselben Wellenlänge. Man könnte uns vielleicht sogar als die Spezies definieren, die von allen Tieren die größte Fähigkeit zur Resonanz besitzt.

Was man zum Beispiel in der Liebe erleben kann.

Für mich geht das Phänomen der Resonanz weit über die Liebe hinaus. Man kann Resonanz auch in der Kunst erleben, etwa beim Malen, Dichten oder Musizieren. Singen zum Beispiel ist ja Resonanz per se, da spürt man die Schwingung ganz körperlich. Oder in der Natur. Man geht in den Wald, in die Berge oder ans Meer und fühlt sich dort auf besondere Weise berührt. Manche erleben Resonanz auch in der Religion. Die ganze Bibel ist ja ein Dokument des Schreiens um Antwort. Und alle religiösen Traditionen kennen verschiedene Resonanzpraktiken. Deshalb ist die Religion auch nicht totzukriegen.

Lässt sich dieses Gefühl der Resonanz nur subjektiv erfahren, oder kann man es auch objektiv messen?

Die rein akustische Resonanz können Sie natürlich empirisch messen. Bei der sozialen Resonanz ist das schwieriger. Ich finde aber in diesem Zusammenhang die bildgebenden Verfahren der Hirnforschung nicht uninteressant; man kann zeigen, dass bei einem Menschen, der eine Resonanzerfahrung macht, bestimmte Hirnregionen in Bewegung sind, die es sonst eher nicht sind. Wovon ich allerdings träume, wäre eine Art »Leuchtende-Augen-Indikator«. Denn wir alle wissen sofort, was gemeint ist, wenn jemand sagt: »Da habe ich leuchtende Augen bekommen.« Diese Begeisterung bezieht sich ja nicht auf eine bestimmte Sache, sondern auf eine Art des In-Beziehung-Tretens. Wenn die Beziehung glückt, leuchten die Augen.

Kommt die Resonanz immer von außen? Oder kann sie eventuell auch von innen kommen?

Beides ist möglich. Die Resonanz kann von außen kommen, wenn ich für etwas empfänglich bin und mich davon in der Tiefe angesprochen fühle. So gibt es zum Beispiel immer wieder Menschen, die etwas Besonderes ausstrahlen, die Resonanz vermitteln und andere sozusagen anstecken. Das

Resonanzmoment kann aber auch von innen kommen, wenn mich eine Emotion bewegt, ich gewissermaßen einen Draht zur Welt spüre und das Gefühl habe: Ich kann da was erreichen!

Und wenn nichts schwingt?

Dann sind das Situationen, die einen kaltlassen, die einem nichts sagen, bei denen man sich fehl am Platze fühlt. Man fühlt sich nicht im Einklang mit sich selbst, eher entfremdet.

Was leider viele Menschen häufig erleben.

Ja. Man kann sich selbst dann entfremdet fühlen, wenn man etwas interessant findet. Man kann zum Beispiel einen spannenden Film im Kino sehen und doch das schale Gefühl haben: Eigentlich spielt es keine Rolle, ob ich da bin oder nicht. Es fehlt das Gefühl der Selbstwirksamkeit, das wichtig für die Erfahrung der Resonanz ist. Leider erleben sich die Menschen oft nicht als selbstwirksam.

In welchen Lebensbereichen ist das so?

Das finden Sie überall. Zum Beispiel in der Politik. Auch da haben ja viele Menschen das Gefühl: Es ist egal, wen wir wählen, das macht ohnehin keinen Unterschied. Denn auch Demokratie bedeutet ein Resonanzversprechen. Es beruht darauf, dass eine Wechselwirkung zwischen Bürger und Politiker stattfindet. Man fühlt sich persönlich angesprochen – und hat den Eindruck, man kann das Gegenüber auch erreichen. Aber diese Erwartung ist zunehmend baden gegangen. Deshalb kommt es so häufig zu Protesten von Bürgern gegen politische Entscheidungen.

Wie geht es denn Ihnen selbst? Fühlen Sie sich eher in Resonanz oder nicht?

Natürlich kenne auch ich das Gefühl der Entfremdung. Wenn ich etwa Forschungsanträge schreibe, denke ich oft: Das bin eigentlich gar nicht ich, da schwingt nichts. (Lacht)

Warum ist Resonanz für uns eigentlich so wichtig? Und was passiert, wenn wir sie nicht erleben?

Ich würde sagen, dass menschliche Wesen von Natur aus Resonanzwesen sind. Das sehen wir insbesondere bei der Entwicklung von Kindern: Sie entstehen und wachsen sozusagen erst aus Resonanz heraus. Mein Lehrer Axel Honneth betonte ja, dass die Erfahrung von Anerkennung essenziell wichtig ist für die Menschwerdung, für die Herausbildung einer Identität, für Selbstvertrauen, Selbstachtung und Selbstwertschätzung. Und meine Resonanztheorie entwickelt diesen Gedanken weiter und sagt: Es geht nicht nur um die Begegnung mit anderen Menschen, sondern um die Beziehung zur Welt überhaupt. Nicht umsonst kennen manche Kulturen den »sozialen Tod«, bei dem Ausgestoßene durch Resonanzverweigerung bestraft werden.

Resonanzverweigerung? Sie meinen so etwas wie Einzelhaft?

Der »soziale Tod« ist eher noch schlimmer. In der Einzelhaft sind die Bedingungen ja von vornherein so gewählt, dass man gar keinem Menschen begegnet. Beim »sozialen Tod« hingegen leben die Betroffenen weiter in der Gesellschaft, aber sie werden komplett missachtet. Sie werden nicht mehr gesehen, nicht mehr gegrüßt, nicht mehr angelächelt, man interagiert nicht mehr, treibt keinen Handel mit ihnen … Man geht gewissermaßen durch diese Menschen hindurch wie durch Geister. Die Betroffenen erfahren sich deshalb wie tot. Und dann sterben sie tatsächlich.

Das klingt ja fürchterlich!

Das ist es auch. Aber ehrlich gesagt: In unserer Gesellschaft gibt es das fast ja auch. Wenn Sie mit Bettlern und Obdachlosen reden, dann sagen die oft, es sei zwar schlimm, kein Geld oder kein Essen zu haben; aber noch schlimmer sei es, nicht gesehen zu werden. Dass alle Menschen ihrem Blick ausweichen, wegschauen und so tun, als seien sie gar nicht existent.

Wir verweigern ihnen jede Form von Resonanz?

Genau. Und häufig vollzieht sich das in Stufen. Die erste Stufe entspricht dabei dem naiven Verhalten, das vielleicht ein Mensch zeigt, der von einem kleinen Dorf kommt, in dem es keine Obdachlosen gibt. Begegnet er in der Stadt erstmals einem Obdachlosen, schaut er ihn an, grüßt ihn vielleicht sogar und hat womöglich ein schlechtes Gewissen. Auf der zweite Stufe lernt er dann: Ich guck lieber gar nicht erst hin, sondern versuche wegzuschauen. Auf der dritten Stufe allerdings begegnet er dem Bettler genauso emotionslos wie dem Müll, der in der Straße liegt – beides nervt ihn zwar, aber berührt ihn nicht. Auf dieser Stufe muss man nicht einmal mehr wegschauen, der Obdachlose erscheint so irrelevant wie ein Stein oder ein herumliegender Müllsack. Und ich fürchte, viele sind schon auf Stufe drei angekommen.

Das hat wohl auch mit der Flut der Eindrücke und der emotionalen Überforderung zu tun. Müsste man nicht im Lichte der Resonanztheorie sagen: Wir sind mit unterschiedlichsten Frequenzen konfrontiert, die Welt erscheint uns wie ein kakofonisches Orchester, in dem jeder eine andere Melodie spielt?

Ja, und das geht eigentlich nicht. Wir können nicht gleichzeitig auf verschiedenen Ebenen resonieren. Das hat übrigens der Kulturphilosoph Georg Simmel schon vor rund hundert Jahren in seinem Aufsatz *Die Großstädte und das Geistesleben* beschrieben:[268] Während der Landmensch auf neue Nachrichten, Menschen oder Anblicke erst einmal mit dem Gemüt reagiere und dann darüber nachdenke, könne der Stadtbewohner das gar nicht. Der Städter sei vielmehr gezwungen, auf die Welt mit dem Verstand zu reagieren, meinte Simmel. Denn es sei völlig unmöglich, mit dem Gemüt, also emotional, auf all die vielen erfreulichen oder erschreckenden Eindrücke zu reagieren, die in der Stadt gleichzeitig auf uns einströmen. Das gehe mit dem Verstand viel schneller. Deshalb ist es auch unmöglich, auf die einprasselnde Welt der großstädtischen Moderne im Resonanzmodus zu reagieren. Wir brauchen vielmehr Reizschutzfilter. Aus diesem Grund ist heute der Normalmodus jener der stummen Weltbeziehung.

Wir klappen sozusagen den Filter zu, um uns vor Reizüberflutung zu schützen?

Richtig. Und dann wundern wir uns, wenn es uns schwerfällt, ihn wieder zu öffnen. Denn in bestimmten Bereichen wollen wir ja Resonanz: Zum Beispiel Freitagabend im Konzert, da will ich dann ganz offen sein. Auch Liebesbeziehungen oder Familien stellen wir uns gerne als Resonanzhafen vor – was natürlich diese Institutionen überfordert und meines Erachtens zu vielen Problemen etwa in Familien führt. Denn Resonanz hat immer etwas Unverfügbares: Man kann sie nicht erzwingen.

Dennoch verspricht uns die Werbung genau dies: Das garantiert tolle Erlebnis, die umwerfende Erfahrung, das zielsicher eintretende Gefühl der Resonanz.

Sicher. Ich nenne das den Versuch der Resonanzverdinglichung. Man kauft sich zum Beispiel Karten für das ganz tolle Konzert, um sich anrühren zu lassen; oder man bucht den Safaritrip, um einmal so richtig wilde Natur zu erfahren; oder man geht zum Yogakurs, um ins innere Gleichgewicht zu kommen. Wir versuchen, Resonanzerfahrungen planbar zu machen. Und je mehr man bezahlt, umso mehr denkt man, dass sich nun das Resonanzgefühl zielsicher einstellen müsse. Aber je größer die Erwartungen, umso wahrscheinlicher ist, dass es nicht klappt. Denn Resonanz entzieht sich von ihrer Natur her der Logik der Verdinglichung.

Warum?

Weil es dafür wesentlich ist, dass mir etwas begegnet, das mit eigener Stimme spricht. Lebendig fühle ich mich dann, wenn das andere da draußen mit mir so in Beziehung tritt, dass ich mich durch diese Beziehung angesprochen fühle und mich dabei und darin verwandle. Das lässt sich mit einem Vergleich aus der Akustik gut illustrieren: Resonanz ist gerade *keine* mechanische Kopplung, wie etwa jene zwischen einer Klaviertaste und der entsprechenden Saite, die beim Niederdrücken der Taste jeweils auf gleiche Weise angeschlagen wird. Resonanz entspricht eher dem Versuch, ein Klavier und eine Geige in Einklang zu bringen. Beide sind unabhängig und resonieren eben nur dann, wenn sie mit der richtigen Frequenz zum Klingen gebracht werden.

Aber kann man nicht wenigstens die Bedingungen für Resonanz herstellen? Wenn wir etwa ein schönes Abendessen mit der Liebsten bei Kerzenlicht planen ...

Natürlich. Diesen Versuch, Resonanzerfahrungen planbar zu machen, beobachten wir heutzutage überall. Nicht nur auf der persönlichen Ebene, sondern auch in der Arbeitswelt. Im Managementdiskurs und in der Unternehmensberatung gibt es inzwischen eine hohe Sensibilität für Resonanz. Die meisten cleveren Firmen sagen doch heute: Wir brauchen empathische Leute, die sich gegenseitig anstecken im Team. Man versucht, die Arbeitsplätze ästhetisch zu gestalten, man predigt geradezu: Spür deinen Körper, leb deine Emotionen, stell Empathie her! Im Wirtschaftsleben aber haben diese Versuche, Resonanz zu erzeugen, vor allem das Ziel, höhere Leistungen zu erzeugen.

Funktioniert das?

Nur sehr bedingt. Denn zugleich gibt es in der Wirtschaftswelt ja viele Bedingungen, die Resonanz verhindern. Wettbewerb zum Beispiel ist per se ein Resonanzfeind: Ich kann mit Menschen entweder resonieren oder konkurrieren. Dasselbe gilt für Zeitdruck und ständige Ablenkung: Um sich auf etwas einzulassen, braucht man Zeit und eine gewisse Ungestörtheit. Und völlig absurd wird es, wenn man den Versuch der Resonanz mit einer minutiösen Planung und Kontrolle verbindet: Wie viele Stunden verwenden Sie für dieses, wie viele für jenes, was wurde dadurch erreicht, wie viel hat es eingebracht? Diese Art von Kontrollzwang tötet jede Resonanz und lässt ganz viel Frust an Arbeitsplätzen entstehen. Denn die Lebendigkeit einer Beziehung lässt sich eben nicht verdinglichen oder kontrollieren. Besonders deutlich wird das in sozialen Berufen, in denen man einerseits menschlich empathisch und andererseits wirtschaftlich effizient arbeiten soll, am besten, indem man sein Mitgefühl nach Minuten taktet. Das funktioniert natürlich gar nicht.

Verhindert unser ökonomisches System also die Erfahrung von Resonanz?

So pauschal würde ich das vielleicht nicht sagen, aber ich glaube schon, dass unser derzeitiges Denken zu sehr auf die Herstellung der *Bedingungen* für Resonanz abzielt. Wir denken, wenn ich genug Geld, Zeit, Freunde und so weiter habe, dann erlebe ich auch Resonanz. Darüber geht aber häufig die konkrete, gegenwärtige Wertschätzung dieser besonderen Momente verloren. Mit anderen Worten: Wir maximieren die Ressourcen des guten Lebens. Aber wir denken zu selten darüber nach, was das gute Leben für uns eigentlich ausmacht.

Als Soziologe haben Sie ja vor allem gesellschaftliche Prozesse im Blick. Hat die Resonanzidee das Potenzial zur gesellschaftlichen Veränderung?

Derzeit ist doch das Problem unserer Gesellschaft, dass sie nicht genau weiß, wie sie sein möchte, dass sie keine Vision mehr hat. Es gibt zwar ein weitverbreitetes Unbehagen, dass irgendetwas nicht stimmt, aber ein positiver Gegenentwurf fällt enorm schwer. Und ich würde sagen: das liegt an unserer Art der Weltbeziehung. Wenn wir nach Zukunftsvorstellungen fragen, dann denken viele an Wachstum und Fortschritt, an irgendeinen Weltausschnitt, den sie noch gerne in Reichweite bringen würden. Ich hingegen würde sagen: Wir müssen nicht über Reichweiten-Utopien nachdenken, sondern über Beziehungsweisen.

Wird es in Zukunft vielleicht so etwas wie Resonanzberater geben, die uns erklären, wie ein gelingendes Leben aussieht?

Um Himmels willen! Dass wäre mein Albtraum: Dass Resonanz zum neuen Werkzeug im Utensilienkoffer der Unternehmensberatung würde und es dann hieße: »Mehr Erfolg, mehr Wachstum durch Resonanz.« Ich will jedenfalls kein Resonanzberater sein. Erstens ist Resonanz etwas sehr Individuelles. Wenn Sie zum Beispiel keine Musik mögen und ich Sie zum Konzert oder zum Kirchenbesuch zwinge, erleben Sie höchstwahrscheinlich keine Resonanz. Zweitens haben Resonanzerfahrungen immer etwas Unverfügbares. Wenn Sie ein Musikstück, das sie besonders beschwingt, hundertmal am Tag hören, verschwindet der Resonanzeffekt bald. Dieses feine Gefühl des gelingenden Lebens lässt sich eben gerade nicht instrumentalisieren wie so vieles andere in unserer Warenwelt.

9 VOM MITLEID ZUM MITGEFÜHL

Der gute Vorsatz ist ein Gaul,
der oft gesattelt, aber selten geritten wird.

Mexikanisches Sprichwort

Ist Yonatan Shapira ein Held oder ein Verräter, ein Idol oder ein abschreckendes Beispiel? Jahrelang fliegt der israelische Armeepilot brav seine Einsätze, gilt als vorbildlicher Soldat, Patriot und guter Kumpel – bis er mit einem Mal das Töten verweigert, zum Friedensaktivisten wird und sich für die Rechte der israelischen Erzfeinde im Gaza-Streifen einsetzt. Für viele Israelis ist er seither ein Abtrünniger, für Palästinenser hingegen ein Hoffnungsträger dafür, dass vielleicht doch einmal so etwas wie Frieden im Nahen Osten möglich wird. Soll man so viel Mut bewundern oder über so viel Naivität den Kopf schütteln? Um eine Antwort zu finden, muss man wohl Shapiras ganze Geschichte kennen. Erzählen wir sie also von vorn:

Die ersten dreißig Jahre lang verläuft das Leben von Yonatan Shapira in normalen israelischen Bahnen: Geboren wird er 1972 auf einer Militärbasis als Sohn eines Kampfpiloten. Er wächst, so berichtet er später, in einer liebevollen Familie auf, in der Werte wie Frieden, Freiheit und Mitgefühl ganz oben auf der Agenda stehen.[269] Yonatan lernt, dass Solidarität wichtig ist und man für das Gute kämpfen muss, dass man anderen helfen und Arme unterstützen soll. Er träumt davon, wie der

Vater Pilot zu werden; und tatsächlich bringt er es in der Armee zum Hubschrauberpiloten, fliegt zwölf Jahre lang Rettungseinsätze und Truppentransporte. Der gutaussehende Shapira gilt vielen als idealer Soldat, eine israelische Liedermacherin besingt ihn sogar als Traummann.[270]

Vom Soldaten zum Friedensaktivisten

Doch als die Palästinenser immer häufiger Selbstmordattentate verüben und der israelische Staat mit zunehmender Härte zurückschlägt, schleichen sich Zweifel in Shapiras Kopf. Wohin führt diese Spirale von Gewalt und Gegengewalt? Sind die Rollen von Opfer und Täter immer so klar verteilt, wie er es gelernt hat? Zum inneren Bruch kommt es schließlich im Juli 2002, als die israelische Armee einen ihrer umstrittensten Angriffe fliegt: Mitten in der Nacht wirft ein Kampfjet eine Ein-Tonnen-Bombe über dem Haus des Hamas-Führer Salah Shehadeh ab, dem mutmaßlichen Drahtzieher der Selbstmordattentate. Shehadehs Haus wird dem Erdboden gleichgemacht, 15 Menschen sterben, darunter zahlreiche Kinder; in den umliegenden Häusern werden bis zu 150 Menschen verwundet. International gibt es einen Aufschrei der Empörung und in Shapira reift die Überzeugung: »Das war ein Terror-Angriff. Und ich bin Teil einer Terror-Organisation.«

Dass der Chef der israelischen Luftwaffe später erklärt, alles sei nach Plan gelaufen und seine Piloten sollten ruhig schlafen,[271] bringt Shapira erst recht auf. »Wenn dir jemand sagt, du sollst ruhig schlafen, dann ist es vielleicht Zeit aufzuwachen und nachzudenken.« Zusammen mit einigen Gleichgesinnten setzt er einen Brief auf, in dem 27 Piloten öffentlich erklären, dass gezielte Exekutionen der militärischen Ethik widersprächen und dass sie sich künftig weigerten, »an Luftangriffen auf die Zivilbevölkerung teilzunehmen«.[272]

Der »Brief der Piloten« wird in Israel zum Skandal. Obwohl die Unterzeichner betonen, sie wollten weiterhin in der israelischen Armee dienen und alles zur Verteidigung ihres Landes tun, schlägt ihnen ein Sturm der Entrüstung entgegen. Sie werden als Verräter beschimpft, degradiert und mit Flugverbot belegt. Erschrocken ziehen manche daraufhin ihre Unterschrift zurück. Shapira hingegen erlebt diese Zeit wie eine Neugeburt: »Wir haben ein Kapitel unseres Lebens abgeschlossen und werden zu Friedensaktivisten.«

Er trifft sich mit palästinensischen Ex-Soldaten – »eines der einschneidendsten Erlebnisse meines Lebens« – und erlebt, wie die ehemaligen Todfeinde zu normalen Menschen werden, die von Freunden und Familie erzählen. Und je mehr sich Shapira mit der Lage der Palästinenser auseinandersetzt, mit den Demütigungen und Schikanen, denen sie in Israel ausgesetzt sind, umso mehr erinnert ihn die israelische Politik an das frühere Apartheidsystem in Südafrika. Folgerichtig unterstützt Shapira die palästinensische Boykottbewegung BDS, die ein Ende der »Besatzung und Kolonialisierung« der arabischen Gebiete fordert und zu Sanktionen gegenüber Israel auffordert. Mehrfach muss der »Refusenik«[*] ins Gefängnis, wird vom israelischen Geheimdienst Shin Bet verhört[273] und lässt sich doch von seiner Mission nicht abbringen. Dass er in Israel zu einer Minderheit gehört, stört ihn nicht. Er ist überzeugt: »Weltweit steht die Mehrheit auf unserer Seite.«

---

[*] von engl. to refuse = verweigern

Zweierlei Mitleid

Ist Shapiras Verhalten nun mitfühlend oder verrückt, heldenhaft oder verblendet? Aus Sicht der meisten Israelis verkennt Shapira schlicht die Gefahr, in der sein Land schwebt. Aus Sicht vieler Palästinenser und Friedensfreunde ist er ein standhafter Vorkämpfer für das Gute, der sich von noch so viel Gegenwind nicht beeindrucken lässt. Wurde nicht auch Nelson Mandela zum Verbrecher erklärt, weil er gegen das Apartheidssystem kämpfte? Und hat nicht der Lauf der Geschichte ihm am Ende recht gegeben?

Shapiras Beispiel zeigt, wie umstritten die Beurteilung eines Menschen ausfallen kann, der die Gewissheiten seines Umfelds infrage stellt. Ob jemand als Held oder Verbrecher gilt, entscheidet sich oft erst im Nachhinein, mitunter sogar erst Jahre oder Jahrzehnte nach seinem Tod – man denke an die christlichen Märtyrer oder die Widerstandskämpfer des Dritten Reiches.

Zugleich macht die Geschichte des Ex-Piloten klar, welch explosive Kraft ethische Überzeugungen entfalten können. Schließlich, so sieht es Shapira, setze er doch nur die Gebote der Solidarität, Nächstenliebe und des Mitgefühls um, die ihm in seiner Jugend vermittelt wurden. Dass er damit in so heftigen Widerspruch zu den Überzeugungen seiner Umgebung gerät, zeige eben, dass diese Überzeugungen falsch seien.

Fehlenden Mut kann man ihm jedenfalls kaum nachsagen. Und man kann Shapira auch nicht den Vorwurf machen, sich vor den Herausforderungen seiner Zeit wegzuducken und Zuflucht zu lahmen Ausreden zu nehmen. Er verkörpert vielmehr idealtypisch eine Art von kompromisslosem Engagement, das ohne Rücksicht auf persönliche Verluste für die eigenen Werte einsteht – zur Not gegen erbitterten Widerstand.

Solche Menschen sind selten. Zwar werde jede gute Sache »von einer Menge Leute mit guten Wünschen begleitet, aber sehr wenige kümmern sich selbst um Hilfe und noch weniger wollen dabei irgendein Risiko eingehen«, erkannte schon vor über hundert Jahren die englische Schriftstellerin, Sozialistin und Frauenrechtlerin Annie Besant. Sie unterschied auch pointiert die zwei möglichen Verhaltensweisen im Angesicht eines eklatanten Missstands: »Irgendjemand muss was tun, aber warum ich?« – so laute »die Standardphrase der Freundlichkeit mit weichen Knien«, sagte Besant. »Irgendjemand muss was tun, warum *nicht ich?*« – das sei dagegen »der Ruf eines wahren Menschenfreundes, der sich sofort in seine Aufgabe stürzt und sich jeder Gefahr stellt.«[274]

Von »zweierlei Mitleid« schrieb auch Stefan Zweig in seinem Roman *Ungeduld des Herzens*. Das eine Mitleid sei »das schwachmütige und sentimentale«, das sich möglichst schnell frei zu machen versuche »von der peinlichen Ergriffenheit vor einem fremden Unglück«; das andere Mitleid hingegen sei »das unsentimentale, aber schöpferische Mitleid, das weiß, was es will, und entschlossen ist, geduldig und mitduldend alles durchzustehen bis zum Letzten seiner Kraft und noch über dies Letzte hinaus.«[275]

Diese »zweierlei Mitleid« hat inzwischen auch die Wissenschaft entdeckt. Denn tatsächlich lassen sich diese beiden Haltungen nicht nur dem äußeren Benehmen nach unterscheiden, sondern auch in ihrer neurobiologischen Signatur. Es sind nicht einfach Nuancen ein und desselben Gefühls, sondern zwei verschiedenartige Emotionen. Und die Beschäftigung damit lohnt sich aus zwei Gründen: zum einen, weil sie unser Tun und Handeln beeinflussen, und zum anderen, weil davon unser eigenes Wohlbefinden abhängt.

Der Schmerz der Anderen

Allerdings sprechen Forscher heute nicht mehr von »zweierlei Mitleid«, sondern trennen die Begriffe »Mitleid« und »Mitgefühl«. Das reine *Mitleid* ist dabei jene Art von teilnahmsvollem Kummer, die sich auf eine Zuschauerrolle beschränkt, passiv bleibt und einen sicheren emotionalen Abstand wahrt – es entspricht also jener Haltung, die die meisten Menschen gegenüber Obdachlosen einnehmen. Man fühlt sich betroffen, hat eventuell auch ein schlechtes Gewissen, spürt aber nicht den Antrieb oder hat nicht die nötigen Mittel, einzugreifen und die Situation des Anderen substanziell zu verbessern. Anders hingegen ist es beim *Mitgefühl,* das mit der Bereitschaft einhergeht, sich persönlich zu engagieren – was zum Beispiel der Fall ist, wenn ein naher Verwandter obdachlos wird.

Dabei entscheidet vor allem der Grad unserer Vertrautheit, ob wir eher das eine oder das andere empfinden: Je näher uns der andere steht, desto eher fühlen wir uns angesprochen, ihm in einer Notlage beizustehen. Einem afrikanischen Flüchtling, der mittellos nach Deutschland kommt, wird hierzulande eher mit Mitleid begegnet; verliert hingegen ein guter Freund sein Hab und Gut, wird unser Mitgefühl angesprochen und wir werden versuchen, ihm zu helfen – schon alleine, weil wir das Gefühl haben, dass uns Ähnliches widerfahren könnte.

Während Mitgefühl also aus der Erfahrung resultiert, dass uns der andere nicht fremd, sondern ähnlich ist, drückt sich im Mitleid häufig eine Distanz aus, die mit einem Gefühl der Überlegenheit einhergeht. Wer Mitleid mit einem Bettler empfindet, tut das oft im Bewusstsein, selbst besser dran zu sein und es sich leisten zu können, ihm ein Almosen zu geben. »Das

Mitleid hat eine schlechte Presse«, schreibt deshalb der israelische Gefühlsforscher Aaron Ben Ze'ev, es sei nicht nur mit Passivität, sondern leicht mit einer gewissen Arroganz assoziiert. Dennoch sei Mitleid kein Laster, meint er: Immerhin überwänden wir dabei »unsere natürliche Neigung, unseren Blick von leidenden Menschen abzuwenden.« Und schon allein diese Überwindung sei »ohne Zweifel gesellschaftlich nützlich und moralisch empfehlenswert.«[276]

Wie unterschiedlich Mitleiden und Mitfühlen sind, lässt sich heute mithilfe bildgebender Verfahren sogar sichtbar machen. Als »Geburtsstunde« der neurobiologischen Mitgefühls-Forschung gilt eine Studie der Neuropsychologin Tania Singer aus dem Jahr 2004: Sie untersuchte die Empathie von Paaren im Labor, indem sie ihnen leicht schmerzhafte Elektroschocks auf den Handrücken verabreichte, mal nur dem Mann, mal nur der Frau. Zugleich maß sie die Hirnaktivität der Beteiligten im Kernspintomografen und stellte fest, dass in ihren Gehirnen immer die typischen Schmerzzentren aufleuchteten – egal ob sie selbst einen Schmerzreiz erfuhren oder nur zusahen, wie ihr Partner einen elektrischen Schlag erhielt.[277]

Für Singer war dies der Nachweis, »dass wir durch die Aktivierung der neuronalen Repräsentationen, die unserem eigenen Erleben zugrunde liegt, an den Emotionen anderer teilhaben«. Mit anderen Worten: Indem wir den Schmerz einer nahestehenden Person in unserem eigenen Gehirn nachbilden, leiden wir gewissermaßen neuronal mit. Wir spüren zwar nicht denselben körperlichen Reiz (weshalb beim Mitfühlen auch nicht die gesamte »Schmerzmatrix« aktiviert wird), aber unser Gehirn imitiert doch den Zustand des anderen so weit, dass wir sein Schmerzgefühl ansatzweise nachempfinden.

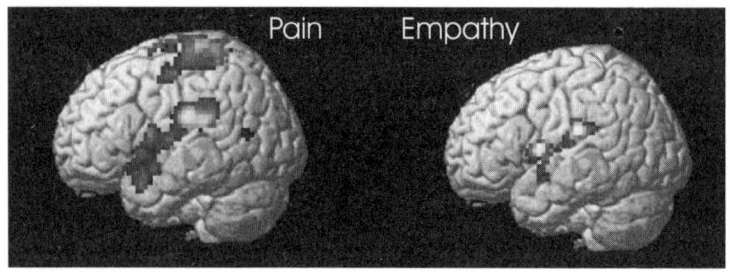

Hirnaktivität bei eigenem Schmerz (links) und dem Mitfühlen von Schmerz
beim Partner (rechts)

»Diese Studie löste nicht nur ein enormes öffentliches und
wissenschaftliches Interesse aus«, kommentiert der Neuropsychologe Claus Lamm, »sondern brachte die ganze Disziplin
der sozialen Neurowissenschaft in Schwung, die damals noch
in den Kinderschuhen steckte, aber mittlerweile eines der
fruchtbarsten Felder der neurowissenschaftlichen Forschung
ist.«[278] In zahlreichen Studien wurde seither das Phänomen der
»Schmerzempathie« bestätigt, und zwar unabhängig davon, ob
die Versuchspersonen einer vertrauten oder einer fremden Person beim Leiden zusahen.[279] Ja, es tritt selbst dann auf, wenn
Probanden lediglich ein Video oder das Bild einer Person betrachten, die gerade Schmerzen erleidet.[280]

Der Mönch im Kernspintomografen

Diese Erkenntnisse waren allerdings nur der Startschuss für
Tania Singers Forschung. Die Tochter des Hirnforschers Wolf
Singer, die heute selbst Direktorin am Max-Planck-Institut für
Kognitions- und Neurowissenschaften in Leipzig ist, hat mitt-
lerweile auch die Frage geklärt, ob man diese Art von Empathie
lernen kann – und was das reine Mitleiden vom aktivem Mitge-

fühl neurobiologisch unterscheidet. Dazu hat sie den Kontakt zu buddhistischen Mönchen gesucht, die zahlreiche Methoden des Geistestrainings kennen, unter anderem spezielle Praktiken zur Einübung eines Zustandes von liebender Güte und tätigem Mitgefühl. Vor allem arbeitete Singer mit dem Mönch Matthieu Ricard zusammen, der vermutlich global der am häufigsten im Labor untersuchte Buddhist ist. In unzähligen Meditationsexperimenten hat der gebürtige Franzose mittlerweile mitgewirkt. Schließlich hat er früher selbst Molekularbiologe studiert, bevor er Mönch in der tibetisch-buddhistischen Tradition wurde, und hat daher Verständnis für den Erkenntnisdrang von Forschern. Zudem bringt Ricard ein ausgeprägtes Sendungsbewusstsein mit. Als Übersetzer des Dalai Lama und Autor von Büchern wie *Glück, Meditation* oder *Weisheit* ist er heute weltweit bekannt, vor einigen Jahren wurde er in der Presse gar zum »glücklichsten Menschen des Planeten«[281] gekürt. Da hatte er an Experimenten des Hirnforschers Richard Davidson teilgenommen, der bei Meditierenden unter anderem einen Anstieg sogenannter Gamma-Wellen im Gehirn maß – und bei niemandem war der Ausschlag größer als bei Ricard.*

Auch in Tania Singers Labor ließ sich Ricard in den Kernspintomografen schieben. In einem ersten Versuch baten ihn die Forscher, nur emotional am Leid anderer teilzuhaben, also reines Mitleid zu empfinden. Dazu rief sich der Mönch das Schicksal der (in Kapitel 5 beschriebenen) rumänischen Waisenkinder in Erinnerung und bemühte sich, deren Leiden so lebendig wie möglich zu visualisieren – eine Übung, die ihm nach eigenen Worten »schnell unerträglich« wurde. »Ich fühlte mich emotional erschöpft, sehr ähnlich dem Gefühl des Aus-

---

* Was solche Studien wirklich aussagen (und was nicht), wird ausführlich beschrieben in: Ulrich Schnabel, *Die Vermessung des Glaubens,* S. 244.

gebranntseins«. In seinem Gehirn wurde derweil das typische »Schmerzempathie-Netzwerk« aktiviert, das die Forscher aus ihren früheren Experimenten kannten.

Ein ganz anderes neuronales Muster hingegen trat zutage, wenn Ricard sich in die buddhistische Mitgefühlsmeditation versenkte. Dabei wurden nicht nur die Schmerzareale, sondern auch andere Hirnbereiche aktiviert, die eher mit positiven Gefühlen in Zusammenhang standen. Gefragt, wie sich denn diese Art der Meditation anfühle, erklärte Ricard, dass in diesem Zustand der Gedanke an das Leid der Waisenkinder keine negativen Gefühle, sondern einen »warmen, positiven Zustand« erzeuge. »Obwohl die Bilder der leidenden Kinder noch genauso lebendig vor mir standen wie vorher, lösten sie keine Qual mehr aus.« Stattdessen habe er eine grenzenlose Liebe zu den rumänischen Waisen gespürt »und den Mut, mich ihnen zu nähern und ihnen Trost zu spenden.«[282]

Risikofaktor Empathie

Dass diese Unterscheidung zwischen Mit-Leid und Mit-Gefühl alles andere als eine akademische Frage ist, zeigt der Alltag in Kliniken, Schulen oder Pflegeheimen – also überall dort, wo ein mitfühlendes Verhalten zum Berufsbild gehört. Für Krankenschwestern, Sozialarbeiter, Lehrer oder Pflegekräfte stellt dieser emotionale Aspekt ihrer Arbeit oft eine große Herausforderung dar: Wer mit seinen Patienten, Schülern oder Pflegefällen allzu empathisch mitleidet, wird von negativen Gefühlen überschwemmt, ist bald emotional überlastet und Burn-out-gefährdet; wer sich aus Selbstschutz gegen das Leid der anderen verschließt, verliert gerade jenes Einfühlungsvermögen, das eigentlich Voraussetzung für solche Berufe ist.

Vom »Risikofaktor Empathie« spricht in diesem Zusammenhang der Psychologe Tobias Altmann.[283] Die negativen Emotionen einer anderen Person könnten durch »empathische Übertragung« die eigene emotionale Stabilität erschüttern. Besonders groß wird diese Gefahr, wenn die Forderung nach einem empathischen Verhalten mit hohem Zeit- und Kostendruck einhergeht – wie es in Krankenhäusern oder Pflegeheimen zunehmend der Fall ist. Wie in Kapitel 8 beschrieben, werden viele Krankenpfleger oder -schwestern regelrecht zerrieben zwischen ihren eigenen Ansprüchen an ein mitfühlendes Verhalten, den Erwartungen der Patienten und der Vorgabe eines kostensparenden Krankenmanagements. Kein Wunder, dass gerade in sozialen und helfenden Berufen das Burn-out-Risiko besonders hoch ist.[284]

Burn-out-Risiko für verschiedene Berufsgruppen
Arbeitsunfähigkeitstage je 1 000 AOK-Mitglieder nach häufigsten Berufsgruppen 2011

Berufsgruppe	AU-Tage je 1 000 AOK-Mitglieder
Heimleiter, Sozialpädagogen	291,9
Sozialarbeiter, Sozialpfleger	272,1
Helfer in der Krankenpflege	261,9
Telefonisten	256,5
Krankenschwestern, -pfleger, Hebammen	217,1
Kindergärtnerinnen, Kinderpfleger	182,0
Werbefachleute	174,0
Stenographen, Stenotypistinnen, Maschinenschreiber	157,5
Real-, Volks-, Sonderschullehrer	155,4
Wächter, Aufseher	150,4

Quelle: Fehlzeiten-Report 2012   © WIdO 2012

Soziale Berufe sind stärker von Burn-out betroffen

271

Auch Angehörige, die zu Hause eine/n Pflegebedürftige/n versorgen, sind von diesem Risiko betroffen. »Studien haben gezeigt, dass der oder die Pflegende oft gleiche oder sogar höhere Werte psychischer Belastung zeigt als der Kranke selbst«, erklärt der Mediziner Klaus Hönig vom Universitätsklinikum Ulm. In 15 bis 50 Prozent der Fälle zeigten sich bei pflegenden Angehörigen psychosomatische Symptome.[285]

In besonderer Weise gefährdet seien vor allem »Menschen, die nicht Nein sagen können, Männer und Frauen, die am liebsten immer allen helfen und die alles perfekt machen und haben wollen«. Das schreiben allerdings nicht Mediziner, sondern zwei Theologen über ihren eigenen Berufsstand. Denn auch in der Kirche ist Burn-out mittlerweile ein Problem. Der Grund? »In der Kirche gibt es viele Idealisten, und gerade sie sind anfällig für einen Burn-out«, stellen die Theologen Friedrich Weber und Michael Strauß fest.[286]

Wer sich auf Dauer erschöpft und ausgebrannt fühlt, dem wird für gewöhnlich eine Auszeit empfohlen, eine bessere Wahrnehmung der eigenen Bedürfnisse und mehr Rücksichtnahme für sich selbst. Doch ebenso wichtig wäre es wohl – gerade in helfenden Berufen – den fundamentalen Unterschied zwischen erschöpfendem Mit-Leid und stärkendem Mit-Gefühl zu erkennen.

Training fürs Mitgefühl

Wie aber lässt sich dieser emotionale Wandel von einer mit*leidenden* zu einer mit*fühlenden* Haltung bewerkstelligen? Buddhisten
wie Matthieu Ricard würden sagen: durch Üben. Man bemühe
sich um einen mitfühlenden Geist und praktiziere – möglichst
regelmäßig – entsprechende Meditationsübungen; dann entstehe allmählich jenes aktive Wohlwollen, das sowohl für andere
als auch für einen selbst hilfreich ist. Und dazu müsse man
nicht einmal Jahre oder Jahrzehnte in einem tibetischen Kloster zubringen; selbst ein kurzes Mitgefühlstraining zeige schon
eine messbare Wirkung.

In der Tat belegen Studien von Olga Klimecki, einer ehemaligen Doktorandin von Singer, dass selbst meditative »Kurzzeit-
interventionen« eine positive Wirkung haben können. Nachdem
Meditationsneulinge wenige Tage eine »Liebende-Güte-Meditation« absolvierten, sprachen sie bereits von einem »Gefühl
von Wärme«, einem entstehenden »Glücksgefühl« und dem
»Wunsch, anderen möge es wohl ergehen«. Zugleich zeigten
sich im Gehirn der Probanden erhöhte Aktivierungen in jenem
Netzwerk, das mit Mitgefühl assoziiert ist.[287] Und selbst ihr
Verhalten änderte sich messbar: In einem speziell entwickelten
Computerspiel erwiesen sie sich als hilfsbereiter gegenüber
Fremden.[288] Dabei, so die Forscher, »intensivierte sich das alt-
ruistische Verhalten umso stärker, je länger Teilnehmer die
Liebende-Güte-Meditation praktizierten«.

Solche und andere Studien haben mittlerweile zu einem
wahren »Meditationboom« geführt. Begriffe wie Achtsamkeit
und Mitgefühl, die lange Zeit mit dem Etikett Esoterik belegt
wurden, sind heute nicht nur wissenschaftlich salonfähig, sondern halten zunehmend Einzug in die Praxis von Therapeuten, Medizinern und selbst Unternehmensberatern.[289] In den

Vereinigten Staaten gibt es bereits Empathiekurse für Lehrer oder Krankenschwestern, für gestresste Studenten, Grundschüler oder Jugendliche aus schwierigen Familien.[290] Der Gefühlsforscher Paul Ekman hat sich etwa durch ein Treffen mit dem Dalai Lama anregen lassen, ein Programm zur »Kultivierung der emotionalen Balance« aufzulegen; auch die meisten anderen Kurse sind vom tibetischen Buddhismus inspiriert.*

Selbst beim jährlichen Treffen der Managerelite auf dem Weltwirtschaftsforum in Davos ist immer häufiger von Achtsamkeit und Empathie die Rede. Auf der Tagung 2014 etwa forderte Bill Gates mehr Empathie, während die Firmenchefs über den Wert des Glücklichseins diskutierten.[291] Und 2015 wurde Tania Singer eingeladen, den in Davos versammelten Unternehmern den Wert des Mitgefühls für eine »solidarische Wirtschaft« nahezubringen.[292] Sie warb dafür, »unsere selbstsüchtigen Präferenzen in jene mehr altruistische und prosoziale Ausrichtung« zu verwandeln, »die einer globalen Kooperation dienlich sind.«[293]

Empathie und Psychopathie

Zweifellos eine schöne Vision. Wer wünschte sich nicht einen achtsameren Umgang miteinander und eine Welt mit mehr Mitgefühl? Auf dem Weg dahin liegen allerdings einige Stolpersteine, die man nicht übersehen sollte.

Der erste Stolperstein besteht im Missverständnis dessen, was Empathie ausmacht. Dieser Begriff hat in den vergange-

---

* Eine gute Übersicht der Trainingsprogramme und Ergebnisse findet sich in dem multimedialen eBook *Mitgefühl. In Alltag und Forschung,* das kostenlos im Internet verfügbar ist: www.compassion-training.org

nen Jahren eine steile Karriere gemacht, selbst Politiker wie US-Präsident Barack Obama klagen über fehlende Empathie, und Vordenker wie Jeremy Rifkin fordern gar eine »empathische Zivilisation«.[294] Auch Straftaten werden heute gerne damit erklärt, dass der Täter einen Empathiemangel habe und daher im Gefängnis oder in der Therapie dazu gebracht werden müsse, mehr Empathie zu empfinden.

Solange Empathie jedoch lediglich als Einfühlung verstanden wird, garantiert ein Mehr davon noch längst kein friedlicheres oder freundlicheres Verhalten.[295] Zum einen ist die Empathie nämlich meist nur auf die Angehörigen der eigenen Gruppe beschränkt und dient damit der Abgrenzung *gegen* Andere (das beste Beispiel ist der Zusammenhalt von Soldaten im Angesicht des Feindes). Zum anderen beweist auch das Verhalten von Psychopathen, dass besseres Einfühlungsvermögen nicht notgedrungen zu mehr Menschlichkeit führt. Rabiate Psychopathen zeichnen sich nämlich oft gerade durch die Fähigkeit aus, sich bestens in die Psyche ihrer Opfer einfühlen und diese nach Belieben manipulieren zu können. Das *Ein*fühlen führt eben nicht notwendigerweise auch zu *Mit*gefühl. Der Forensik-Psychiater Hans-Ludwig Kröber hält deshalb die übliche Diagnose vom »Empathiemangel« bei Straftätern für modisches Gerede und die generelle Forderung nach Empathietrainings für einen »therapeutischen Fetisch«: Bei manchen Psychopathen könne eine Empathieschulung geradezu kontraproduktiv wirken.[296]

Auch eine Meta-Studie des Psychologen David Vachon zeigt, dass Aggressivität sich in der Regel nicht durch einen Mangel an Einfühlung erklären lässt. Der (allgemein angenommene) Zusammenhang zwischen Empathie und Aggression sei »überraschend schwach«, stellte Vachon fest, nachdem er 86 Studien zum Thema ausgewertet hatte. »Dieser Befund ist ausgesprochen beunruhigend angesichts der großen Rolle, die Empathie derzeit bei der Diagnose von Aggressionsstörungen, der Einschätzung der künftigen Gefährlichkeit und der Behandlung von Straftätern spielt«, kommentiert Vachon alarmiert.[297]

Statt einfach mehr Einfühlung zu fordern, sollte man eher fragen, wie man eine grundsätzlich menschenfreundlichere Haltung fördert, die durch Mitgefühl und Rücksichtnahme gekennzeichnet ist. Das übrigens ist, zweiter Stolperstein, nicht notwendigerweise mit dem Buddhismus verknüpft. Auch wenn sich einige Hirnforscher regelmäßig mit dem Dalai Lama treffen[298] und in ihren Labors buddhistische Mönche untersuchen, heißt das nicht, dass Mitgefühl eine fernöstliche Spezialität wäre. Auch das Christentum predigt schließlich seit rund 2 000 Jahren Mitgefühl und Solidarität mit den Schwachen. Die »Mitleidenschaft« oder »Compassion« ist dem Theologen Johann Baptist Metz zufolge sogar der Kern des Christentums und seine zentrale Botschaft für die Menschheit. Und wenn Metz den (lateinischen) Begriff *Compassion* als teilnehmende Wahrnehmung der Leiden anderer beschreibt und als »gänzlich unsentimentale Form der Liebe«, dann meint er damit ziemlich genau dasselbe wie Matthieu Ricard, wenn dieser vom tätigen Mitgefühl spricht.[299] Auch gibt es, ähnlich wie die buddhistisch inspirierten Empathieprogramme, christliche Initiativen zur Förderung des Mitgefühls: etwa das »Compassion-Projekt« im badischen Freiburg, in dessen Rahmen Schüler den Alltag in Altenheimen, Krankenhäusern, Behinderteneinrichtungen oder Bahnhofsmissionen kennen lernen.[300]

Der dritte Stolperstein besteht in allzu hohen Erwartungen an solche Projekte. Ein paar Stunden Mitgefühlsmeditation oder ein paar Tage Mitarbeit im Altenheim können allenfalls ein Anstoß sein; um wirklich eine mitfühlendere Sicht auf die

Welt zu entwickeln (oder gar tiefgreifende Verhaltensänderungen zu bewirken), braucht es ein dauerhafteres Engagement. Darauf deutet auch eine Langzeitstudie hin, die Tania Singer 2013 gestartet hat: Über elf Monate begleitete sie dabei die Teilnehmer des Berliner »ReSource-Projekts«,[301] in dem verschiedene Meditationsmethoden zu Achtsamkeit, Präsenz und Mitgefühl vermittelt wurden. Erste vorläufige Resultate weisen darauf hin, dass »mentale und emotionale Veränderungen Zeit brauchen«, sagt Singer. Zwar hätten manche Teilnehmer schon nach wenigen Tagen davon berichtet, dass sie sich weniger gestresst und ausgeglichener fühlten. »Messbare biochemische Veränderungen« träten allerdings erst nach »mehreren Monaten« auf.[302]

Weisheit 2.0?

Der vierte – und vielleicht größte – Stolperstein liegt in der Annahme, man könne Mitgefühl oder Achtsamkeit quasi wie einen Muskel im Fitnessstudio trainieren, unabhängig und separat von ethischen oder moralischen Erwägungen – so als wären die meditativen Praktiken einfach Techniken zum individuellen Wohlbefinden und religiöse Traditionen wie der Buddhismus oder das Christentum eine Art seelischer Werkzeugkasten, aus dem man sich jeweils das Nützliche heraussuchen kann, ohne die dahinter stehende Ethik berücksichtigen zu müssen.

Diese Art von Denken kommt etwa in populärwissenschaftlichen Büchern zum Ausdruck, die Mitgefühl vor allem damit anpreisen, dass es *für einen selbst* gesund sei und glücklich mache.[303] Ebenso typisch ist dieses Denken für Unternehmen, die Meditation als Methode zum Stressabbau und zum

Well-Being einsetzen. So startete der Suchmaschinenkonzern Google 2007 ein Meditationsprogramm unter dem sinnigen Titel *Search inside yourself,* das als »Weg zu Erfolg und Freude bei der Arbeit« angepriesen wird.[304] Eine Google-Mitarbeiterin, die das Programm in Deutschland populär machen möchte, erzählt ganz ungeniert, warum sie das sinnvoll findet: Weil »kontemplative Praktiken sowohl den Menschen als auch dem Erfolg des Unternehmens« zuträglich seien. Wer emotional intelligent sei und sich selbst gut kenne, könne »letztendlich auch eine bessere Leistung bringen, was wiederum dem Unternehmen zugutekommt«.[305]

Diese Verbindung von Kontemplation und Wirtschaftserfolg ist gerade im Silicon Valley zunehmend populär geworden. Auf Konferenzen wie »Weisheit 2.0.« treffen sich mittlerweile die Chefs von Twitter, Facebook oder eBay mit Meditationslehrern, um neben dem technologischen auch ihr spirituelles Potenzial zu entwickeln.[306] Dabei scheint es kaum jemand zu stören, dass die Grundwerte des Buddhismus – Selbstlosigkeit, Mitgefühl, Freigebigkeit – dem Streben nach Profit eigentlich diametral entgegenstehen. Im Gegenteil wird kurzerhand die Versöhnung von Spiritualität und Kapitalismus propagiert. Schließlich zeigten ja wissenschaftliche Studien, »dass diese beiden Welten sehr eng miteinander verflochten sind – oder es zumindest sein können«, schreibt etwa Arianna Huffington, Chefin der Online-Zeitung *Huffington Post.* Umstandslos bringt sie das in Zusammenhang mit »Profitmaximierung und Umsatzerwartung« und meint allen Ernstes, »dass das, was für uns als Individuen gut ist, auch für die amerikanischen Unternehmen gut ist.«[307]

Auf diese Weise wird der Buddhismus nur als gefühliger Bildschirmschoner für das althergebrachte kapitalistische Betriebssytem benutzt. Folgerichtig gibt es auch schon spezielle

Apps, die man sich zwecks Meditation, Stressvermeidung und Achtsamkeit auf sein Handy laden kann (was besonders kurios ist, da die Achtsamkeit ja gerade durch die digitalen Medien, Gadgets und diversen Apps bedroht ist). Und selbst amerikanische Soldaten sollen neuerdings von einem meditativen Fitnesstraining profitieren.[308] Schließlich sei Meditation hilfreich gegen Depressionen und posttraumatische Stresssymptome, erklärt Elizabeth Stanley, die Entwicklerin des *Mind Fitness Trainings* (»M-Fit«).[309] Außerdem seien meditative Techniken »sehr effektiv, um die situative Aufmerksamkeit auf dem Schlachtfeld zu erhöhen, sich nicht von Emotionen treiben zu lassen und Leistung und Resilienz in Umgebungen mit hohem Stress zu stärken«.[310]

Der Preis des Mitgefühls

Solche Beispiele demonstrieren, wie zwiespältig der Einsatz meditativer Praktiken sein kann.[311] Letztlich kommt es immer auf den sozialen Kontext und den ethischen Rahmen an, in dem sie gefragt und geübt werden. Um das Argument auf die Spitze zu treiben: Hätte Yonatan Shapira lieber in einem militärischen Meditationskurs lernen sollen, wie man Feinde möglichst achtsam massakriert – oder zeugt es von mehr Mitgefühl, den Dienst in der Armee zu quittieren und sich zu weigern, Zivilisten zu töten?

Das Beispiel von Yonatan Shapira – wie auch immer man es bewerten mag – zeigt übrigens auch, was es heißt, für seine Werte einzustehen. Die scheinbar so sanfte Fähigkeit des Mitgefühls ist eben nicht umsonst zu haben. Vielmehr erfordert sie unter Umständen auch den Mut, bestehende Verhältnisse infrage zu stellen und möglicherweise unangenehme Konsequenzen zu tragen. Natürlich sind diese Folgen nicht immer so extrem wie bei dem Ex-Piloten, und im Normalfall muss man sein Mitgefühl nicht mit Jobverlust und gesellschaftlicher Ächtung bezahlen. Doch auch in weniger dramatischen Situationen, etwa in der alltäglichen Arbeit von Krankenschwestern, -pflegern oder Lehrern, erfordert Mitgefühl bisweilen Mut.

Das kann zum Beispiel bedeuten, dass man sich nicht nur selbst um ein mitfühlendes Verhalten bemüht, sondern dass man auch die Bedingungen hinterfragt, unter denen dies geschieht. Wenn etwa die Arbeit in einem Krankenhaus oder Pflegeheim unter hohem ökonomischen oder zeitlichen Druck steht, ist es kaum möglich, dem einzelnen Patienten oder Pflegefall die angemessene Aufmerksamkeit und Zuwendung zukommen zu lassen. Ein Empathiedefizit ist daher in solchen Fällen weniger ein persönliches als ein strukturelles Problem.

Der Medizinpsychologe Rolf Verres spricht in diesem Zusammenhang gar von »zwei Strömungen in der Medizin«. Es gebe zwar viele Ärzte, die sich gerne um ihre Patienten in einer Weise kümmern, dass sich diese als ganzer Mensch gesehen fühlen können. Ein viel zu großer Teil der Ärzteschaft habe aber kaum ein Interesse daran, sich auf Gefühle überhaupt einzulassen. Ihnen gehe es mehr um den persönlichen Erfolg, um Macht und Ressourcen. »Und an die Spitze kommen nicht unbedingt die Einfühlsamen, sondern allzu oft jene, die die dicksten Ellenbogen haben und die meisten Patienten für ihre Studien rekrutieren.« Das richtige Mitgefühl habe weniger mit einer speziellen Technik zu tun, als vielmehr mit einer inneren Haltung.

Zunächst müsse eine Motivation da sein, das überhaupt lernen zu wollen. Es sei eine hohe Kunst, sich einerseits innerlich von den Gefühlen der Patienten abzugrenzen, um einen klaren Kopf zu behalten, und andererseits empathisch mit all den

Emotionen umzugehen. »Nur durch Selbstschutz kann ich überhaupt zu einer tragfähigen Haltung der Resonanz kommen«, sagt Verres. »Ein bewusstes Ja zum Sich Einlassen auf Patienten kann durchaus auch ein bewusstes Nein zu dessen Erwartungen bedeuten.«

»Freiheit wird uns nicht gegeben, wir müssen sie uns nehmen«, sagt auch die Meditationslehrerin Silvia Wetzel, die Kurse zu Achtsamkeit und Mitgefühl gibt und dabei häufig Ärzte und Therapeuten unter ihren Teilnehmern hat. Wichtig seien immer zwei Faktoren: »die eigene Motivation, aus dem reaktiven Modus auszusteigen und das Gespräch mit anderen«. Wer mit Menschen rede, die es geschafft haben, ihre Arbeitsbedingungen zu verbessern, stelle oft fest, dass »viele Umwälzungen an einem Küchentisch beginnen«. Wenn Kollegen einmal ohne Zeitdruck miteinander ins Gespräch kommen und merken, dass sie dieselben Visionen teilen und unter denselben Zwängen leiden – und wenn daraus ein Impuls zu gemeinsamer Veränderung resultiert.

Natürlich braucht es neben dem persönlichen Engagement auch ein Umdenken auf anderen Ebenen – etwa bei der Klinikleitung oder der Gesundheitspolitik. Doch das eine und das andere ist eng verwoben. Selbst der netteste Chef erreiche wenig, »wenn die Leute arbeitssüchtig sind aus Minderwertigkeitsgefühlen«, sagt Wetzel. Ihr Fazit: »Veränderungen beginnen nicht im System, sondern bei einzelnen.«[312]

Von so einer individuellen Wandlung, die auch das System verändern kann, erzählt beispielhaft das nächste Kurzkapitel. Vorher soll jedoch noch einmal kurz darauf eingegangen werden, welche Bedingungen ganz generell das Mitgefühl fördern und wie man auch mit sich selbst mitfühlender umgehen kann.

Die Kunst des Selbstmitgefühls

Anders als es so mancher Managementkurs suggeriert, ist Mitgefühl nicht einfach eine hilfreiche Psychotechnik, die man sich in ein paar Stunden aneignet, sondern vielmehr eine grundsätzliche Lebenshaltung, die von vielen Faktoren geprägt wird. Das beginnt schon bei den Werten, die einem als Kind vermittelt werden. Wer – wie etwa Yonatan Shapira – bereits früh den Wert von Mitgefühl und Solidarität schätzen lernt, wird sich später anders verhalten als ein Mensch, dem stets nur Leistungs- und Konkurrenzdenken eingeimpft werden. Elterliche Erziehung spielt dabei ebenso eine Rolle wie das soziale Umfeld oder das Beispiel besonderer Vorbilder.

Mitunter sind es aber auch persönliche Erfahrungen von Krankheit, Verlust oder anderen Schicksalsschlägen, die das Mitgefühl mit Anderen befördern. Denn wer am eigenen Leib erlebt, wie verletzlich und fragil das Leben ist, wird oft empfänglicher für das Leiden seiner Mitmenschen. Nach großen Katastrophen sind solche Veränderungen sogar gesellschaftlich spürbar. Nach dem Terroranschlag auf das World Trade Center 9/11 berichteten etwa viele New Yorker davon, dass sich für einige Tage die Grenzen und Klassenunterschiede auflösten, dass sich die Menschen auf der Straße grüßten, rücksichtsvoller, fürsorglicher und freundlicher miteinander waren als sonst üblich.[313]

Auch in psychologischen Experimenten zeigt sich, dass das Erleben einer unsicheren oder unkontrollierbaren Situation – etwa das Warten auf einen neuen Job oder auf das Ergebnis einer medizinischen Untersuchung – Menschen hilfsbereiter und mitfühlender macht.[314] In anderen Versuchen wurde eine steigende Tendenz zum Zusammenhalt und zur Kooperation gemessen, wenn die Versuchspersonen zuvor gemeinsam einer

Stressituation ausgesetzt waren.[315] Wer dagegen meint, alles im Griff und unter Kontrolle zu haben, kümmert sich in der Regel deutlich weniger um das Schicksal seiner Mitmenschen.[316]

Nun stellen Zeiten der Unsicherheit noch keine Gewähr für ein mitfühlendes Verhalten dar. Entscheidend ist vielmehr die Frage, wie man damit innerlich umgeht. Fühlt man sich angesichts von Schwierigkeiten machtlos und bleibt in der Haltung des (Selbst-)Mitleids stecken? Oder gelingt es, aus dieser passiven Rolle herauszukommen und zu einer aktiven Haltung zu finden? Das gilt nicht nur für den Umgang mit fremden sondern auch mit eigenen Problemen. Denn ebenso wie es einen Gegensatz zwischen passivem Mitleid und aktivem Mitgefühl gibt, unterscheiden sich auch Selbstmitleid und Selbstmitgefühl.

Im ersteren Falle bedauert man sich und sein ungerechtes Schicksal, während es doch alle anderen offensichtlich so viel besser haben; mitunter macht man sich noch zusätzlich Vorwürfe – »Warum muss das ausgerechnet mir passieren?«, »Was ist nur los mit mir?« –, was in der Regel die eigene Lage weiter verschlimmert. Im zweiten Falle dagegen betrachtet man sich selbst eher aus der Distanz und stellt zum Beispiel fest, dass andere mit ähnlichen Problemen zu kämpfen haben oder dass die individuellen Unzulänglichkeiten eben Teil des menschlichen Seins sind. Und statt sich zu bejammern oder zu kritisieren, kann man sich selbst Trost zusprechen oder Mut machen und sich so mitfühlend behandeln wie einen guten Freund. Dass das hilft, ist sogar wissenschaftlich bewiesen.[317]

Netzwerk oder Elementarteilchen

Letztlich hängt das Mitgefühl für andere also auch daran, wie wir uns selbst sehen. Betrachten wir uns als völlig eigenständig und unabhängig, quasi als Elementarteilchen, für die nur die eigenen Wünsche, Probleme und Erfolge interessant sind? Oder sehen wir uns mit anderen verbunden, verstehen wir uns als Teil eines Netzwerks, in dem das Wohlergehen des großen Ganzen ebenso wichtig ist wie die eigene Befindlichkeit – oder sogar wichtiger wird?

Ansatzweise kennen wir diese Erfahrung alle, etwa als Mitglied eines Arbeitsteams, einer Volleyballmannschaft oder eines Chors: Immer wenn es mehr auf den gemeinsamen als auf den einzelnen Erfolg ankommt, empfinden wir automatisch eine gewisse Sorge für das Wohl unserer Mitarbeiter, -spieler oder -sänger, das Mitgefühl stellt sich ganz von selbst ein. Die höhere Kunst ist es freilich, dieses Gefühl auch auf weiter entfernte Menschen auszudehnen, auf die gestresste Verkäuferin im Supermarkt, auf den fremden Flüchtling oder gar auf den verhassten Konkurrenten, der einem letztlich im Denken und Verhalten näher ist, als es zunächst scheint.

Das klingt zunächst nach einer unmöglichen Anstrengung, nach einem moralischen Gebot, das letztlich nur christliche Heilige oder buddhistische Erleuchtete erfüllen können. Doch man kann die Sache auch umgekehrt betrachten: Wer sich mehr auf die Gemeinsamkeiten mit anderen Menschen konzentriert als auf die Unterschiede, erlebt sich selbst auch nicht als so abgetrennt und isoliert, wie sich heute viele empfinden. Mitgefühl heißt damit letztlich nichts anders als: in Resonanz zu treten mit seiner Umwelt. Und das ist zugleich der beste Weg, sich selbst lebendig zu fühlen.

BESSER FÜHLEN (6):
WIE MAN DAS LEBEN MIT DEM STERBEN LERNT

Eine Begegnung mit der Palliativmedizinerin Almut Göppert

Almut Göppert

Über den Tod spricht man nicht gern. An die Tatsache, dass jedes Leben endlich ist (auch das eigene), will man in der Regel ungern erinnert werden. Wenn man allerdings länger mit Almut Göppert redet, stellt sich plötzlich ein anderes Gefühl ein. Ohne dass man genau sagen könnte, woran es liegt, beginnt man den Tod in einem anderen Licht zu sehen. Mit einem Mal ertappt man sich bei dem Gedanken, dass das Sterben ja eigentlich die natürlichste Sache der Welt ist und dass es ziemlich bizarr ist, gerade das zu einem solchen Tabu zu erheben. Vielleicht liegt es an der Ruhe, die die Ärztin ausstrahlt, vielleicht auch an der Selbstverständlichkeit, mit der sie über das Sterben redet, dass die berühmten »letzten Fragen« ihren Schrecken verlieren. Unser Gespräch, das wir in einem buddhistischen Zentrum in Berlin führen, ist jedenfalls trotz des düsteren Themas extrem lebendig und inspirierend.

Denn Almut Göppert hat sich intensiv mit den Fragen nach Leben und Tod auseinandergesetzt – nicht nur in den elf Jahren, die sie als Strahlentherapeutin und Palliativmedizinerin arbeitete, sondern auch in den drei Jahren, die sie in einem buddhistischen Meditationsretreat zubrachte. Die Erfahrungen dort haben sie tief geprägt und zu ihrem vielleicht größten

Abenteuer motiviert. Statt nach der meditativen Auszeit wieder in den alten Beruf zurückzukehren, hat sie den Sprung ins Ungewisse gewagt und leitet nun ein in Deutschland einmaliges Projekt: ein »Zentrum für spirituelle Begleitung«, in dem Sterbende gepflegt und Kranke versorgt werden und Menschen in existenziellen Krisen Hilfe finden sollen.

Rund eine Autostunde von Berlin entfernt, im brandenburgischen Bad Saarow, wird gerade das neue *Spiritual Care Center* gebaut. Anfang 2016 soll es eröffnet werden. Dann muss sich zeigen, auf welche Resonanz es stößt. Almut Göppert ist allerdings schon jetzt überzeugt: Eine solche Einrichtung fehlt dringend in Deutschland. Denn die Fragen, die dort im Mittelpunkt stehen, kommen im üblichen Krankenhausbetrieb meist sträflich zu kurz. Statt vorwiegend um Effizienz und Wirtschaftlichkeit geht es in Bad Saarow darum, auch für emotionale und spirituelle Bedürfnisse Raum zu schaffen – ein Modellprojekt, das ebenso viel mit der buddhistischen Theorie des Mitgefühls zu tun hat wie mit Göpperts eigener Lebensgeschichte.

Diese Geschichte erfährt im Alter von 18 Jahren ihren ersten großen Einschnitt. Da kommt Göpperts beste Freundin unvermittelt bei einem Verkehrsunfall ums Leben. Von einem Moment zum anderen ist alles anders. »Das war ein Schock, den ich als extrem traumatisierend empfand«, erzählt sie. »Dieser Tod hat alle meine Vorstellungen über das Leben infrage gestellt. Zugleich hat er auch etwas in mir wachgerüttelt, das mich seither antreibt.«

In einem Alter, in dem sich andere Teenager hauptsächlich für Partys interessieren, beginnt Göppert nach Antworten auf existenzielle Fragen zu suchen. Und weil sie es nicht beim Philosophieren belässt, sondern auch praktisch tätig werden will, beginnt sie Medizin zu studieren. Doch die Kurse an der Münchner Universität stellen sich zum Teil als Enttäuschung heraus; über das, was in ihren Augen mit entscheidend für die Therapie von Patienten ist, erfährt sie kaum etwas.

So will sie etwa von einem der Professoren wissen, wie man denn den richtigen emotionalen Umgang mit Kranken oder Sterbenden lerne. Doch der antwortet nur, Empathie habe man oder eben nicht. Lehren könne man das nicht. Ein andermal fragt sie einen bekannten Psychologen, wie man sich als Arzt zu seelischen Fragen stellen solle, worauf der lapidar antwortet, die Seele könne man wissenschaftlich nicht messen und daher könne man auch nichts darüber sagen.

So wird ihr im Studium ein naturwissenschaftliches Verständnis der Medizin nahe gebracht, das ein wenig an die Stimmung in einer Autowerkstatt erinnert. Patienten sollen »repariert« werden, als wären sie kaputte Autos: Der eine Spezialist kümmert sich um die Räder, der andere baut einen neuen Auspuff ein, der dritte wechselt die Glühbirnen aus – wie eine Maschine wird der Körper eines Patienten behandelt. »Das verkennt komplett, wie Menschen funktionieren«, ist Göppert überzeugt. »Wir sind doch nicht nur biologische, sondern auch geistige Wesen.« Besonders bei Schwerkranken, die sich mit dem Tod auseinandersetzen, sei unter Umständen das Gespräch über psychologische oder spirituelle Fragen viel entscheidender als das Fokussieren auf die körperlichen Beschwerden oder komplizierte Eingriffe.

Weil sie im Studium nichts darüber erfährt, sucht Göppert selbst nach Antworten. Sie liest viel, engagiert sich in der Hospizbewegung und spricht mit Sterbenden über deren Blick auf Leben und Tod. Dabei macht sie die Erfahrung, wie unterschiedlich Menschen mit der eigenen Endlichkeit umgehen. Sie trifft auf Schwerkranke, die den Tod mit aller Kraft verdrängen und ihn bis zum Schluss nicht wahrhaben wollen. Sie trifft im katholischen Bayern aber auch auf tiefreligiöse Christen, die ihrem irdischen Ende voller Gottvertrauen entgegengehen und den Abschied bewusst gestalten. Göppert wird klar: »Heilung hat nicht nur mit körperlicher Genesung zu tun. Man kann auch im Sterben Heilung erfahren«. Etwa wenn man im Frieden mit sich und seinem Leben sei und Zeit habe, sich von seinen Angehörigen zu verabschieden.

Irgendwann bekommt sie *Das tibetische Buch vom Leben und vom Sterben* in die Hand, das der Meditationslehrer Sogyal Rinpoche geschrieben hat.[318] Göppert ist fasziniert. Die buddhistische Sicht, derzufolge der Tod nicht das Ende aller Dinge ist, entspricht ihrer eigenen Wahrnehmung. Zugleich liest sie, dass man dem Tod nicht hilflos ausgeliefert sein muss, sondern sich durch die Schulung des Geistes auf das Sterben vorbereiten kann. Denn nach buddhistischer Auffassung wohnt gerade dem Moment des Todes das Potenzial inne, einen großen Schritt in der inneren Entwicklung zu machen.

»Viele wollen heute am liebsten möglichst schnell sterben«, weiß Göppert. Doch aus ihrer Sicht ist das gar nicht so wünschenswert. Seit dem Tod ihrer Jugendfreundin und deren plötzlichem Verschwinden denkt sie: »Es ist besser, wenn man die Chance hat, sich zu verabschieden und sein Leben rund zu machen.«

Nach ihrem Studium wird sie zunächst Ärztin in der Strahlentherapie. Nach Stationen in München und Essen geht sie schließlich an die Universität Kiel, weil sich dort eine besondere Gelegenheit auftut: An der Kieler Uniklinik wird gerade eine neue Station für Palliativmedizin aufgebaut, in der schwerkranke Patienten versorgt werden, die nur noch eine begrenzte Lebenserwartung haben – was zu diesem Zeitpunkt ein Novum in der Strahlentherapie in Deutschland darstellt.

Göppert ist aktiv am Aufbau der Station beteiligt und macht die Erfahrung, »wie viel Gutes man da noch in den letzten

Wochen für die Familien und Kranken tun kann«. Doch zugleich erlebt sie auch Anfeindungen vonseiten mancher Ärzte. »Viele Mediziner sehen ja den Tod als Feind, der mit allen Mitteln bekämpft werden muss. Dass nun plötzlich die Palliativmedizin den Tod zulässt und hilft, das Sterben zu gestalten – das haben manche kaum ausgehalten.« Der jungen Ärztin schlägt von manchen Kollegen eine Abwehr entgegen, die zwar wissenschaftlich verbrämt wird, hinter der Göppert aber auch persönliche Betroffenheit spürt. »Dahinter verbirgt sich oft eine ganz tiefe Angst – nämlich die Angst vor dem eigenen Tod, die ja auch Ärzte haben. Aber das würden sie natürlich nie zugeben.«

Die Zeit in Kiel erlebt Almut Göppert daher als ebenso stimulierend wie anstrengend. Ihr persönliches Engagement für die Patienten, der menschliche Kontakt und die empathische Fürsorge, die ihr wichtig sind, werden zwar von ihren Chefs gelobt und wertgeschätzt – doch letzten Endes im Klinikbetrieb nicht wirklich gewürdigt. Karriere machen eher die Kollegen, die möglichst viele Studien publizieren und nicht jene, die sich besonders gut um Patienten kümmern. »Für empathisches Verhalten gibt es keine positive Verstärkung«, sagt Göppert, das werde in vielen Kliniken eher als »Privatvergnügen« der Ärzte betrachtet. »Dass das Kraft kostet, dass emotionale Arbeit anstrengend ist, dass man dabei etwas leistet und dann eben nicht ebenso viel wie andere publizieren kann – das wird nicht wirklich gesehen und honoriert«, sagt Göppert. Irgendwann frage man sich dann: »Warum mache ich das eigentlich?«

Mitten in dieser Zeit der Selbstzweifel eröffnet sich plötzlich eine ganz andere Option. Der Meditationslehrer Sogyal Rinpoche, bei dem Göppert mittlerweile öfter Seminare besucht, bietet einen besonderen Kurs an: ein dreijähriges Retreat, eine Auszeit in einem buddhistischen Tempel in der Nähe von Montpellier in Südfrankreich. »Das wär's!«, denkt Göppert. Sie geht zu ihrem Chef und beantragt eine dreijährige Auszeit. Als ihr Vorgesetzter zögert, sagt Göppert: »Wenn ich schwanger wäre, bekäme ich ja auch Erziehungsurlaub« – worauf der Chef lachen muss und ihr verspricht, sie in drei Jahren wieder einzustellen, »wenn sie in normaler Kleidung und mit normalem Haarschnitt« zurückkomme.

Schon alleine die Vorbereitung auf die Auszeit erfordert Mut; gilt es doch, die Wohnung aufzulösen, die Rente auszusetzen und sich von all den gewohnten Sicherheiten des Alltags zu trennen – ohne genau zu wissen, wie es danach weitergeht. »Wie eine Art kleiner Tod« empfindet Göppert diesen Abschied von ihrem gewohnten Leben. Zugleich ist es aber auch eine Befreiung von den Zwängen des Alltags, vom hierarchischen Krankenhausbetrieb und dem Karrieredenken ihrer Kollegen.

Dann taucht sie ab in das französische Kloster, widmet sich der buddhistischen Geistesschulung und verbringt unter anderem mehrere Monate im Schweigen. Über das, was sie dort alles erlebte, kann man entweder tagelang oder gar nicht reden. Bei unserem Treffen entscheidet sich Göppert für Letzteres. Stattdessen sagt sie nur: »Man kommt in solch intensiven Meditationsperioden in Dimensionen des Geistes, die uns im Westen normalerweise nicht zugänglich sind.«

Eine abgedrehte Esoterikerin ist Almut Göppert deshalb nicht geworden. Im Gegenteil, die Frau mit der randlosen Brille wirkt eher heiter und bodenständig. Ihr orangener Blazer erinnert zwar entfernt an die Farbe tibetischer Mönchsroben, ansonsten aber tritt Almut Göppert sehr diesseitig auf. Sie formuliert ihre Sätze durchdacht und unaufgeregt, denkt auch lieber einmal zu viel als zu wenig nach; doch wenn sie spricht, dann mit Wärme und Emphase. Und man spürt: Diese feine Person besitzt eine große innere Klarheit und weiß sehr genau, worauf es ihr ankommt.

Wenn sie etwa über den modernen Krankenhausbetrieb spricht, dann wütet sie nicht einfach gegen das Diktat der Wirtschaft, sondern spricht nüchtern davon, dass »die starke Ökonomisierung unvollständig ist.« Und wenn sie über ihr geplantes Spiritual Care Center spricht, dann formuliert sie bescheiden: »Wir wollen einen Beitrag dazu leisten, mehr Spiritualität in die Medizin hineinzutragen.« Andere würden an ihrer Stelle vermutlich vollmundig von einem einzigartigen Modell schwärmen, vom Neuaufbruch oder der Revolution der medizinischen Versorgung.

Denn das Projekt mit dem Namen *Sukhavati* (Sanskrit für: »der Ort, der Zufriedenheit, Glück und Wohlbefinden bringt«) möchte gleich mehrere Dinge auf einmal sein: Es soll gleichermaßen eine Pflegeeinrichtung für Schwerkranke und Sterbende sein, ein Seminarort und Begegnungszentrum sowie eine Mehrgenerationen-Wohngemeinschaft für bis zu 30 Personen. Dabei soll das »Haus zum Leben und Sterben« Menschen aller Glaubensrichtungen offen stehen, auch wenn die Ausrichtung buddhistisch ist und das Zentrum vor allem buddhistisch Interessierte anziehen dürfte. Zur Standortwahl passt, dass Bad Saarow eine lange Tradition als Gesundheits- und Erholungszentrum hat und dort bereits ein großes Krankenhaus mit einem Krebszentrum steht. So kann im *Sukhavati*-Zentrum die Versorgung der Kranken durch eigene Pflegekräfte wie auch durch eine Kooperation mit dem örtlichen Krankenhaus sichergestellt werden.

Rund sechs Millionen kostet das Projekt auf einem 8000 Quadratmeter großen, sehr ruhig gelegenen Grundstück am Scharmützelsee. Ermöglicht wird es durch die großzügige

Spende einer Person, die ungenannt bleiben will. Sie selbst hat unglückliche Erfahrungen beim Tod eines nahestehenden Menschen in Deutschland gemacht und daraufhin das Spiritual Care Center in Irland, das 2009 eröffnet wurde, kennengelernt.[319] Die seelische Hilfe, die dort angeboten wurde, hat sie auf den Gedanken gebracht: so etwas müsste es auch in Deutschland geben.

Nun soll das *Sukhavati*-Zentrum nicht nur acht Betten für Schwerstkranke bieten, sondern auch Gästezimmer für Menschen, die mit existenziellen Krisen zu kämpfen haben oder generell nach Besinnung und Neuorientierung suchen. Zugleich planen Göppert und ihre Mitstreiter Fortbildungen für Mitarbeiter aus Gesundheits- und Sozialberufen und Kurse für die breite Öffentlichkeit, in denen es um Achtsamkeit, Meditation und Mitgefühl geht.

Für Almut Göppert schließt sich damit ein Kreis. Als sie noch während ihres Retreats in dem französischen Tempel gefragt wurde, ob sie die Leitung des Projekts übernehmen wolle, hat sie zunächst gezögert. Damals war das spirituelle Zentrum nur eine Idee und niemand wusste, ob sie sich realisieren würde. Zugleich hatte sie zwei andere Angebote – eines von ihrer alten Station in Kiel, ein anderes von der Uniklinik in München. Beide Optionen sahen damals verlässlicher aus. Mittlerweile, so erzählt Göppert lachend, hätte sich ausgerechnet die riskanteste Variante als die solideste herausgestellt. Denn sowohl in Kiel als auch in München hat sich zwischenzeitlich die Personalpolitik geändert, gut möglich, dass sie die scheinbar sicheren Jobs längst wieder los wäre.

Das neue Zentrum in Bad Saarow dagegen wächst, trotz aller Rückschläge und Verzögerungen, unaufhaltsam seiner Eröffnung entgegen. Geht es nach Almut Göpperts Vorstellungen, dann soll das *Sukhavati*-Zentrum ein Modell auch für andere Einrichtungen werden; ein Modell, das zeigt, wie man die seelischen und spirituellen Bedürfnisse von Schwerkranken oder Sterbenden besser berücksichtigt. Ein Modell aber auch, in dem Empathie und emotionale Arbeit des Pflegepersonals so wertgeschätzt werden, wie es sich Almut Göppert als Ärztin einst selbst gewünscht hatte.

»Wenn das klappt, ist das eine ganz große Inspiration«, sagt die Projektleiterin, und ein helles Strahlen zieht über ihr Gesicht. Denn die Entwicklung dieses Projekts zeige ja, dass Ideale sich manchmal eben doch verwirklichen lassen. Und dann sagt Almut Göppert noch einen Satz, der sowohl zu ihrem Projekt wie auch zu ihrer eigenen Lebensgeschichte bestens passt: »In unserem Geist stecken großartige Möglichkeiten – wenn wir nur den Mut haben, für unsere Ideale einzustehen.«

SCHLUSS:
DAS ZENTRUM DES UNIVERSUMS

Wer alle Sorgen dieser Welt vergessen will, braucht nur
Schuhe zu tragen, die eine Nummer zu klein sind.

Mark Twain

Für die Studenten des Kenyon College in Ohio war es ein ver-
störender Anblick: Der Festredner, der zum feierlichen Ab-
schluss ihres College-Jahres sprechen sollte, trat alles andere als
würdevoll auf. Am Rednerpult stand vielmehr ein langhaariger
Freak, der den Talar des Ehrenredners so lässig übergeworfen
hatte, dass er ihm bei jedem Satz von den Schultern rutschte.
Und schon in seinen ersten Sätzen sprach er von den *bullshitty*
conventions, den verlogenen Konventionen solcher Festreden, die
er nicht zu erfüllen gedenke.

Dennoch sollte die Rede von David Foster Wallace zu einem
Klassiker werden, der mittlerweile zur Pflichtlektüre amerikanischer College-Absolventen zählt.[320] Der Schriftsteller, durch
Romane wie *Unendlicher Spaß* weltweit bekannt, sang nämlich
nicht das übliche Hohelied auf die Bedeutung einer wissenschaftlichen Ausbildung, sondern sprach über unsere emotionale »Standardeinstellung« und die Frage, wie sehr man seinen
Gefühlen ausgeliefert sei.

Den überraschten Studenten erklärte er zunächst, dass der
Rest ihres Lebens nicht nur aus Höhepunkten bestehen werde,
sondern aus einer täglichen Routine mit Langeweile und dem

häufigen Gefühl »banaler Frustration«. Typischerweise müssten sie etwa nach der täglichen Schreibtischarbeit abends noch müde und gestresst zum Einkaufen in den Supermarkt – was in Wallace' süffisanter Schilderung ein wahrer Höllentrip wird: »Überall dudelt diese leidige Kaufhausmusik oder Kommerzpop, und Sie wünschen sich ans andere Ende der Welt, aber mit einer Stippvisite ist es leider nicht getan. Sie müssen durch all die riesigen, grell erleuchteten und verstopften Gänge wandern, bis Sie endlich alles zusammenhaben, und Sie müssen Ihren schrottigen Einkaufswagen an denen all der anderen erschöpften, hektischen Leute vorbeimanövrieren, und die Tapergreise bewegen sich im Tempo der Kontinentaldrift, und verpeilte Leute und ADHS-Teenager blockieren die Gänge, und Sie müssen die Zähne zusammenbeißen und möglichst höflich fragen, ob Sie mal durchkönnen, und wenn Sie zu guter Letzt alle Zutaten fürs Essen beisammenhaben, stellt sich heraus, dass nicht genug Kassen offen sind …«

Und so geht das Martyrium endlos weiter. Man quält sich durch die Warteschlange und kämpft sich danach durch den zähen Stoßverkehr, in dem einem der Weg versperrt wird durch »all die riesigen, hirnrissigen, straßenblockierenden Geländewagen«, deren rücksichtslose Fahrer einem den Weg abschnitten, »bloß um im Stau zehn Meter weiter vorn zu stehen«. Unausweichlich dränge sich einem der Eindruck auf, dass man nur »wegen all dieser blöden Rindviecher« nicht nach Hause könne, um seinen wohlverdienten Feierabend zu genießen. Und genau dieses genervte Gefühl, dass einem die ganze Welt im Weg stehe, entspreche unserer angeborenen Standardeinstellung, erklärt Wallace. Denn diese beruhe auf der unausgesprochenen Überzeugung, dass man selbst »der absolute Mittelpunkt des Universums« sei, »der echteste, lebendigste und bedeutendste existierende Mensch«.

Man kann sich die Betroffenheit ausmalen, mit der die Kenyon-Studenten dieser Rede lauschten. Vermutlich fragten sie sich, was ihnen dieser schräge Typ am Rednerpult eigentlich sagen wollte, der mehrfach versicherte, dass er nicht den Moralapostel spielen und niemanden vorschreiben wolle, wie er zu denken oder zu fühlen habe. Ihm gehe es vielmehr um die Erkenntnis, dass man seiner Standardeinstellung nicht hilflos ausgeliefert sei, sondern eine Wahlfreiheit habe.

Das Supermarkt-Martyrium könne man nämlich auch ganz anders betrachten: So sei denkbar, dass die ungeduldige Frau in der Supermarktschlange, über die man sich gerade so aufrege, drei Nächte lang nicht geschlafen habe, »weil sie ihrem an Knochenkrebs sterbenden Mann die Hand gehalten hat« oder dass der unverschämte Fahrer, der einen gerade ausbremste, ein besorgter Vater sei, »der ein kleines krankes Kind hinter sich sitzen hat, mit dem er so schnell wie möglich ins Krankenhaus rast und der demnach in weit größerer und legitimerer Eile ist als ich« – was zu der Einsicht führt: »faktisch bin *ich ihm* im Weg.«

Mit diesem Perspektivwechsel versuchte Wallace seinen Zuhörern klar zu machen, dass man selbst im nervigsten Feierabendverkehr die Wahl der Bewertung hat, dass unsere Gedanken, Gefühle und Stimmungen von der Art und Weise abhängen, wie wir die Dinge betrachten wollen. Und daran knüpfe sich die entscheidende Frage, ob man ein Sklave seiner Standardeinstellung bleibe oder ein gelingendes Leben führe. Dabei gehe es nicht um Moral, Religion oder Dogmen, sondern einzig und allein darum, »wie man dreißig oder sogar fünfzig Jahre alt wird, ohne sich die Kugel zu geben«.[*]

---

[*] Wie existenziell für Wallace diese Frage war, zeigte sich 2008, drei Jahre nach der Kenyon-Rede, als sich der Schriftsteller mit 46 Jahren das Leben nahm.

Die emotionale Standardeinstellung

Selten formuliert das jemand so radikal wie der amerikanische Schriftsteller, aber hat Wallace nicht recht? In der Regel dreht sich unser ganzes Erleben doch vor allem um einen Punkt – uns selbst. Was hilft oder schadet mir, was freut oder ärgert mich, wer ist für, wer gegen mich? Solche Überlegungen machen, bewusst oder unbewusst, den größten Teil unserer gedanklichen Aktivität aus. Auch unsere Emotionen dienen – wie in Kapitel 4 und 5 erklärt – vor allem dieser Unterscheidung zwischen angenehm und unangenehm, zwischen wünschenswerten Zuständen und solchen, die wir lieber vermeiden wollen.

Dieser natürliche Egoismus ist nicht zuletzt ein Erbe unserer biologischen Evolution: In einer Jahrmillionen dauernden Entwicklung wurde unsere Gattung, wie alle anderen Lebewesen, darauf getrimmt, das eigene Überleben zu sichern. Daher ist es kein Wunder, dass unsere *eigenen* Interessen, Wünsche und Abneigungen oberste Priorität haben. Hinzu kommt, dass wir die Gedanken und Gefühle anderer Menschen immer nur indirekt erfahren, während wir unsere eigenen als unmittelbar, zwingend und *wirklich* erleben. Das heißt: Durch die Brille meiner Emotionen betrachtet, bin tatsächlich *ich* der Mittelpunkt des Universums!

So verständlich diese Haltung aus evolutionärer Sicht auch sein mag, so sehr verzerrt sie unsere Perspektive. Die eigenen Emotionen, Wünsche oder Sorgen erscheinen uns riesig und bedeutungsvoll, jene der anderen dagegen klein und unbedeutend. Dass in Syrien gerade Krieg tobt oder Nepal von einem gewaltigen Erdbeben erschüttert wird – ja sicher, schlimme Sache. Dennoch scheinen *meine* aktuellen Rückenschmerzen oder *mein* kaputtes Knie in meiner Wahrnehmung letztlich erheblich relevanter zu sein.

Ebenso zur Standardeinstellung gehört die von Daniel Kahnemann beschriebene Verlustaversion: Ärger oder Schmerz über einen Verlust werden in unserem Erleben deutlich stärker gewichtet als die Freude über einen vergleichbaren Gewinn. Auch das ist evolutionsbiologisch erklärbar und zugleich eine stete Quelle unseres Unglücks. Die Evolution, so muss man leider feststellen, hat uns zwar aufs Überleben, aber nicht auf Glück und dauerhafte Zufriedenheit programmiert.

Der kluge Umgang mit Gefühlen

Die gute Nachricht lautet allerdings: Wir leben nicht mehr in der Urzeit, und die meisten Menschen – zumindest in der westlichen Wohlstandsgesellschaft – sind nicht mehr ausschließlich mit dem Überleben beschäftigt. Daher macht es wenig Sinn, an unserer evolutionären Standardeinstellung festzuhalten. In anderen Lebensbereichen tun wir das ja auch nicht: Unser Essen suchen wir heute nach völlig anderen Kriterien aus als unsere steinzeitlichen Vorfahren. Während es damals wichtig war, möglichst viele Kalorien zu sich zu nehmen, haben wir mittlerweile gelernt, gezielt auszuwählen. Wir packen im Supermarkt nicht wahllos alles ein, sondern zügeln unsere althergebrachten Instinkte, weil wir wissen: Diese würden in einer modernen Konsumgesellschaft schnell zu Fettleibigkeit führen.

Ganz ähnlich ist es mit unseren Emotionen: Die einst sinnvolle Standardeinstellung erweist sich heute eher als Nachteil; unserem Glück ist es jedenfalls dienlicher, wenn wir den alten Reflexen nicht einfach automatisch folgen, sondern lernen, damit klug umzugehen. Und genau diesem Zweck dienen die Erkenntnisse, die in diesem Buch vorgestellt wurden.

Denn wie in den vergangenen Kapiteln deutlich wurde, sind Emotionen zwar lebenswichtige Navigationsinstrumente, ohne die wir uns im Alltag kaum zurechtfinden würden – wie etwa die Beispiele von Patienten zeigen, die den Zugang zu ihren Gefühlen verloren haben (Kapitel vier). Das heißt aber nicht, dass diese Navigationswerkzeuge unfehlbar wären. Denn die Emotionen werden – wie in Kapitel fünf und sechs beschrieben – nicht nur von unserem biologischen Erbe, sondern ebenso von den Werten und Vorstellungen unserer Kultur beeinflusst. Deshalb bringen Emotionen auch nicht einfach ungefiltert unser authentisches inneres Wesen zum Ausdruck; vielmehr sind die *Cogmotions,* von denen manche Gefühlsforscher mittlerweile reden, auch Ausdruck unserer sozialen Umwelt und der gesellschaftlichen Werte, denen wir zu entsprechen suchen.

Zu Recht bezeichnen uns Forscher daher auch als »emotionale Chamäleons«: Unser Gefühlsleben wird nicht nur von den Stimmungen und Gefühlen unserer Mitmenschen geprägt, sondern auch von all den Botschaften, Appellen und Verheißungen der modernen Medien- und Werbeindustrie, ebenso wie von den stereotypen Vorstellungen, die etwa in Bezug auf die »richtigen« Gefühle in der Liebe oder am Arbeitsplatz herrschen.

So sind Emotionen zwar einerseits etwas höchst Privates und Individuelles, andererseits aber sind wir gerade auf der emotionalen Ebene extrem leicht beeinflussbar – vor allem, wenn wir uns der Fremdbestimmung von außen nicht bewusst werden. Das zentrale Anliegen dieses Buches war es daher, Sie für diese äußeren Einflüsse zu sensibilisieren. Schließlich können wir nur mit jenen Kräften bewusst umgehen, die uns zu Bewusstsein kommen.

Diese Sensibilisierung beginnt etwa mit der Wahrnehmung jener Momente und Situationen, in denen uns der *emotional over-*

load, die »emotionale Überlast«, mitzureißen und zu erdrücken drohen. Statt darauf automatisch mit Aggression (oder Depression) zu reagieren, hilft es schon, sich diese Belastung zu vergegenwärtigen und sich klar zu machen, dass auch Emotionen Energie kosten und zur Erschöpfung führen können. Um wieder ins Gleichgewicht zu kommen, sind manchmal nur Ruhephasen nötig; ein andermal braucht man eher körperliche Bewegung, um die aufgestauten Emotionen abzureagieren. Wichtig ist dabei vor allem das Gefühl der Selbstwirksamkeit, von dem Wolfgang Schmidbauer sprach: dass man Bereiche findet, die man unter Kontrolle hat und die einem Freude bereiten. Solche positiven Gefühle sind schließlich die größten Antagonisten von Ärger, Angst oder Verzweiflung.

Das heißt freilich nicht, dass man alle unangenehmen Emotionen reflexhaft von sich wegschieben sollte. Denn das Abwehren und Verdrängen führt oft nur dazu, dass sie im Unterbewusstsein weiter rumoren und von dort aus unser Verhalten umso mehr bestimmen. Die klügere Strategie ist es, sich die eigenen Gefühle erst einmal zuzugestehen und sich bewusst zu machen, woher sie kommen. Statt sich also reflexhaft zu befehlen »Hör auf, dich zu ärgern« oder »Sei nicht eifersüchtig!« – was in der Regel das entsprechende Gefühl eher noch verstärkt – kann man auch nüchtern konstatieren: »Aha, jetzt ärgere ich mich gerade.« Oder: »Schau an, ich bin eifersüchtig.«

Das ist weniger banal, als es klingt. Vor allem in der Hitze eines Gefühlsgefechts ist diese Übung keinesfalls leicht – aber extrem wirkungsvoll. Sich ein unangenehmes Gefühl ehrlich einzugestehen, bedeutet nämlich nicht weniger als einen Bruch mit der emotionalen Standardeinstellung, die uns vor uns selbst stets als durchweg gut und edel erscheinen lässt.

Wer sich dagegen auch weniger edle Regungen eingesteht, ist ihnen schon nicht mehr so hilflos ausgeliefert. Bereits die

Erkenntnis »ich bin wütend« schafft eine innere Distanz zur Wut und damit den Spielraum für einen bewussteren Umgang damit.

Vom Sägen dicker Bretter

Beispielhaft demonstrierte mir das einmal ein alter Zimmermann, bei dem ich als Schüler in den Ferien arbeitete. Eines Tages richtete ich zusammen mit dem Lehrling ein gewaltiges Chaos an: Beim Renovieren einer Wohnung konnten wir einen mächtigen Eichenbalken nicht halten, das Trumm stürzte ab, zerschlug das halbe Mobiliar und verwandelte die Wohnung in einen Trümmerhaufen. Starr vor Entsetzen warteten wir auf die Rückkehr des Chefs und sein zweifellos einsetzendes Donnerwetter. Dann kam er.

Er betrat die Wohnung, betrachtete das Chaos, sagte kein Wort und ging wieder hinaus. Kurze Zeit später sahen wir, wie er sich draußen zu schaffen machte: Mit verbissener Anstrengung sägte er von Hand ein enorm dickes Brett durch. Das war seine Art der Emotionsregulation. Statt seine Wut ungebremst herauszulassen, reagierte er sich zunächst einmal körperlich ab, solange, bis er sich wieder einigermaßen in der Gewalt hatte.

»Sprich, wenn Du wütend bist, und Du wirst die beste Rede halten, die Du jemals bereut hast« – diese Einsicht des amerikanischen Journalisten Ambrose Bierce bringt auf den Punkt, warum es sinnvoll ist, seinen Gefühlen nicht immer blindlings zu folgen, sondern ihnen mit einer gewissen inneren Distanz zu begegnen. In dieselbe Richtung deutet der populäre Ratschlag, erst bis 10 zu zählen, bevor wir unserem Ärger Luft machen – und bis 100, wenn wir sehr verärgert sind. Dieser

Ratschlag, erklärt allerdings der israelische Philosoph Aaron Ben-Ze'ev, übersehe »keineswegs den funktionalen Wert von emotionalen Reaktionen, denn er geht nicht so weit, bis tausend zu zählen.«

Schließlich haben alle Emotionen, auch die unschönen, ihre Gründe, und in der Regel wollen sie uns etwas mitteilen. Ihre Ursachen liegen längst nicht immer in unserer egoistischen Einstellung. Wer etwa über miserable Arbeitsbedingungen oder das ausbeuterische Verhalten seines Chefs wütend wird, dem nützt es auf Dauer wenig, dicke Bretter zu zersägen. Vielmehr kommt es dann darauf an, die Energie der Wut richtig zu kanalisieren und so zu lenken, dass sie zu einer Verbesserung der Situation führt.

Die Kunst besteht darin, das eine vom anderen zu unterscheiden, das reale äußere Problem von der eigenen emotionalen Verzerrung. Dafür gibt es oft kaum etwas Besseres als den Austausch und das Gespräch mit anderen. Ohne ein – ehrliches – Feedback von außen rutschen wir leicht immer wieder in die Falle der Selbstgerechtigkeit. Mitunter brauchen wir aber auch einfach Zeiten des Alleinseins, um die eigenen Gefühle sortieren zu können und einen besseren Umgang damit zu finden. Dabei geht es nicht um Einsamkeit, sondern um Phasen des Ungestörtseins, in denen wir auf nichts reagieren und niemandem etwas vorzumachen brauchen.

Eine Stadt ohne Werbung

Üblicherweise sind wir in unserem Alltag so abgelenkt und so sehr damit beschäftigt, auf alle möglichen Anforderungen, Reize und Informationen zu reagieren, dass es enorm schwer fällt, die eigenen Gefühle ungestört wahrzunehmen. Versuchen Sie einmal, wenn Sie das nächste Mal durch eine belebte Fußgängerzone gehen, all die emotionalen Kräfte zu identifizieren, die an Ihnen zerren: die verführerischen Auslagen der Läden, die bunten Werbebotschaften, die marktschreierischen Schlagzeilen am Zeitungskiosk, nicht zu vergessen die Emotionen der anderen Passanten, Bettler, Straßenmusikanten ... Unter solchen Umständen die eigenen »wahren« Gefühle zu spüren, ist alles andere als leicht.

Um bei sich zu bleiben, hilft es zum einen, sich diese Mechanismen bewusst zu machen. Zum anderen kann man positive Erlebnisse als »Anker« nehmen – etwa entspannte Momente im Urlaub, in denen man im Einklang mit sich war – und sich diese in der Hektik in Erinnerung rufen. Oder man kann auch versuchen, sich auf den eigenen Atem zu besinnen. Denn als Bindeglied zwischen Körper und Psyche ist der Atem ein hervorragendes Instrument der Selbstwahrnehmung und -steuerung. Jede Art von Erregung oder Verspannung macht sich prompt im Atemrhythmus bemerkbar; umgekehrt hat die Entspannung des Atemflusses unweigerlich einen beruhigenden Effekt auf unsere psychische Verfassung. Nicht umsonst spricht man davon, dass einen aufwühlende Situationen »in Atem halten« oder einem gar »den Atem verschlagen«. Wem es gelingt, den eigenen Atem wieder in Fluss zu bringen, der hat bereits eine elementare Technik der Emotionskontrolle gelernt.

Die Regulation unserer emotionalen Stimmung ist allerdings nicht nur eine Sache des Einzelnen. Man kann sie auch als gesellschaftliche und politische Aufgabe sehen, wie die französische Stadt Grenoble am Fuße der Alpen exemplarisch demonstriert: Dort entschieden die Stadtväter 2014, für mehr emotionale Ruhe im Stadtbild zu sorgen und alle großflächigen Werbetafeln aus der Innenstadt zu verbannen. An ihrer Stelle

Straßenansicht von Grenoble, mit und ohne Werbung

sollen künftig Bäume wachsen. Bürgermeister Eric Piolle setzte damit ein Wahlversprechen um und machte Grenoble zum »Vorreiter für eine werbefreie Stadt«.

Das französische Beispiel zeigt, dass das übliche Werbegetrommel keinesfalls ein Naturgesetz ist. Zwar haben wir uns im Alltag so sehr an diese subtile Art der Emotionsbeeinflussung gewöhnt, dass sie uns kaum noch auffällt. Erst wenn wir einmal für längere Zeit aus dem Trubel herauskommen, in die Berge, ans Meer oder ein reizarmes Landhaus ohne Wlan, fällt uns auf, wie erholsam die Abwesenheit der künstlich geweckten Gefühle sein kann.

Denn wir sind nun einmal – wie Hartmut Rosa erklärt – im Grunde »Resonanzwesen«, die stets im Austausch und in Verbindung mit ihrer Umwelt stehen. Es ist geradezu ein Kennzeichen unseres Lebendigseins, dass wir nicht abgeschottet vor uns hinvegetieren, sondern von den Menschen und Stimmungen um uns herum berührt werden. Ohne Resonanz von außen wären wir auf Dauer nicht lebensfähig; und nichts beglückt uns mehr als das Gefühl, in Einklang zu sein – mit uns selbst, mit anderen oder mit der Situation, in der wir uns gerade befinden.

Entscheidend ist allerdings, ob wir der Außen- oder der Innensteuerung gehorchen. Lassen wir uns eher von äußeren Anforderungen, Zwängen und Verführungen lenken? Oder orientieren wir uns an unserem eigenen, inneren Resonanzerleben? Das ist letztlich die zentrale Frage. Untrennbar verbunden damit ist übrigens auch das Gefühl der Selbstwirksamkeit: In Resonanzsituationen erfahren wir uns als wirksam und gestaltend; und wer spürt, dass er etwas bewegen kann, erlebt dabei umgekehrt auch Resonanz. Das ist nicht nur beglückend, sondern vermittelt zugleich Hoffnung und Zuversicht. Sich hingegen als passiv und ohnmächtig zu erfahren, ist frustrierend und führt auf Dauer zu Rückzug oder Depression. Und vielleicht gibt es in unserer modernen Massenkultur keine größere Gefahr als dieses Gefühl der Ohnmacht, des Ausgeliefertseins und des »Ich-kann-ja-doch-nichts-tun«.

Wenn Sie wieder einmal von solchen Gedanken übermannt werden, rufen Sie sich vielleicht den Unterschied zwischen Selbstmitleid und Selbstmitgefühl in Erinnerung, der in Kapitel 9 beschrieben wurde. Oder denken Sie an das »tschechische Radio«, von dem am Anfang dieses Buches die Rede war: Selbst unter scheinbar aussichtslosen Bedingungen gibt es die Möglichkeit zum (zumindest symbolischen) Widerstand. Und es liegt immer noch an uns, *wie* wir eine Situation bewerten und wem wir die Deutungshoheit über unsere Gefühlslage überlassen.

Zum Glück müssen wir es im Alltag, anders als die Tschechen 1968, nicht gleich mit Hunderttausenden Soldaten eines übermächtigen Regimes aufnehmen. Oft reicht schon die Herausforderung, den mürrischen Gesichtern in der morgendlichen U-Bahn zu widerstehen. Was kostet wohl ein Lächeln?, fragt man sich in solchen Situationen und fühlt sich leicht von der allgemeinen Miesepetrigkeit angesteckt. Aber statt sich von den Emotionen der anderen infizieren zu lassen, drehen Sie doch einmal den Spieß um und setzen selbst ein freundliches Gesicht auf. Gut möglich, dass Sie feststellen: Ihr Lächeln ist unbezahlbar.

Dank

Natürlich sind auch Autoren Resonanzwesen; und daher ist jedes Buch das Ergebnis einer Vielzahl von Einflüssen, bewussten und unbewussten, die man längst nicht alle benennen kann. Besonders bedanken möchte ich mich allerdings bei

Carolyn Christov-Bakargiev und den Künstlern der 13. Documenta für mutiges Kollabieren und Wiederaufbauen

Harro Albrecht für sein Wissen über Schmerz und Emotionen, für gedankliche Leidenschaft und gemeinsame Welterklärungsabende

Judith Gastner für Beziehungspsychologie, Titelideen und ihr unbezahlbares Lächeln

Ludwig Schindler für kluge Gespräche, seine therapeutische Erfahrung und die Geduld, diese zu vermitteln

Andreas Weber für das Leben auf der Kippe, die Kunst des Scheitern-Könnens und einen sonnendurchfluteten Nachmittag

Natalie Knapp für klares Denken, Gefühlssinn und die Aufmerksamkeit für Kirschblüten

Lama Yeshe für ihre Gelassenheit, das Lodjong-Training und wunderbar heiteres Mitgefühl

Dieter »Öser« Bünker für seine Offenheit und das Im-Gehen-Denken

Jens Tarnowski für *first impressions* und werbetechnischen Rat

Wolfgang Schmidbauer für das Teilen seiner jahrzehntelangen Therapeutenerfahrung

Hartmut Rosa für die spontane Bereitschaft zur fernmündlichen Resonanz

Onur Güntürkün für die Nachhilfe in Sachen Hirnevolution und Emotionsentwicklung

Jan Plamper für georgisches Essen, emotionalen Sachverstand und kritisches Gegenlesen wichtiger Passagen

Tania Singer für den Anstoß und Austausch in Sachen Mitgefühl

Rolf Verres für seine Resonanzerfahrung und die Nachhilfe im achtsamen Telefonieren

Silvia Wetzel für hilfreiche Hinweise zu Achtsamkeit und Mitgefühl

Almut Göppert für ein zeitloses Gespräch über Leben und Tod

Barbara Kirschbaum, Manuela Brauch und Wolfgang Freiwald für energetische Unterstützung

Beate Göbel fürs Loslassen am Ende

und natürlich bei Karo fürs Mitleiden, -lesen und -denken, für Liebe, emotionale Unterstützung und ihren großartigen Humor

Literaturhinweise

EINLEITUNG: DAS TSCHECHISCHE RADIO

[1] So berichtet es der Künstler Tamás St. Auby (http://www.translocal.org/
translocalold/revolutionloveyou/stauby.html)

[2] http://www.contemporaryartdaily.com/2012/06/documenta-13-tacita-dean/

[3] Eine gute Analyse findet sich bei Harald Welzer: Mentale Infrastrukturen.
Wie das Wachstum in die Welt und in die Seelen kam, *Schriftenreihe Ökologie*
Bd. 14, Heinrich-Böll-Stiftung, 2011.

[4] Ulrich Schnabel: *Muße. Vom Glück des Nichtstuns,* Blessing, München 2010

[5] Eyal Winter: *Kluge Gefühle,* Dumont, Köln 2015, S. 33

[6] Siehe z. B. Gerd Gigerenzer: *Bauchentscheidungen: Die Intelligenz des Unbewussten
und die Macht der Intuition,* Bertelsmann, München 2010

[7] Frevert, U. & Illouz, E.: Alles eine Frage des Gefühls. In: DIE ZEIT,
Nr. 37/2012

1   DIE EMOTIONALE ANSTECKUNG

[8] Bis zu seinem Tod am 26. August 2013 notierte der krebskranke Autor Wolfgang Herrndorf in seinem Blog *Arbeit und Struktur* Gedanken über Leben,
Krankheit, Arbeit und Tod, unter anderem am 22.9.2010: »Immer die gleichen
drei Dinge, die mir den Stecker ziehen: Die Freundlichkeit der Welt, die
Schönheit der Natur, kleine Kinder.« http://www.wolfgang-herrndorf.
de/2010/09/acht/

[9] E. Hatfield, J. T. Cacioppo, R. L. Rapson: *Emotional Contagion.* Cambridge
University Press, 1994

[10] Matthias Matussek: Nachrede auf eine Märchenprinzessin im Zeitalter der
Massenmedien. In: *Der Spiegel* Nr. 37/1997, S. 216

[11] James Thomas: From people power to mass hysteria: media and popular
reactions to the death of Princess Diana. *International Journal of Cultural Studies*
Bd. 11, S. 371, (2008)

[12] Siehe z. B. Paul Stänner: Weltoffener Patriotismus? In: Deutschlandradio
Kultur, 20.6.2007

[13] Gustav Le Bon: *Psychologie der Massen,* Nikol, Hamburg 2009, S. 38

[14] Steven Reicher: *The Psychology of Crowd Dynamics.* In: M. Hewstone (Ed.), The
Blackwell Handbook of Social Psychology. Vol. 4: Group Processes. (2001).

siehe auch: B. Mittelstrass: Das Gefühl in der Menge, Deutschlandfunk, 6.2.2014

[15] L. Coviello, A. Kramer et al. (2014) Detecting Emotional Contagion in Massive Social Networks. PLoS ONE 9(3): e90315.

[16] A. Kramer et.al.: Experimental evidence of massive-scale emotional contagion through social networks. *PNAS* (2014) Vol. 111 no. 24, S. 8788–8790

[17] A. Kramer auf Facebook, 29. Juni 2014, https://www.facebook.com/akramer/posts/10152987150867796

[18] M. Dworschak: Hexenmeister am Regler. *Der Spiegel* Nr. 28/2014, S. 114

[19] L. Rendell et.al: Why Copy Others? Insights from the Social Learning Strategies Tournament. *Science* (2010), Bd. 328 (5975), S. 208–213.

[20] R. Thaler, C. Sunstein: *Nudge. Wie man kluge Entscheidungen anstößt.* Econ, Berlin 2009; siehe auch: P. Plickert, H. Beck: Kanzlerin sucht Verhaltensforscher. *FAZ*, 26.8.2014

[21] C. Sunstein: Nudging taxpayers to do the right thing. *Bloomberg View*, 15.4.2014

[22] S. Milgram et.al.: Note on the drawing power of crowds of different size. *Journal of Personality and Social Psychology.* (1969), Vol. 13, Nr. 2, S. 79–82

[23] Michael Tomasello: *Eine Naturgeschichte des menschlichen Denkens,* Suhrkamp, Frankfurt 2014

[24] Mathias Greffrath: Das Tier, das »Wir« sagt. In: DIE ZEIT Nr. 16/2009

[25] U. Dimberg, M. Thunberg, K. Elmehed: Unconscious Facial Reactions to Emotional Facial Expressions, *Psychological Science,* Vol. 11, No. 1, January 2000, S. 86 sowie: U. Dimberg et.al.: Facial reactions to emotional stimuli: Automatically controlled emotional responses. *Cognition and Emotion* (2002), Vol. 16 (4), S. 449–471

[26] Siehe z. B.: D. Richardson et.al.: Synchrony and swing in conversation: coordination, temporal dynamics and communication. In: I. Wachsmuth, M. Lenzen & G. Knoblich (eds.), Embodied Communication in Humans and Machines. Oup Oxford. (2008)

[27] P. Adank et.al.: Imitation Improves Language Comprehension. *Psychological Science (2010) Vol. 21 No. 12, S. 1903–1909*

[28] H. Larsen et.al.: Peer influence in a micro-perspective: imitation of alcoholic and non-alcoholic beverages. *Addictive Behaviours* (2010) Vol. 35 (1), S. 49–52.

[29] R. Koordeman et.al.: Do We Act upon What We See? Direct Effects of Alcohol Cues in Movies on Young Adults' Alcohol Drinking. *Alcohol and Alcoholims,* 2011, Vol. 46, (4), S. 393–8.

30 T. L. Chartrand, J. A. Bargh: The chameleon effect: the perception-behavior link and social interaction. *Journal of Personality and Social Psychology.* 1999 Vol. 76 (6): 893–910.

31 RCJ Hermans et.al.: Mimicry of Food Intake: The Dynamic Interplay between Eating Companions. *PLoS ONE* (2012) Vol. 7 (2): e31027

32 W. S. Condon, W. D. Ogston: Sound Film Analyses of normal and pathological behaviour patterns. *Journal of Nervous and Mental Disease,* Vol 143(4), 1966, 338–347, zit. nach: Frances La Barre: On Moving and Being Moved: Nonverbal Behavior in Clinical Practice, Routledge, 2012

33 S. Wiltermuth, C. Heath: Synchrony and Cooperation. *Psychological Science,* 2009 Jan. vol. 20 (1) S. 1–5

34 Fessler, D. M. T., Holbrook, C: Marching into battle: Synchronous walking diminishes the conceptualized formidability of an antagonist in men. *Biology Letters,* (2014), Vol. 10: 20140592.

35 A. Pentland: The New Science of Building Great Teams. *Harvard Business Review.* 90, April 2012. S. 65

36 Friedman, Howard S., Riggio, Ronald E.: Effect of individual differences in nonverbal expressiveness on transmission of emotion. *Journal of Nonverbal Behavior,* 1981, Vol. 6 (No2), S. 96–104.

37 J. P. Greene: Learning from Live Theater, *Education Next.* Winter 2015, Vol. 15. No. 1

38 G. J. Haeffel, J. L. Hames: Cognitive Vulnerability to Depression Can Be Contagious. *Clinical Psychological Science Vol. 2,* No.1 (2013), S. 75–85

39 Totterdell, P., Niven, K., Holman, D. (2010). Our emotional neighbourhoods – how social networks can regulate what we feel. *The Psychologist,* Vol. 23, S. 474–477.

40 Totterdell, P. (2000). Catching moods and hitting runs: Mood linkage and subjective performance in professional sport teams. *Journal of Applied Psychology,* 85, S. 848–859.

41 T. Lewis, F. Amini, R. Lannon: A General Theory of Love, Vintage Books, 2001, S. 84 ff.

42 E. Hatfield et.al.: Emotional Contagion, Current Directions in Psychological Sciences, 2, S. 96

43 Lange vor Hatfield sprach allerdings schon 1913 der Soziologe Max Scheler von »Gefühlsansteckung«. Und vor ihm benutzte Gustave le Bon in seiner »Psychologie der Massen« 1895 den Begriff »geistige Übertragung« *(contagion mentale).* Es handelt sich offenbar um eine Art Begriffsansteckung.

44 Charles Darwin: *Der Ausdruck der Gemüthsbewegungen bei dem Menschen und den*

Thieren. In: Ch. Darwin's Gesammelte Werke, Bd. 7, E. Schweizerbart'sche Verlagshandlung 1877

[45] E. Cooper: The faking orgasm scale for women: psychometric properties. *Archives of Sexual Behaviour.* 2014 Apr; Vol. 43(3), S. 423–35.

[46] Michael Bond: *The power of others. Peer Pressure, Groupthink, and How the People Around Us Shape Everything We Do.* Oneworld, 2014, S. 13

[47] J. D. Laird, C. Bressler: The process of emotional feeling. A selfperception theory. In: M. Clark (ed): Emotion. *Review of Personality and Social Psychology.* Vol. 13, S. 212–234, Sage, Newbury Park, 1992; siehe auch: Laird, J. D. *Feelings: The perception of self.* New York: Oxford University Press. (2007)

[48] Zitiert nach: E. Hatfield et.al.: Emotional Contagion (1993)

[49] Paul Ekman: *Gefühle lesen – Wie Sie Emotionen erkennen und richtig interpretieren,* Spektrum Akademischer Verlag, Heidelberg 2004, S. 51

[50] Hatfield E., Cacioppo J. T., Rapson R. L. (1993) Emotional contagion. *Curr Dir Psych Sci* 2: S. 96–100.

2 DIE HERAUSFORDERUNG DER MODERNE

[51] R. Murray Schafer: *Die Ordnung der Klänge. Eine Kulturgeschichte des Hörens,* Schott Verlag, Mainz 2010, S. 96

[52] Siehe z. B.: Eli Pariser: *Filter Bubble. Wie wir im Internet entmündigt werden,* Hanser, München 2012

[53] Ein ausführlicher Kommentar dazu findet sich z. B. bei dem Medienkritiker Stefan Niggemeier: http://www.stefan-niggemeier.de/blog/20186/ die-tagesschau-wo-man-schoene-inszenierungen-nicht-bloed-hinterfragt/

[54] Platon: *Politea* 604e–605a

[55] Zitiert nach C. Drösser, M. Spiewak: Leider gut. In: DIE ZEIT Nr. 13/2013

[56] Siehe z. B.: Ulrich Schnabel: Die Konjunktur der Ängste. In: DIE ZEIT Nr. 26/2008

[57] Das zeigen beispielsweise die Untersuchungen des Kriminologischen Forschungsinstituts Niedersachen: KfN Forschungsbericht Nr. 117: Kriminalitätsfurcht, Strafbedürfnisse und wahrgenommene Kriminalitätsentwicklung, http://www.kfn.de/versions/kfn/assets/fob117.pdf Christian Pfeiffer: Die Dämonisierung des Bösen. In: *Frankfurter Allgemeine Zeitung,* 5.3.2004

[58] Das zeigen die Daten der Polizeilichen Kriminalstatistik: http://www.bka.de/ DE/Publikationen/PolizeilicheKriminalstatistik/2013/2013Zeitreihen/ pks2013ZeitreihenFaelleUebersicht.html

59 Christian Pfeiffer: Sexualmord ist die große Ausnahme. In: *Badische Zeitung,* 18.8.2014

60 Nassim N. Taleb: *Der Schwarze Schwan: Die Macht höchst unwahrscheinlicher Ereignisse.* Hanser, München 2008

61 Ulrich Schnabel: Das Überraschende erwarten. In: DIE ZEIT, Nr. 16/2011

62 Monika Maron: Zeitunglesen. In: *Der Spiegel,* Nr. 34/2013, S. 102

63 Roy Baumeister: *Die Macht der Disziplin,* Campus, Frankfurt am Main 2012

64 Constantin Seibt: Die Produktion von Angst. In: *Der Tagesanzeiger,* 27.5.2015

65 Wolfgang Schmidbauer: *Die hilflosen Helfer,* Rowohlt, Reinbek 1997; siehe dazu auch die Anmerkungen auf Schmidbauers Internetseite: http://www.wolfgang-schmidbauer.de/die-hilflosen-helfer-161/

66 Wolfgang. Schmidbauer: *Lebensgefühl Angst.* Herder, Freiburg 2005

67 *Brigitte* Nr. 1/2015, S. 95

68 Julia Friedrichs: Die Welt ist mir zu viel. In: ZEIT Magazin, Nr. 1/2015, S. 16

69 Juli Zeh: Schaut weg! In: *Stern,* Nr. 40/2014, S. 130

70 Dunja Khoury: »Mir erscheint jedes Alltagsproblem banal«. In: *Brigitte* Nr. 1/2015, S. 100

71 Saba Khalid: Welche Angst? In: *Kulturaustausch* Nr. III/2013, S. 37

3   UNTER DER OBERFLÄCHE DES GLÜCKS

72 http://www.phoenixberg.at/bilder.html

73 Barbara Pachl-Eberhardt: *Vier minus drei.* Integral, München 2010

74 http://www.barbara-pachl-eberhart.at/

75 Adam Jackson: *Die zehn Geheimnisse des Glücks.* Nikol, Hamburg 2008

76 Marion. Grillparzer: *Glyx-Diät. Abnehmen mit Glücks-Gefühl.* Gräfe und Unzer, München 2009

77 S. Schwalb, B. Imgrund: *Glück! TaschenGuide,* Haufe Lexware, Freiburg 2006

78 http://www.liebeskummerpillen.de/products/gluck-in-kleinen-dosen?category=7

79 World Happiness Database, http://worlddatabaseofhappiness.eur.nl/hap_nat/nat_fp.php?mode=1

80 Glücksatlas der Deutschen Post: http://www.gluecksatlas.de/cms/2014/regionen_2014.html

81 »Heidi & Seal: Liebesfeuer unterm Dach«. In: *Die Bunte,* Nr. 48/2007, S. 88

82 Wie die LIEBE lebendig bleibt. In: *Die Bunte,* Nr. 32/2010, S. 73

83 Christine Meffert: Über Trennungen. In: ZEIT Magazin Nr. 8/2014, S. 21

84 Siehe z. B.: A. Soboczynski: Der Tanz mit Wulff. In: DIE ZEIT, Nr. 32/2014

[85] »Wir sind zu nichts verdammt«. Interview mit Giovanni di Lorenzo, *Spiegel*, Nr. 43, 2014, S. 138

[86] Montesquieu: *Meine Gedanken,Hrsg. und übersetzt von henning Ritter.* Hanser, München 2000

[87] http://www.agida.de/view/pdf/AGIDA_Leistungsbroschuere.pdf

[88] B. Straßmann: Im Herzen der Sekte. In: Die ZEIT Nr. 01/2012

[89] Harvey Karp: *Das glücklichste Kleinkind der Welt.* Goldmann, München 2010

[90] Ernst Fritz-Schubert: *Schulfach Glück. Wie ein neues Fach die Schule verändert.* Herder Spektrum, Freiburg 2012

[91] R. Largo, M. Czernin: *Glückliche Scheidungskinder.* Piper, München 2004

[92] John Gottmann: *Die 7 Geheimnisse der glücklichen Ehe.* Ullstein TB, Berlin 2002

[93] Felicitas Heyne: *Glücksfitness. Das individuelle Training für mehr Lebensfreude.* Herder Spektrum, Freiburg 2012

[94] P. Gross, K. Fagetti: *Glücksfall Alter.* Herder, Freiburg 2008

[95] Hartmut Meier-Gerber: *Sterben – der Höhepunkt des Lebens,* Ein medizinisch-biblisches Zeugnis, SCM Hänssler, 2009

[96] Fritz Rienecker: *Das Schönste kommt noch. Vom Leben nach dem Sterben, SCM R. Brockhaus, 2015*

[97] Elisabeth Beck-Gernsheim: Vorwort in: Arlie Hochschild, *Das gekaufte Herz,* Campus; Frankfurt/Main 1990, S. 18 ff.

[98] Ihr Baby im ersten Jahr. Ein Ratgeber. Hipp KG, 1988, S. 21

[99] Das zeigt zum Beispiel die Langzeitstudie des Harvard-Psychiaters George Vaillant. Siehe:»Glück ist nicht wichtig!«, C. Heinrich im Gespräch mit G. Vaillant, ZEIT Wissen Nr. 04/2010

[100] George Packer: *Die Abwicklung.* S. Fischer, Frankfurt/Main 2014

[101] J. Füchtjohann:»Letzte Hoffnung: positives Denken«. In: *Süddeutsche Zeitung,* 31.7.2013, S. 12

[102] Barbara Ehrenreich: *Smile or die. Wie die Ideologie des positiven Denkens die Welt verdummt.* Verlag Antje Kunstmann, München 2010.

[103] Zitiert nach Barbara Ehrenreich, *Smile or die,* München 2010, S. 213

[104] Pers. Kommunikation mit Rolf Verres; sowie die Sendung mit R. Verres und Dagmar Munck im SWR »Treffpunkt Klassik Extra«, vom 20.7.2013

[105] Harro Albrecht: Überwinde den Schmerz. In: DIE ZEIT Nr. 8/2015

[106] Harro Albrecht: *Schmerz. Eine Befreiungsgeschichte.* Pattloch, München 2015

[107] L. Tiemann, M. Ploner et.al: Differential neurophysiological correlates of bottom-up and top-down modulations of pain, *Pain,* 2015, Feb; Vol. 156(2), S. 289–96; siehe auch C. Hohmann-Jeddi: Schmerz ist subjektiv. In: *Pharmazeutische Zeitung,* Nr. 12/2015

[108] M. Herr, E. Roidl: Eiswasser-Experiment. Spiegel Online, 17.2.2005

[109] H. Albrecht: Es kommt auf den Kopf an. In: DIE ZEIT Nr. 8/2015

[110] Siehe z. B.: H. Albrecht: Schmerz, S. 531 ff. G. MacDonald, L. A. Jensen-Campbell et.al.: Social pain. Neuropsychological and health implications of loss and exklusion, Washington D. C, 1st, 2011 S. Oishi, J. Schiller et.al.: Felt Understanding and Misunderstanding Affect the Perception of Pain, Slant and Distance, in: *Social Psycological and Personality Science,* Vol. 4 (3), 2012, S. 259–266

[111] C. Zaza, N. Baine: Cancer pain and psychosocial factors: a critical review. in: *J. Pain Symptom Manage,* Vol 24(5), 2002, S. 526–542

[112] R. I. M. Dunbar et.al: Social laughter is correlated with an elevated pain threshold, *Proc. R. Soc. B:* 2011; DOI: 10.1098/rspb.2011.1373. Published 14 September 2011

[113] Joachim Bauer: *Schmerzgrenze. Vom Ursprung alltäglicher und globaler Gewalt.* Blessing, München 2011, S. 58 ff. D. K. Williams, J. P. Forgas et.al.: The social outcast. Ostracism, social exclusion, rejection, and bullying, New York, 2005, eBook.

[114] David Halpern: Social capital. Cambridge, UK, Malden, MA, 2005, S. 80 L. M. Jaremka et.al.: Loneliness predicts pain, depression and fatigue: understanding the role of immune dysregulation. In: *Psychoneuroendocrinology,* 38 (8), 2013, S. 1310–1317

[115] C. N. Dewall, G. MacDonald et.al.: Acetaminophen reduces social pain. In: *Psychol. Sci.,* Vol. 21(7), 2010, S. 931–937; Joachim Bauer. *Schmerzgrenze.* Blessing, München 2011

[116] Interview mit Stefan Schmidt: Lernen mit dem Leiden umzugehen. In: DIE ZEIT, Nr. 7/2011

[117] Andreas Weber: Leben auf der Kippe. In: DIE ZEIT, Nr. 14/2015

[118] Simone de Beauvoir: *Alle Menschen sind sterblich.* Roman. Rowohlt TB, Reinbek 1970, S. 476

4   DER SINN DER GEFÜHLE

[119] Ingolf U. Dalferth: Der Zorn Gottes. In: Gerd Folkers und Johannes Fehr (Hg.): *Gefühle zeigen,* Edition Collegium Helveticum Bd. 5, Chronos, Zürich 2009, S. 13

[120] Beverly Fehr, James A. Russell: Concept of Emotion. In: *Journal of Experimental Psychology,* General 113 (1984) S. 464

[121] Paul R. Kleinginna, Anne M. Kleinginna: A Categorized List of Emotion Definitions. In: *Motivation und Emotion* 5 (1981), S. 345 ff.

[122] Siehe z. B.: J. Otto, H. A. Euler und H. Mandl (Hrsg.), *Handbuch Emotions-psychologie (2000)*. Weinheim: Beltz, PsychologieVerlagsUnion

[123] S. Korb, K. Scherer: Ausdruck von Emotionen. In: Folkers/Fehr: Gefühle zeigen, Ed. Coll. Helv., S. 57

[124] Roman Jakobson: *Poetik. Ausgewählte Aufsätze 1921–1971,* Suhrkamp, Frank-furt/Main 1979, S. 90

[125] Siehe z. B.: http://designurge.com/emoticons/

[126] Robert Musil: *Der Mann ohne Eigenschaften,* II. Aus dem Nachlass, Rowohlt TB, Reinbek 1978, S. 1171

[127] Siehe Thomas Anz: Emotional Turn? Beobachtungen zur Gefühlsforschung, in: *literaturkritik.de* 8.2006

[128] N. Ashkanasy, R. Humphrey: Current Emotion Research in Organizational Behavior. *Emotion Review* April 2011 Vol. 3, S. 214–224

[129] Siehe z. B.: Eyal Winter: *Kluge Gefühle,* Dumont, Köln 2015

[130] Jan Plamper: *Geschichte und Gefühl. Grundlagen der Emotionsgeschichte.* Siedler, München 2012, S. 17

[131] Antonio Damasio: *Der Spinoza-Effekt.* List, München 2003, S. 207 ff.

[132] Antonio Damasio: Das Leuchten der Neuronen. In:»Innenleben. Ein Heft über Gefühle.« *Kulturaustausch,* hrsg. Institut für Auslandsbeziehungen, Ausgabe 3/2013, S. 22

[133] Zitiert nach: T. Lewis, F. Amini, R. Lannon: A General Theory of Love, Vintage Books, New York, 2001, S. 55

[134] Ebd. S. 56

[135] Antonio Damasio: *Descartes Irrtum,* Paul List Verlag, München 1995, S. 64 ff.

[136] Antonio Damasio in»*Kulturaustausch*« 2013, S. 22

[137] Eugene T. Gendlin: Focusing-oriented psychotherapy, Guilford. New York, 1996, S. 20
Siehe auch: N. Friedman: Eugene Gendlins Approach to Psychotherapy. *Annals of Psychotherapy & Integrative Health,* Spring 2004, S. 23

[138] Aaron Ben-Ze'ev: *Die Logik der Gefühle,* Edition Unseld, Suhrkamp, Frankfurt/Main 2009, S. 21

[139] Leslie Greenberg: Wir haben Angst vor unserer Wut. In: *Kulturaustausch,* Ausgabe 3/2013, S. 17

[140] Siehe David Buss: *Die Evolution des Begehrens. Geheimnisse der Partnerwahl.* Goldmann, München 1997

[141] http://www.psychologytoday.com/blog/in-the-name-love

[142] J. Quoidbach, E. Dunn et.al.:»Money Giveth, Money Taketh Away: The Dual Effect of Wealth«, Psychological Science May 2010
Zu dem großen Thema Geld und Zufriedenheit gibt es noch viele – z. T.

widersprüchliche – Studien: R A. *Easterlin, et.al.:* The happiness-income paradox revisited, *PNAS,* Vol. 107 (52), S. 22463, (2010)

C J. Boyce et.al.: Money, Well-Being, and Loss Aversion: Does an Income Loss Have a Greater Effect on Well-Being Than an Equivalent Income Gain? Psychological Science, Vol. 24: 2557–2562, Dec. 2013

B. Stevenson, J. Wolfers: Subjective Well-Being and Income: Is There Any Evidence of Satiation? American Economic Review, Papers and Proceedings, May 2013

[143] M. Schramm im Interview mit H. Freiberger:»Nur wenige Reiche haben Freude an ihrem Geld«, In: *Süddeutsche Zeitung,* 20.4.2012, S. 26

[144] Daniel Kahneman: *Schnelles Denken, langsames Denken,* Siedler, München 2012, S. 349

[145] »Man fühlt sich grauenvoll und schämt sich«, Interview mit Stefan und Gabriele Quandt. In: DIE ZEIT, Nr 39/2011

[146] Philippe Delerm: *Der erste Schluck Bier.* Scherz, Frankfurt 1998

[147] M. Hartmann: Das emotionale Tier. In: DIE ZEIT, Nr. 37/2012

[148] Blaise Pascal, *Pensées IV*, S. 277

[149] Zitiert nach B. Libet. In: U. Schnabel, A. Sentker: *Wir kommt die Welt in den Kopf?* Rowohlt, Reinbek 1997, S. 175

5   IN DER KINDERSTUBE DER EMOTIONEN

[150] In: Medieval Sourcebook, http://www.fordham.edu/halsall/source/salimbene1.html
Olaf B. Rader: *»Friedrich II.« Eine Biographie.* C.H. Beck, München 2010

[151] Siehe das berüchtigte Dekret 770: http://de.wikipedia.org/wiki/Dekret_770

[152] A. Barth: Kaspar Hausers Geschwister. In: *Der Spiegel,* Nr. 13/1995, S. 90
T. Thielke: Rückkehr nach Cighid, SpiegelOnline, 16.12.2011

[153] The Bucharest Early Intervention Project
http://www.bucharestearlyinterventionproject.org/

[154] C. Brinck: Die Folgen der Isolation. In: DIE ZEIT Nr. 51/2012, sowie: J. Grolle: Protokoll des Grauens. In: *Der Spiegel* Nr. 8/2014

[155] C. Nelson, N. Fox, C. Zeanah: *Romania's Abandoned Children.* Harvard University Press, Cambridge 2014

[156] Zur Bindungsforschung siehe z.B.: John Bowlby, Mary D. Salter Ainsworth: *Frühe Bindung und kindliche Entwicklung.* E. Reinhardt, München/Basel 2001. Eine kritische Auseinandersetzung findet sich bei Uffa Jensen: Mrs. Gaskells

Anxiety. In: U. Frevert, P. Eitler et.al.: *Learning how to feel: Children's literature and emotional socialization, 1870-1970.* Oxford: Oxford University Press. (2014)

[157] Alicia Liebermann: *The Emotional Life of the Toddler.* Free Press 1993, S. 125 ff.

[158] R. Karen: *Becoming Attached. First relationships and how they shape our capacity to Love.* Oxford University Press, New York 1994

[159] Katharina Zimmer: *Gefühle – unser erster Verstand.* Diana, München 1999

[160] Alicia Lieberman, *The Emotional Life,* S. 125

[161] Katharina Zimmer, *Gefühle,* S. 93

[162] Rainer Krause: *Allgemeine psychodynamische Behandlungs- und Krankheitslehre,* Kohlhammer, 2012, S. 214

[163] R. N. Emde: Positive emotions for psychoanalytic theory: Surprises from infancy research and new directions. *Journal of the American Psychoanalytic Association,* Vol 39(Suppl), 1991, S. 5–44.

[164] C. Magai, J. M. Haviland-Jones: *The hidden genius of emotion: lifespan transformations of personality.* Cambridge University Press 2002

[165] J. Sorce, R. Emde, J. Campos, M. Klinnert: Maternal emotional signaling: Its effect on the visual cliff behavior of 1-year-olds. *Developmental Psychology,* Vol 21(1), Jan 1985, S. 195–200.

[166] Der Neuropsychologe Wolfgang Prinz sieht in diesem Prinzip letztlich die Erklärung für die Entstehung von Bewusstsein und Selbstverständnis. Siehe: Wolfgang Prinz: *Selbst im Spiegel.* Suhrkamp, Frankfurt/Main 2013

[167] Andreas Weber: *Alles fühlt. Mensch, Natur und die Revolution der Lebenswissenschaften.* Berlin Verlag, 2007

[168] Jaak Panksepp im Gespräch mit A. Leyh. dasgehirn.info https://www.dasgehirn.info/denken/emotion/affectice-neuroscience-6745/view/

[169] Jaak Panksepp: *Affective Neuroscience. The foundation of human and animal emotions.* Oxford University Press 1998

[170] B. Knutson, J. Burgdorf, and J. Panksepp: The prospect of play elicits high-frequency ultrasonic vocalizations in young rats. In *Journal of Comparative Psychology* Vol. 112, S. 65–83, 1998; siehe auch: Jaak Panksepp and Jeffrey Burgdorf: Laughing rats? http://cognet.mit.edu/posters/TUCSON3/Panksepp.html R. R. Britt: It's no joke. Even animals laugh. Science, NBCnews, 31.3.2005

[171] A. Zinck, A. Newen: Classifying Emotion: A Developmental Account. Synthese, Vol. 161, No. 1 (Mar. 2008), S. 1–25

[172] M. K. McClintock: »Menstrual synchrony and suppression«. *Nature* Vol. 229 (5282), 1971, S. 244–5.

[173] Zitiert nach: S. Kurz: Synchronisieren Frauen ihre Fruchtbarkeit? In: *Die WELT*, 3.2.2012

[174] J. Helm et.al.,: Assessing cross-partner associations in physiological responses via coupled oscillator models. *Emotion*. 2012 Aug; Vol. 12(4): 748–62.

[175] T. Lewis, F. Amini, R. Lannon: *A General Theory of Love*, Random House, New York 2000, S. 86

[176] Henry D. Thoreau: *Walden oder Leben in den Wäldern*. Diogenes, Zürich 2007

[177] Sven Stillich: Was von uns übrig bleibt … In: *ZEIT Wissen* Nr. 01/2015

[178] T. Krämer: Süchtig nach Liebe. dasgehirn.info

[179] Johann Caspar Rüegg: *Die Herz-Hirn-Connection,* Schattauer, 2013, S. 73

[180] E. Mostofsky et.al.: Risk of acute myocardial infarction after death of a significant person in one's life. Circulation, Vol. 125, S. 491 (2012)

[181] W. Harvey (1628). *Die Bewegung des Herzens und des Blutes. zit. nach B. Lown: Die verlorene Kunst des Heilens. Anstiftung zum Umdenken.* Schattauer, Stuttgart 2004, S. 26

[182] J. Holt-Lunstad, T. B. Smith, J. B. Layton (2010) Social Relationships and Mortality Risk: A Meta-analytic Review. PLoS Med 7(7)

[183] A. Rosengren et.al.: Stressful Life Events, Social Support and Mortality in Men born in 1933, BMJ 207, Nr. 17, 1983, S. 1102–1105

[184] L. Welin, B. Larsson et.al.: Social network and activities in relation to mortality from cardiovascular diseases, cancer and other causes: a 12 year follow up of the study of men born in 1913 and 1923. *Journal of Epidemiology and Community Health*. 1992; 46(2): 127–132.

[185] Dean Ornish. *Love & Survival*. Harper Collins, 1998

[186] K. M. Nielsen et.al.: Danish singles have a twofold risk of acute coronary syndrome. *J Epidemiol Community Health,* Vol. 60, 2006, S. 721

[187] J. T. Cacioppo, W. Patrick: Loneliness: Human nature and the need for social connection. Norton, New York 2008
Für eine aktuelle Übersicht: L. Hawkley, J. Capitanio: Perceived social isolation, evolutionary fitness and health outcomes: a lifespan approach; In: *P. Kappeler, C. Nunn:* The sociality-health-fitness nexus in animal societies, Phil. Trans. Royal Society B: Biological Sciences, May 2015, Vol. 370 (1668)

6 SIND UNSERE GEFÜHLE UNIVERSELL?

[188] S. Weinberger: *Airport security:* Intent to deceive? *Nature* Vol. 465 (7297), 2010 May 27; S. 412–5.

[189] http://www.ekmaninternational.com/

[190] Paul Ekman: How to Spot a Terrorist on the Fly. *Washington Post*, October 29, 2006

[191] *Gefühl und Mitgefühl. Emotionale Achtsamkeit und der Weg zum seelischen Gleichgewicht.* Ein Dialog zwischen dem Dalai Lama und Paul Ekman. Spektrum Akademischer Verlag, Heidelberg 2009

[192] http://www.paulekman.com/paul-ekman/

[193] Paul Ekman: *Gefühle lesen.* S. 14

[194] Eine Übersicht liefert: *H. A. Elfenbein, N. Ambady:* On the *universality* and cultural specificity of emotion recognition: a *meta*-analysis. *Psychol Bulletin,* 2002; Vol. 128(2). S. 203

[195] L. Nummenmaa, E. Glerean et.al.: Bodily maps of emotions, *PNAS,* 2014, vol. 111 (2) S. 646–651

[196] Eine ausführliche Darstellung der kritischen Argumente findet sich bei J. Plamper: Geschichte und Gefühl, S. 177–206

[197] http://www.affective-science.org/

[198] M. Gendron, L. Feldman Barrett, et.al: Perceptions of Emotion from Facial Expressions are not culturally Universal. Evidence from a remote Culture. *Emotion,* Vol. 14(2), S. 251–262 (2014)

[199] J. M Susskind et.al: Expressing fear enhances sensory acquisition. *Nature Neuroscience* Vol. 11, S. 843–850 (2008)

[200] J. Plamper, *Geschichte und Gefühl,* S. 14
Siehe auch: Jean Smith: Self and Experience in Maori-Culture, in: Paul Heelas, Andrew Lock (Hg.), Indigenous Psychologies, The Anthropology of the Self, London 1981, S. 149

[201] Paul Ekman: *Gefühle lesen.* Einleitung XIX

[202] Andy Molinsky: Emotional Intelligence Doesn't Translate Across Borders. *Harvard Business Review,* April 20, 2015

[203] Monique Scheer: Are Emotions a kind of practice? In: *History and Theory,* Vol. 51 (2), S. 213, May 2012

[204] Paul Ekman/Dalai Lama: *Gefühl und Mitgefühl,* Schattauer, S. 88

[205] Fernando Pessoa: *Das Buch der Unruhe des Hilfsbuchhalters Bernardo Soares,* Hg. Richard Zenith, aus dem Portugiesischen von Inés Koebel, Ammann, Zürich 2006, S. 362

[206] Aaron Ben-Ze'ev: *Die Logik der Gefühle,* S. 14

[207] Ernst Pöppel im Gespräch mit M. Keller: Wie kriege ich den Kopf frei?
In: *Brigitte* Nr. 8/2009, S. 127

[208] R J. Davidson: Seven sins in the study of emotion: Correctives from affective
neuroscience, *Brain and Cognition* 52 (2003) 129–132

[209] L. Barrett: Essentialist Views of the Mind. Edge.org, 2014: What scientific
idea is ready for retirement?
http://edge.org/response-detail/25400
L. F. Barrett: The future of psychology: Connecting mind to brain.
Perspectives on Psychological Science, 4, 326–339. (2009)

[210] D. Barnett, H. H. Ratner: Introduction: The Organization and Integration of
Cognition and Emotion in Development, in: *Journal of Developmental Child
Psychology,* Vol. 67, S. 303–316 (1997)

7   DAS DREHBUCH UNSERER LIEBE

[211] Arlie Hochschild: *Das gekaufte Herz. Zur Kommerzialisierung der Gefühle,*
Campus, Frankfurt/Main 1990, S. 76

[212] Arlie Hochschild: *Das gekaufte Herz,* S. 41 ff

[213] Edward Hall: The silent language. Anchor Press/Doubleday,
New York, 1959

[214] Arlie Hochschild: *Das gekaufte Herz,* S. 76

[215] Barbara Pachl-Eberhardt: *Vier minus drei,* S. 157

[216] Christian Schuldt: *Der Code des Herzens,* Eichborn, Köln 2004, S. 114

[217] John R. Gillis: *Mythos Familie. Auf der Suche nach der eigenen Lebensform.*
Beltz, Weinheim 1997

[218] Eli Finkel zit. nach Northwestern-News vom 13. Februar 2014: Marriage's
›Haves‹ and ›Have Nots‹ http://www.northwestern.edu/newscenter/
stories/2014/02/marriages-haves-and-have-nots.html

[219] Finkel, E. J., Hui, C. M. et.al: (2014). The suffocation of marriage:
Climbing Mount Maslow without enough oxygen. *Psychological Inquiry, 25,*
1–41.

[220] Zitiert nach A. Müller-Lissner: *Starkes Gefühl.* Die Liebesakademie.
Tagesspiegel, 21.1.2013

[221] U. Beck & E. Beck-Gernsheim: *Das ganz normale Chaos der Liebe.*
Suhrkamp, Frankfurt/Main 1990, S. 69

[222] E. v. Thadden: Wie der Kapitalismus unsere Gefühle formt. In: Thadden,
Schnabel, Grefe (Hg): *Wer denkt für morgen?* Herder, Freiburg 2010, S. 65

[223] Eva Illouz: *Warum Liebe weh tut.* Suhrkamp, Frankfurt/Main 2011

[224] Kathy Peiss: Hope in a Jar. The Making of America's Beauty Culture, New York 1998, S. 126

[225] K. Peiss: On beauty … and the History of Business. In: Philip Scranton (Hg.), *Beauty Business,* Routledge, New York 2001. S. 13

[226] Eva Illouz: *Warum Liebe weh tut,* S. 89

[227] Eva Illouz: *Warum Liebe weh tut,* S. 109

[228] R. Everett:»Sex war der Dynamo für fast alles in meinem Leben« in: *Süddeutsche Zeitung Magazin,* 14.6.2013, S. 40

[229] Platon: *Symposion* 202–204, nach der Übersetzung von Franz Susemihl, Stuttgart, 1855.

[230] Homer: *Odysee,* 11. Gesang, 582–592, nach der Übersetzung von Johann Heinrich Voß)

[231] Eva Illouz: Das überforderte Paar. In: *Philosophie Magazin* Nr. 3/2013, S. 45

[232] Heinrich. Spoerl: Der Mann der nicht warten wollte, in: *Marburger Zeitung,* Jahrgang 83, 1./2. Mai 1943, S. 8.

[233] Eva Illouz: Das überforderte Paar. In: Philosophie Magazin Nr. 3/2013, S. 47

[234] Wlada Kolosowa: Lovetrotter. Eine Weltreise rund um die Liebe. Kailash, München 2014

[235] Wlada Kolosowa: Russische Romantik. SpiegelOnline, 17.6.2014

[236] Tobie Nathan: Verliebt machen. *Warum Liebe kein Zufall ist.* Berlin Verlag. 2014, S. 11

[237] Nina Deissler, Claudius Mach: Für immer verliebt. Was Paare wirklich glücklich macht. Knaur, München 2014

[238] John M. Gottman, N. Silver: *Die 7 Geheimnisse der glücklichen Ehe,* Ullstein TB, Berlin 2006

[239] z. B.: Guy Bodenmann, Caroline Fux: Einfach glücklich. Das Geheimnis einer erfüllten Partnerschaft. Stiftung Warentest, 2015

L. Schindler, K. Hahlweg & D. Revenstorf: Partnerschaftsprobleme? So gelingt Ihre Beziehung – Handbuch für Paare, Springer, 2013

Christian Thiel: *Was glückliche Paare richtig machen.* Campus, Frankfurt 2007

E. Wunderer, K. Schneewind: *Liebe ein Leben lang. Was Paare zusammenhält,* dtv, München 2008

Lou Paget: *Perfekt lieben.* Goldmann, München 2008

C. Fux, I. Schweizer: *Guter Sex,* Beobachter Verlag, Zürich 2014

[240] Die Methode des»Zwiegesprächs«, die der (verstorbene) Psychoanalytiker Michael Lukas Moeller entwickelt hat, läuft nach klaren Regeln ab:
  – Jeder bleibt bei sich, erzählt nur seine Sicht der Dinge
  – Man lässt den anderen ausreden
  – Man stellt keine Fragen und kommentiert die Sicht des anderen nicht

Statt also, wie oft in Beziehungen, den anderen zu kritisieren und zu bewerten (»Du bist immer unordentlich ...«), geht es darum, bei den eigenen Gefühlen zu bleiben (»mich macht es traurig, dass es bei uns so unordentlich ist ...«)

Michael Lukas Moeller: Die Wahrheit beginnt zu zweit: Das Paar im Gespräch, Rororo TB, 34. Aufl. 2010 (Originalausgabe 1988)

8 ARBEITSGEFÜHLE UND GEFÜHLSARBEIT

[241] Heidemarie Bennent-Vahle: *Mit Gefühl denken. Einblicke in die Philosophie der Emotionen.* Verlag Karl Alber, Freiburg/München 2013, S. 60

[242] Ivan Illich: Schattenarbeit. In: *Vom Recht auf Gemeinheit.* rororo aktuell, Reinbek 1982

[243] http://sociology.berkeley.edu/professor-emeritus/arlie-r-hochschild

[244] Arlie Hochschild: *Das gekaufte Herz,* S. 100

[245] Arlie Hochschild, S. 99

[246] Arlie Hochschild, S. 28

[247] Arlie Hochschild, S. 31

[248] siehe z. B.: K. Bund und U. J. Heuser, C. Tatje: Die Super-Männchen. In: DIE ZEIT Nr. 27/2012
Inge Kutter: Alles so schön kuschelig hier. In: DIE ZEIT, Nr. 17/2014

[249] D. Goleman, R. Boytzis, A. Mckee: Emotionale Führung. Ullstein TB, Berlin 2003, S. 32

[250] zit. nach: Jürgen Kocka,»Industrielles Management: Konzeptionen und Modelle in Deutschland vor 1914«, in: *Vierteljahrschrift für Sozial- und Wirtschaftsgeschichte* (61, 1969), 332–372.

[251] Sabine Donauer: *Frohes Schaffen. Arbeitsgefühle als Wirtschaftsfaktor.* Edition Körber Stiftung, 2015; siehe auch: S. Donauer: Mit Leidenschaft bei der Sache. Die Geschichte der ›Arbeitsgefühle‹ im 20. Jahrhundert.
Wettbewerbsbeitrag für den Deutschen Studienpreis. 2014
http://www.koerber-stiftung.de/wissenschaft/deutscher-studienpreis/preistraeger/2014/sabine-donauer.html

[252] http://www.workhardplayhard-film.de/

[253] Martina Knoben: Für immer im Flow. In: *Süddeutsche Zeitung,* 13.4.2012

[254] R. Suchsland: Führen durch Weichspülen. In: *Frankfurter Allgemeine Zeitung,* 12.4.2012

[255] Sabine Donauer: *Mit Leidenschaft bei der Sache.* 2014, S. 12

[256] G. Gavett: CEOs Get Paid Too Much, According to Pretty Much

Everyone in the World. Harvard Business Review, 23.9.2014
siehe auch: http://www.harvardbusinessmanager.de/blogs/
harvard-studie-was-manager-verdienen-sollten-a-995095.html
[257] Josef Held u. a.: *Was bewegt junge Menschen? Lebensführung und solidarisches
Handeln junger Beschäftigter im Dienstleistungsbereich,* VS Verlag für
Sozialwissenschaften, Wiesbaden 2011
[258] http://www.boeckler.de/impuls_2011_12_7.pdf
[259] Ulrich Schneider: *Mehr Mensch! Gegen die Ökonomisierung des Sozialen.*
Westend, 2014, S. 56
[260] http://www.pflege-am-boden.de/
[261] Burkhard Strassmann: Schluss mit Schwester. In: DIE ZEIT, Nr. 12/2014
[262] Siehe z. B.: Michaela Grosser: Burnout im Krankenhaus. In: v. Oelsnitz et.al:
Die auszehrende Organisation, Springer Gabler, Wiesbaden 2014
[263] Cornelia Koppetsch: *Die Wiederkehr der Konformität,* Campus,
Frankfurt/Main 2014
[264] Jan Grossarth: *Was die Arbeit mit mir macht.* In: *FAZ,* Beruf & Chance, 26.11.2014
[265] Interview mit Cornelia Koppetsch:»Die Linke ist konservativ geworden.«
In: DIE ZEIT, Nr. 41/2014
[266] Zitiert nach Fredmund Malik: *Führen Leisten Leben. Wirksames Management
für eine neue Zeit.* Campus, Frankfurt/Main 2006, S. 209
[267] Hartmut Rosa: *Beschleunigung. Die Veränderung der Zeitstrukturen in der Moderne,*
Suhrkamp, Frankfurt/Main 2005, zugleich Habil.-Schrift, Univ. Jena 2004
[268] Georg Simmel: *Die Großstädte und das Geistesleben.* Suhrkamp,
Frankfurt/Main 2006 (Original 1903)

9   VOM MITLEID ZUM MITGEFÜHL

[269] Yonatan Shapira im Interview mit R. R. Beiler, *Global Research,*
February 11, 2015
[270] Im Song »Jonatan Shapira« von Aya Korem, https://www.youtube.com/
watch?v=R8fsBa3dbcw
[271] Interview mit Dan Halutz: The high and the mighty. *Haaretz,* 21.8.2002.
[272] Zit. nach Wikipedia: http://en.wikipedia.org/wiki/Refusal_to_serve_in_
the_IDF#cite_ref-13
   C. McGreal: ›We're air force pilots, not mafia. We don't take revenge‹,
The Guardian, 3.12.2003 B. Avishai: Flight School. Slate. Oct. 17, 2003
[273] A. Hass: Conscientious objector Yonatan Shapira questioned by Shin Bet,
Haaretz, Jul. 20, 2010

[274] Besant zitiert nach William James: *Die Vielfalt religiöser Erfahrung.* Insel Verlag, Frankfurt/Main 1997, S. 56

[275] Stefan Zweig: *Ungeduld des Herzens.* Fischer TB, Frankfurt/Main 1976 (Erstausgabe 1939)

[276] Siehe: Aron Ben Ze'ev: *Die Logik der Gefühle,* S. 173

[277] T. Singer, C. D. Frith et.al.: (2004) Empathy for pain involves the affective but not the sensory components of pain. *Science,* Vol. 303, S. 1157–1161

[278] C. Lamm, J. Majdandžić: The role of shared neural activations, mirror neurons, and morality in empathy – A critical comment, *Neuroscience Research,* Bd. 90 (2015), S. 15–24.

[279] G. Hein, T. Singer et.al.: Neural responses to ingroup and outgroup members' suffering predict individual differences in costly helping. *Neuron,* 68(1), 149–160. (2010).

[280] C. Lamm, J. Decety, T. Singer: Meta-analytic evidence for common and distinct neural networks associated with directly experienced pain and empathy for pain. *NeuroImage,* 54(3), 2492–2502 (2011).

[281] Siehe: A. Barnes: The happiest man in the world? In: *The Independent,* 21. Jan. 2007 oder: Buddhist monk Matthieu Ricard happiest man known to science, *South China Morning Post.*

[282] M. Ricard, T. Singer, O. Klimecki: Empathie versus Mitgefühl. In: T. Singer, M. Bolz: *Mitgefühl in Alltag und Forschung.* eBook, Max Planck Gesellschaft, München, 2013, http://www.compassion-training.org/

[283] T. Altmann: Risikofaktor Empathie, Beitrag für den Deutschen Studienpreis 2014 siehe auch: T. Altmann, V. Schönefeld & M. Roth: *Empathie als Ressource oder Risikofaktor.* Vortrag auf dem 49. Kongress der Deutschen Gesellschaft für Psychologie (DGPs) (Bochum, 21.–25.9.2014).

[284] Badura/Ducki/Schröder/Klose/Meyer (Hrsg.): Fehlzeiten-Report 2012, Schwerpunktthema: Gesundheit in der flexiblen Arbeitswelt; Berlin 2012;

[285] »Wenn Pflegende selbst krank werden«. Pressemeldung der DGPM vom 29.1.2014

[286] F. Weber & M. Strauß: Burnout – Herausforderung für die Kirche. In: Oelsnitz, Schirmer, Wüstner (Hg.): *Die auszehrende Organisation,* Springer Gabler, Wiesbaden 2014

[287] O. M. Klimecki, T. Singer et.al.: Differential Pattern of Functional Brain Plasticity after Compassion and Empathy Training. *Social Cognitive and Affective Neuroscience,* AOP (2013)

[288] S. Leiberg, O. M. Klimecki, T. Singer: Short-term compassion training increases prosocial behavior in a newly developed prosocial game. PLoS ONE 6(3), (2011)

[289] Siehe Ulrich Schnabel: Neue Haltung im Büro. In: DIE ZEIT, Nr. 42/2013

[290] Empathie-Trainingsprogramme gibt es z. B. unter:
http://www.cultivatingemotionalbalance.org/
http://www.margaretcullen.com/programs/
https://tibet.emory.edu/cognitively-based-compassion-training/index.html
http://www.cbttraining.com.au/
http://www.rootsofempathy.org/en/where-we-are/europe.html

[291] Zitiert nach: A. Rexer, U. Schäfer: Besuch beim Klassenfeind. In:
Süddeutsche Zeitung, 25./26.1.2014, S. 36

[292] Tania Singer: How to build a caring economy. Beitrag zum Weltwirtschaftsforum Davos, 24. Jan 2015

[293] Siehe auch: Tania Singer, M. Ricard: *Mitgefühl in der Wirtschaft,* München
Knaus Verlag (2015)

[294] Jeremy Rifkin:»*Die empathische Zivilisation*«. *Wege zu einem globalen
Bewusstsein.* Campus, Frankfurt/Main 2010

[295] siehe z. B. Paul Bloom: Against Empathy. *Boston Review,* Sept. 10, 2014

[296] Hans Ludwig Kröber: *Die Empathie-Forderung – ein therapeutischer Fetisch?*
In: Nahlah Saimeh (Hrsg.): *Das Böse behandeln.* MWV Verlag,
Berlin 2014

[297] D. D. Vachon, D. R. Lynam, J. A. Johnson: The (Non)Relation Between
Empathy and Aggression: Surprising Results From a Meta-Analysis,
Psychological Bulletin, Vol. 140/3 (2014), S. 751–773

[298] Die *Mind and Life*-Konferenzen bringen regelmäßig Forscher mit dem Dalai
Lama zusammen
https://www.mindandlife.org/dialogues-dalai-lama/

[299] Siehe z. B.: J.-B. Metz/L. Kuld/A. Weisbrod (Hg.), *Compassion. Weltprogramm
des Christentums.* Soziale Verantwortung lernen, Herder, Freiburg 2000
Oder: Johann Baptist Metz: Theologische Perspektiven im
Globalisierungprozess. Eine Skizze www.univie.ac.at/moraltheologie/pages/
download/abstract-vo-metz.rtf

[300] L. Kuld, S. Gönnheimer: *Compassion – Sozialverpflichtetes Lernen und Handeln.*
Kohlhammer, Stuttgart 2000
Lothar Kuld: Theologie der Compassion, Forum Schulstiftung, Nr. 43,
(11/2005), S. 3
Compassion-Projekt: http://www.schulstiftung-freiburg.de/eip/
pages/75_vorstellung.php?sid=&psid =

[301] Das ReSource-Projekt: https://www.resource-project.org/home.html

[302] Tania Singer: How to build a caring economy. Beitrag zum
Weltwirtschaftsforum Davos, 24. Jan 2015

[303] Siehe Werner Bartens: *Empathie – die Macht des Mitgefühls. Weshalb einfühlsame Menschen gesund und glücklich sind.* Droemer Knaur, München 2015

[304] Chade-Meng Tan: Search Inside Yourself. Das etwas andere Glückscoaching. Arkana, München 2010

[305] Mounira Latrache in: KGS-Magazin Hamburg, April 2015, S. 77

[306] http://www.wisdom2summit.com/

[307] Zitiert nach E. Morozov: Achtung, Achtsamkeit! FAZ, 18.2.2014

[308] http://www.mind-fitness-training.org/training.html

[309] Stanley, E. A., Jha, A. P. et.al.: Mindfulness-based Mind Fitness Training: A Case Study of a High-Stress Predeployment Military Cohort. *Cognitive and Behavioral Practice.* (2011). Vol. 18(4), S. 566–576.

[310] P. Hruby: Marines expanding use of meditation training. *The Washington Times,* 5. Dez. 2012

[311] Für eine kritische Diskussion dieser Frage siehe: Tomas Rocha: Arming Introspection. Does Mediation make a more ethical Soldier or a more dangerous one?, Mind and Life Newsletter, 10. May 2013

[312] Silvia Wetzel, pers. Kommunikation.
Siehe auch: Silvia Wetzel: *Achtsamkeit und Mitgefühl. Mut zur Muße statt Hektik und Burnout.* Pfeiffer/Klett-Cotta, Stuttgart 2014

[313] E. Seppälä: How the Stress of Disaster Brings People Together, CCARE, Standford

[314] B. A. Converse, J. L. Risen, T. J. Carter: Investing in Karma: When Wanting Promotes Helping, *Psychological Science, July 3, 2012*

[315] B. v. Dawans, M. Heinrichs et.al.: The Social Dimension of Stress Reactivity: Acute Stress Increases Prosocial Behavior in Humans, *Psychological Science,* Vol. 23(6), (2012) S. 651–66

[316] K. Savani, A. Rattan: A Choice Mind-Set Increases the Acceptance and Maintenance of Wealth Inequality, *Psychological Science, July 2012 23:* 796–804

[317] K. Neff, C. Germer: Freundlich zu sich selbst sein. Die Wissenschaft des Selbstmitgefühls. In: In: T. Singer, M. Bolz: *Mitgefühl in Alltag und Forschung.* eBook, Max Planck Gesellschaft, München 2013

[318] Sogyal Rinpoche: Das tibetische Buch vom Leben und vom Sterben: Ein Schlüssel zum tieferen Verständnis von Leben und Tod. Fischer TB, 2004

[319] http://www.rigpa.de/spiritual-care/sukhavati-spiritual-care-center.html

SCHLUSS: DAS ZENTRUM DES UNIVERSUMS

[320] David Forster Wallace: *Das hier ist Wasser. This is Water. Anstiftung zum Denken.* Zweisprachige Ausgabe. Kiwi-Tb, Köln 2012
Die Rede von David Foster Wallace auf Youtube: https://www.youtube.com/watch?v=8CrOL-ydFMI

Bildnachweis

Namensregister